復興を生きる

東日本大震災
被災地からの声

河北新報社 編集局 編

岩 波 書 店

はじめに

成長を実感できた昭和が終わり、バブル崩壊後の長い停滞の中でもがいていた平成23年（2011年）3月11日、東日本大震災は起きた。マグニチュード9・0の巨大地震、大津波、史上最悪レベルの東京電力福島第1原発事故。1000年に1度、未曽有、想定外——などと形容され、日本史は無論、世界史を振り返っても類を見ない複合災害に見舞われた。明日はおろか、今日一日すら無事に生き延びられるのか、不安と恐怖、混乱の生々しい記憶をとどめながら、私たちは今日まで震災報道を続けてきた。本書『復興を生きる——東日本大震災　被災地からの声』は、岩手、宮城、福島の被災3県をカバーする河北新報社（本社仙台市）の編集局が総力を挙げて取り組んだ「東日本大震災10年報道」の主要な連載企画を書籍化したものである。

震災後、政府は震災前に単に戻すのではなく、新たな社会を構築する「創造的復興」を方針に掲げた。当初の復興期間10年で岩手、宮城、福島3県には除染など東京電力への求償分を含め38兆円もの国費が投じられた。2019年4月に地元念願の気仙沼大島大橋が開通し、21年12月には宮城、岩手、青森の沿岸部を貫く全長359キロメートルの三陸沿岸道（仙台市—八戸市）が全線開通した。こうした「復興の象徴」に加え、高台移転した住まいや巨大な防潮堤が各地に整備された。その一方で、震災前から深刻化していた少子高齢化や過疎化を踏まえた住民の意向や識者らの指摘は十分に生かされず、造成された宅地には今も空き地が広がる。当初目指した復興はできたのか。できなかったとすれば何が原因だったのか。本書の7割近くのボリュームを占める「復興再考」では、震災伝承、風評被害、高台移転、住まいと産業の再生など12のテーマについて膨大な証言や資料を掘り起こし、復興のプロセスを課題ごとに丁寧に解き明かした。

多岐にわたる復興の問題点を整理・分析したのは、南海トラフ巨大地震など「次の大災害」で同様の課題に直面する可能性が高い地域に、多くの反省を含む東日本大震災の教訓を生かしてもらいたいとの思いからだ。これこそが最も多くの犠牲者を出した被災地・宮城に拠点を置く地元紙の使命であり、本書を刊行した目的に他ならない。

遺族や行方不明者の家族、復興施策の担当者ら当事者一人一人の歩みと思いを記録し、後世に残すことも強く意識した。あの日、何があったのか。10年近い時を経たからこそ語れる真実があるはずだ。今、記録しておかなければ、いずれなかったことにもなりかねない。「ドキュメント　防災庁舎」は、職員ら43人が犠牲になった宮城県南三陸町防災対策庁舎の1日を、生存者11人全員の証言を基に、その切迫した状況を描いた。大津波の真の脅威に加え、極限状況に置かれた人間の力強さや他者を思いやる優しさに触れていただけるはずだ。

本書の冒頭に登場する石巻市の小高さん一家の物語は２０２１年３月11日、震災10年の大きな節目となる日の河北新報朝刊１面と末面を一体化させたダブルフロント紙面で大きく紹介したものだ。「懸命に生きる　あなたのため」という見出しとともに掲載した大型写真は、津波で３人の子どもを亡くした夫婦が、震災後に授かった2人の子どもと海辺で寄せ来る波を見るシーン(本書カバー、1頁)だった。

震災後に夫婦を取材した写真映像部のデスクが縁を温め続け、大切な節目の日の掲載を了承してもらった。喪失、鎮魂、再生――。一つの家族の歩みを通して、河北新報社が震災10年報道に込めたメッセージを、新聞にしかできない表現方法を駆使して伝えた。祈りの日々を送りながら少しずつ前へと歩み出す家族の物語は、多くの読者の心を揺さぶり、「ネット全盛の時代にあっても紙の新聞の力を感じた」との好意的な声が寄せられたことを付記しておきたい。

「再生へ　心ひとつに」――。河北新報社本社の社屋に掲げられた復興スローガンは、震災から10年以上経つ今も、朝刊1面の題字下に定位置をキープしている。今日まで東北のみならず、全国津々浦々、世界各地から数多の温かな支援の手が差し伸べられてきた。最貧国バングラデシュのストリートチルドレンが、小さな手に握りしめた1タカ(約1円50銭)を「日本のために」と現地の日本人に託してくれていたことを知ったのは、震災からしばらく経ってからだ。本書の読者をはじめ、こうした無数の善意が、絶望という言葉では言い尽くせない喪失感の中でもがき苦しみ、あがいてきた遺族や被災者らをどれほど励ましてくれたことか。この場を借りて心から感謝したい。

本書のベースとなった河北新報社の「東日本大震災10年報道」(取材班代表・今里直樹編集局次長兼報道部長)は、2021年度新聞協会賞を受賞した。「大きな節目の年に、多岐にわたる復興の問題点を解明するとともに、被災者らの思いを丁寧に伝えた。震災を風化させないという地元紙の強い信念が込められた一連の紙面展開は、復興に向けた被災地の歩みと人々の思いをくまなく伝えた」。望外の高い評価は、貴重な時間を割いて取材に応じてくれた皆さまの理解と協力なくしては得られなかった。震災を風化させず、震災報道の歩みを止めない決意を新たにしている。

あの日から11年あまり。常に被災地の地元紙の報道を気に掛け、出版を企画してくれた岩波書店と、編集部の田中朋子さんの励ましと丁寧な編集作業がなければ、本書が世に出ることはなかった。厚く御礼申し上げたい。

東日本大震災では全国で1万5900人が亡くなり、行方不明者は2523人、震災関連死は3789人(2022年7月現在)にのぼる。震災から10年以上経って身元が判明した方もおり、震災関連死の新たな認定と相まって、この数字は毎年変動している。東日本大震災が今なお「遠い過去の出来事」ではないことを、変動する死者数が物語っている。

最後に、犠牲になられた方々のご冥福を祈るとともに、その何倍もいる遺族の心の痛みにこれからも思いを寄せ続けたい。

二〇二二年八月

河北新報社編集局長　安倍　樹

もくじ

＊本書に登場する人物の年齢・役職は取材時のものです。
＊本文中には敬称略のパートがあります。
＊ことわりのない写真はすべて河北新報社撮影によるものです。

東北の太平洋沿岸を襲った津波の浸水高

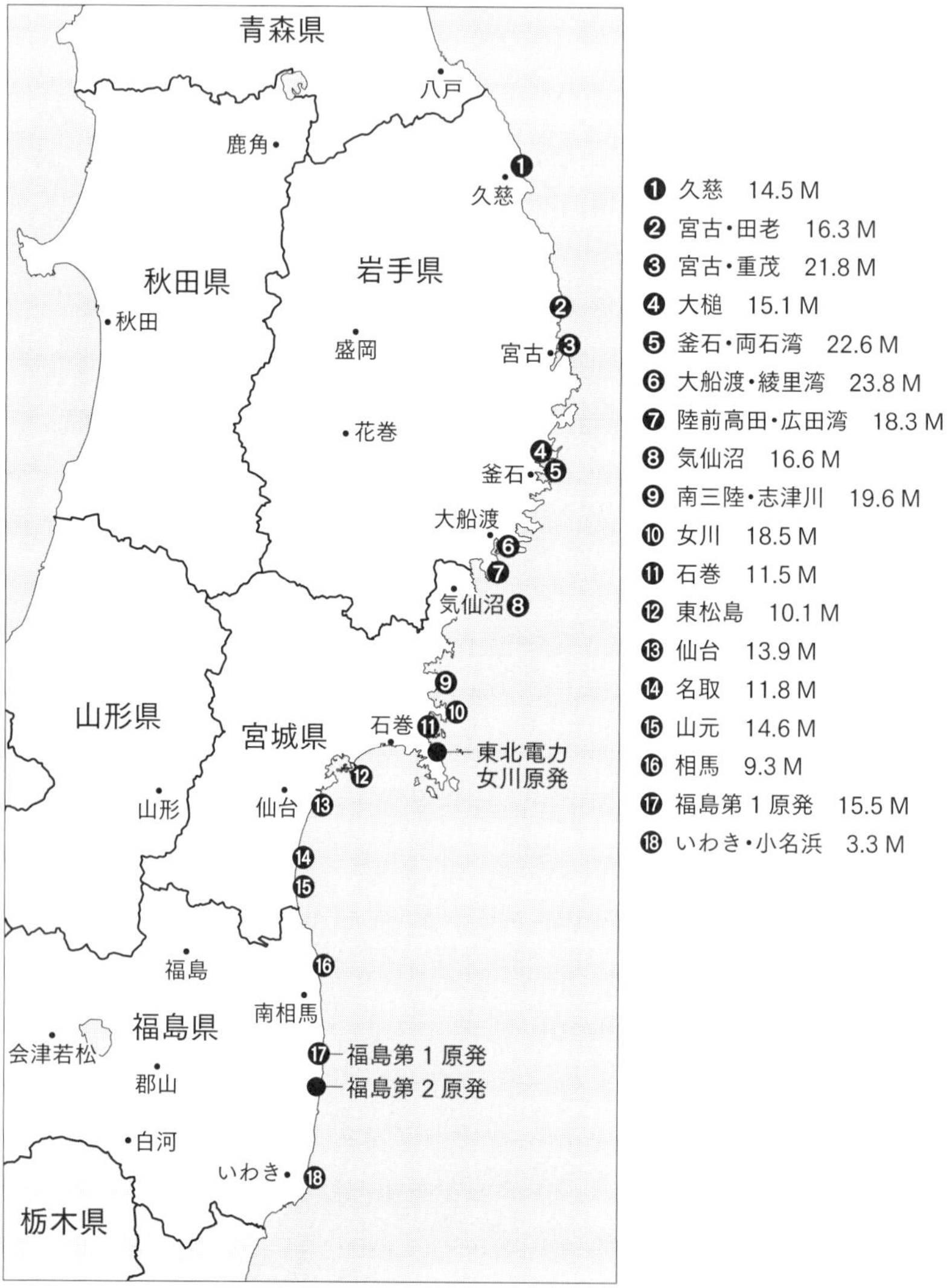

岩手・宮城の数値は両県と東北地方太平洋沖地震津波合同調査グループによる.
福島の数値は気象庁データ，福島第1原発は東京電力の発表.

ある家族の物語

――石巻・小高さん一家

冷たい潮風が頬をなでる。
「貝殻がたくさんある」「真っ白だね」。
男の子が1歳上の姉と目を輝かせた。
砂浜には無数に貝殻が転がっていた。
男の子は7歳にして初めて海岸を歩いた。
1歳の時以来となる8歳の女の子にも記憶はない。
子ども心に海の怖さを知っているのか。
男の子は、初めは海に背を向けられないでいた。

野蒜海岸を訪れた小高さん一家．
ランドセルやおもちゃをお焚き上げした思い出の場所．
2021 年 2 月 21 日，宮城県東松島市野蒜．

宮城県石巻市の小高政之さん（41）、正美さん（41）夫妻は近くで姉弟の様子を見守りながら、少し複雑だった。

「子どもたちがはしゃいでいるこの海が、あの時、姿を変えたんだ……」

10年前の3月11日、東日本大震災の津波で8歳、5歳、3歳の子ども3人と両親を失った。

「もえかー、ゆいとー、しょうたー」

2011年3月15日、小高さん夫妻はわが子の名前を叫び続けた。

上釜地区の自宅にいたとみられる釜小2年の長女萌霞《もえか》さん（8）、幼稚園児の長男唯一翔《ゆいと》ちゃん（5）、保育園児の次男翔太ちゃん（3）、同居していた父惇二さん（72）、母みさ子さん（59＝年齢はいずれも当時）と会えずにいた。

正美さんは自宅から約4キロ先の石巻商工会議所で勤務中に揺れに襲われ、同僚と近くの日和山に避難した。建設会社で働く政之さんは仙台市内にいた。

ようやく水が引き、2人は4日ぶりに自宅にたどり着いた。4年前に建てた木造2階の自宅は1階が津波で突き破られ、瓦礫に埋もれていた。集落は家ごと流され、跡形もない。自宅がぽつんと立つ光景が、現実とは思えなかった。

瓦礫をどかして階段を上った。子ども部屋の学習机の脇に萌霞さんのランドセルが掛かっていた。

「帰っていたんだ」

母は1階の台所でうつぶせになって倒れていた。初めて最悪の事態を覚悟した。

3日後の18日、遺体安置所で唯一翔ちゃんを見つけた。水を飲んだのか顔が腫れ、ふっくらしていた。2～3歳の頃のようだ。われを忘れて泣き叫んだ。

翌日、別の安置所で萌霞さん、惇二さんと対面した。2人は近くで見つかった。惇二さんの服はぼろぼろ。背中に、瓦礫に巻き込まれたとみられる傷が多く残っていた。

不思議と萌霞さんの顔は傷一つなかった。「じいちゃんが、とっさにかばってくれたんだ」。そう思えるほど、ただ眠っているだけのように見えた。

萌霞さんの亡きがらを棺に納め、新しい洋服や下着を入れた。目から血がにじんだのか、赤い涙がぽろっと落ちた。「萌ちゃん。泣かないで…」。泣きながらそっと拭った。

「命絶とう」一時は決意

上釜地区は石巻湾に近く、高さ3メートル以上の津波が押し寄せた。約3200人が住んでいた地域は壊滅状態となり、約200人が犠牲になった。

政之さんは重機で瓦礫を撤去しながら翔太ちゃんを捜した。「翔太が見つかったら夫婦2人で命を絶とう」。心に決めた。

震災から初の月命日となった4月11日。自宅から数百メートル先で翔太ちゃんが見つかった。つぶれたビニールハウスの下にいた。きれいな顔をしていた。「翔太は私たちに頭を冷やす時間をくれたのかな」。亡き息子が、2人の命をつないでくれた。

5月に東松島市にワンルームのアパートを借り、小さなテーブルに5人の位牌を並べた。「子どもたちの居場所を知りたい」。霊能者に尋ねると、「自分たちが引きずれば引きずるほど、あの子たちは天国に行けない」と諭された。

毎朝7合炊いていたご飯は、1〜2合に減った。「カサッ、カサッ」。コメをとぐと軽い音がする。家族が減った現実を突き付けられている気がした。

「お母さん、ありがとう」。記念日でもないのに、大きな模造紙に書いてプレゼントしてくれた萌霞さん。「俺がやっつけてやるから」。学校で意地悪され、涙ぐむ萌霞さんを励ましてくれた唯一翔ちゃん。3姉弟で最も我が強い翔太ちゃんは、床にひっくり返っておねだりしたっけ。

正美さんは3人の子を思い出すたび、「すぐ自宅に戻っていたら助けられたかも」と自分を責め続けた。

「せっかく翔太に助けられたのに…。この仏たちを守らないと」。墓の建立、百か日法要の準備。余計なことを考えないようカレンダーの空白を埋めていった。

「いつかあの子たちと再会する時、恥ずかしくない生き方をしよう」。2人は誓い合った。

新たな命

12年8月21日午前2時4分、石巻市の石巻赤十字病院で産声が上がった。2826グラム。正美さんは分娩台で生まれたての小さな命に触れた。「もう子どもを抱くことはないと思っていた」。ぬくもりに涙があふれた。

宝物という思いを込め、珊瑚から1字取って瑚乃美《このみ》と名付けた。天国の家族が与えてくれた気がした半面、罪悪感にも似た感情を抱いた。「生き残った私たちだけが幸せになっていいのかな」

前の年の12月、海から5キロ離れた石巻市内に自宅を建てた。お盆に帰ってくる子どもたちの魂を、温かい家で迎えたかった。

焼香に訪れた亡き子どもたちの友達や親が瑚乃美さん(8)を抱っこしたり、ミルクをあげたり。14年1月22日には三男の斗輝矢《ときや》君(7)も誕生した。「にぎやかで笑顔が絶えなかった家庭をもう一度築きたい」。育児に追われながら、少しずつ前を向けるようになった。

17年3月、上釜地区に慰霊碑ができた。以来、命日は一家4人で慰霊碑を訪ね、自宅跡にも立ち寄る。

斗輝矢君を抱き締める正美さん，笑顔を見せる瑚乃美さんと政之さん．2021年2月，石巻市美園の自宅．

生まれ育った古里を、あんなに大きな津波が襲うとは想像もしていなかった。
「失った3人の子に自分の命を守る大切さを教えられなかった。瑚乃美たちには、子どもや孫の代まで永遠に語り継いでほしい」

未来を重ねて

瑚乃美さんと斗輝矢君は亡ききょうだいの存在

萌霞さん(後方)，唯一翔ちゃん(右)，翔太ちゃん．家族全員でアイススケートショーを楽しんだ．2010年9月，宮城県利府町(小高さん提供)．

を理解できる年頃になった。

21年2月13日の深夜に起きた地震は、石巻で震度6弱を観測した。瑚乃美さんが正美さんにしがみつき、「あの時もこうだったのかな」とつぶやいた。大好きなチョコレートは、まず仏壇に供えてから食べる。姉と兄2人の誕生日は家族みんなでお祝いしている。

生きていれば萌霞さんは18歳、唯一翔ちゃんは15歳、翔太ちゃんは13歳。「萌ちゃんは大学生かな。運動神経が良かった唯一翔はスポーツ推薦で高校に行ったかも。翔ちゃんはお兄ちゃんと同じ部活だよね」。今の姿をつい想像する。瑚乃美さんは今、萌霞さんと同じ小学2年生。くりっとした目や明るい性格も似ているが、ランドセルは姉のピンクと違い、エメラルドグリーンを選んだ。斗輝矢君は、活発だった兄2人に比べ少しおとなしい。兄2人の年齢を追い越し、小学生になった。

これからは瑚乃美さんと斗輝矢君が成長する姿に、亡き3人の子の失われた未来を重ね合わせる。

普通や平凡が、実は一番難しい。震災でつくづく思い知らされた。

「再びつかんだこの幸せを守り抜くため、パパとママは強く生きるよ」

星になったあの子たちに伝えたい。

（2021年3月11日）

南三陸町防災対策庁舎.
2021年2月18日,
宮城県南三陸町の
震災復興祈念公園内.

ドキュメント 防災庁舎

――南三陸11人の証言

宮城県南三陸町の防災対策庁舎は
高さ15・5メートルの大津波にのみ込まれ、
町職員33人を含む計43人が命を落とした。
赤茶けたむき出しの鉄骨が
今も津波の威力を物語る。
生き残った佐藤仁町長ら
町職員11人全員の証言から、
壮絶な1日を時系列で振り返る。

14：46 「6メートルなら大丈夫だろう」

「ゴーッ」という地響きが伝わる。築55年の木造庁舎が音を立てて激しく揺さぶられる。「ついに本番がやって来たか」。「来るぞ、来るぞ」と言われていた宮城県沖地震に違いない――。宮城県南三陸町の町職員が一様に身構えた。

2011年3月11日午後2時46分。佐藤仁町長(69)は、本庁舎の議場で定例議会の閉会あいさつをしていた。「これからも安全安心なまちづくりに向けて……」。可決された予算案には、30年以内に99%の確率で発生が予想された宮城県沖地震対策も盛り込まれていた。

気象庁発表の震度は6弱。「津波が来るな」。遠藤健治副町長(72)は長く強い揺れが収まると防災服に着替え、本庁舎に隣接する防災対策庁舎に急いだ。防災庁舎は鉄骨3階で高さは約12メートル。危機管理課が入る2階には、災害情報の受信システムや防災行政無線などの機能が集約されていた。

「15時、6メートル!」。誰かが叫んだ。地震から3分後の午後2時49分、全国瞬時警報システム(Jアラート)で気象庁の大津波警報が入った。「ただちに災害対策本部を設置」。遠藤副町長が指示すると、職員たちは配備計画に従って慌ただしく動き始めた。

佐藤町長は、少し遅れて危機管理課の室内に設置された災対本部に向かった。背広を放送室に置こうと目をやると、既に危機管理課の三浦毅課長補佐(当時51)と遠藤未希さん(当時24)の2人が、防災行政無線で「急いで高台に避難してください」と呼び掛けていた。自家発電機は作動していた。

■防災対策庁舎屋上までの避難経路イメージ

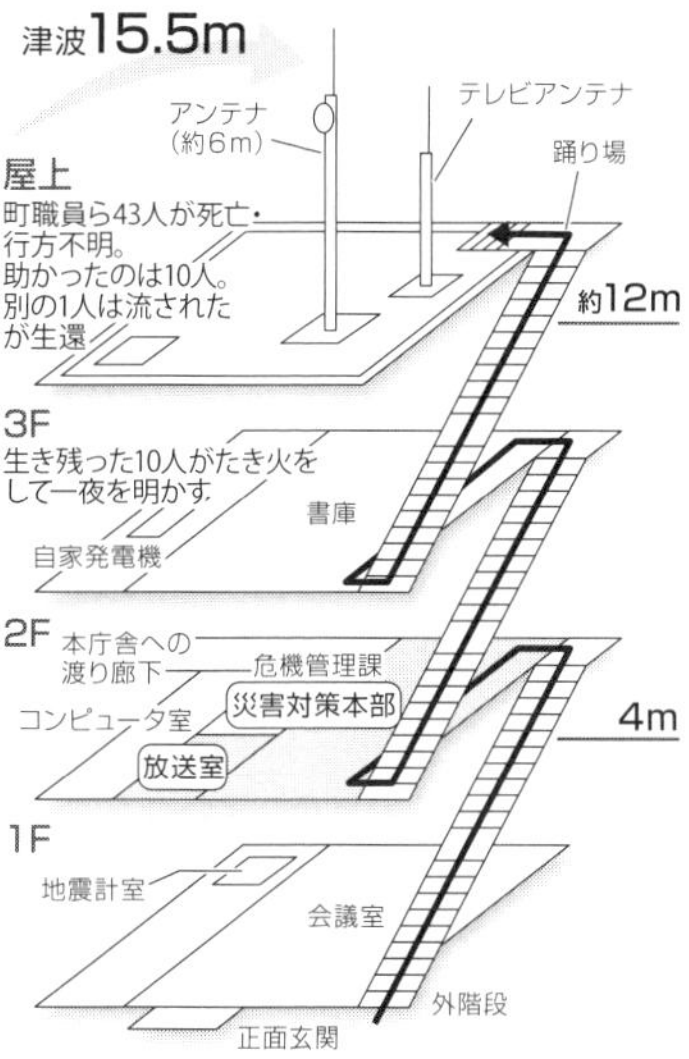

「あと6分しかねぇな」。佐藤町長が職員から津波の予想到達時刻を聞き、壁の時計を見た。午後2時54分だった。「出て行って途中で津波にやられるんだったら、屋上だ」。当初高さ6メートルと予想された津波に、切迫感はなかった。

防災庁舎は指定避難場所ではないが、狭い災対本部の中央のデスクを取り囲むように人であふれかえった。

「おめぇたち、本部以外の者は別の配備に付け」「住民の避難誘導をしながら高台へ向かってくれ」地震直後に遠藤副町長らが促し、多くの職員が任務に就いた。本部要員の危機管理、総務、企画の3課の職員と本庁の課長以外の職員も少なくなかった。

「怖い、怖い」。余震におびえ、ヘルメットをかぶって身をかがめる若い女性。ぎゅうぎゅうの部屋の片隅に4、5人の女性職員が身を寄せ合い、その場から動けずにいた。

「情報収集で庁舎間をうろちょろしているうちに、避難誘導の業務が頭から飛んでしまった」。辛うじて助かった町民税務課の三浦勝美さん(58)が、遠巻きに本部の様子を見ていた当時を振り返る。

災対本部には総務や企画部門の経験者もいた。「公務員のさがと言うのかな。災対本部を手伝おうと思ったんだべなぁ…」。生き残った職員が重い口を開く。

町の災害検証報告書などによると、役場本庁舎には地震後、約60人の職員がいたとみられる。防災庁舎には警察や消防、県など関係機関のほか、近隣の住民やシステム業者らもいた。「危ないからこっちへ来て！」。ある職員はよかれと思い、老夫婦を建物に呼び入れた。

災対本部の壁時計は、津波到達予想の午後3時を回った。

「5・5メートルの高さの防潮堤もある。ここは6メートルの津波なら大丈夫だろう」

宮城県沖地震だと信じ込んでいた佐藤町長らに危機感はまだなかった。

津波高は想定の倍以上

南三陸町は1960年のチリ地震津波を教訓に津波対策を進め、防災対策庁舎もそれを踏まえて建てられた。チリ地震津波では5・5メートルの津波が町中心部を襲い、県内最多の41人が犠牲になった。本庁舎は2・4メートル浸水している。町は高さ5・5メートルの防潮堤を整備。チリ地震津波で浸水した高さを示す標識や避難誘導サインを設置するなど、防災意識の向上に努めてきた。

防災庁舎は旧志津川町時代の95年、本庁舎の隣に完成した。阪神・淡路大震災を教訓に震度7の揺れに耐えられる鉄骨構造にした。海岸に近く、海抜1・7メートルの低地にあるため、1階の浸水を想定。2階は災害時の対策本部とし、防災行政無線など防災設備を置いた。3階には行政文書を保管する書庫や自家発電装置を設けた。

宮城県沖地震が起きた場合の県の被害想定（２００４年）では、到達する津波の高さは最大６・７メートル。震災の津波の高さは、この想定も大幅に上回った。

犠牲になった町職員の中には、災対本部の参集基準に該当しない職員もいた。町は２０１２年度、震災時の職員の聞き取りなどを基に災害検証報告書を作成。震災時、職員の初動対応マニュアルが未整備だったことを反省点に挙げた。

震災の津波で被災し、多くの命が失われた防災対策庁舎をめぐり、町は保存か解体かで揺れた。町は13年に一度は解体を決めた。だが、宮城県の提案を受けて31年3月までの県有化に同意し、解体は見送られた。

防災庁舎は現在、20年10月に全面開園した震災復興祈念公園内にあり、津波の猛威を伝える遺構として、慰霊と防災教育の場となっている。

震災前の南三陸町防災対策庁舎．2005 年 9 月．

町民有志は20年に「防災庁舎について考える会」を発足させ、町民らに呼び掛けて定期的に意見を交換している。町は県有化終了後の方針は示していない。

犠牲になった職員遺族からは、町長の責任を追及する声も上がった。適切な避難指示をしなかったため犠牲になったとして、2遺族が12年に町長を業務上過失致死の疑いで告訴したが、15年に不起訴処分になった。

15：14 「屋上さ上がれ」／茶色い水が遡上

防災対策庁舎2階の災害対策本部。危機管理課の佐藤智さん(66)が、放送室で避難を呼び掛ける同課の三浦毅課長補佐と、遠藤未希さんに急いでメモを渡した。震度6弱の地震から28分後の午後3時14分。気象庁が大津波警報の予想高を「6メートル」から「10メートル以上」に引き上げた。

「10メートルだって？ 想像がつかない」。遠藤副町長は絶句した。災対本部は職員らでごった返していたが、職員たちは淡々と業務に当たっていた。「もう上がれ。用のない者は上がれ」。高さ約12メートルの屋上への避難を指示し、多くの職員が外階段へ向かった。

津波の襲来に災対本部が気付いたのは「10メートル以上」に切り替わる少し前。既に6メートルの津波到達予想時刻の午後3時を回っていた。

「海に白波が立って津波が見える」「引き波を確認」

南三陸消防署の小野寺庄一郎副署長(当時57)の無線に次々と連絡が入る。Jアラートは機能したが、テレビは映らなかった。インターネットも不通で、電話は報道機関の問い合わせが殺到。現場からの無線情報とラジオが情報源だった。10メートル以上の津波予想を知らない職員も複数いた。

遅くとも午後3時10分ごろまでに、消防団と町職員がすべての水門と陸門を閉めた。「水門閉鎖完了」。報告を受けた職員が室内の電光表示盤のスイッチを押し、すべて「閉鎖」を意味する赤ランプが点灯した。

佐藤町長は「10メートル以上」の情報を耳にしていなかった。窓際に向かい、八幡川の水位に異変がないか警戒した。「とにかく連続して町民に避難を呼び掛けてけろ」。地震直後から繰り返し放送室の2人に声を掛けた。

午後3時15分すぎ、災対本部のラジオは岩手県沿岸への津波到達を伝えていた。しばらくして歌津地区の田束山《たつがねさん》（512メートル）にいた産業振興課の牧野典孝さん（当時46）と遠藤進也さん（当時39）が役場に戻り「津波が来ていて防潮堤を超えそうだ」と報告した。

「（海岸が）すごいことになっているから、上がってございっ」

屋上から企画課の高橋文禎《ふみよし》さん（当時43）が叫ぶ声がした。外にいた同課の及川明課長補佐（58）と同僚の加藤信男さん（48）が気付き、急いで外階段を上った。加藤さんは記録のため、一眼レフカメラで川や庁舎内外を撮影していた。

防災庁舎の前の駐車場に水があふれてきた。複数の証言や津波の撮影時刻に照らし合わせると、八幡川に水が遡上し始めたのは午後3時25分すぎ。色めき立った町幹部が口々に叫んだ。

「全員、屋上さ上がれ！」

2階には、まだ遠藤副町長ら6、7人がいた。「茶色く濁った水が新幹線のような速さで川の縁をさかのぼってきた」。佐藤徳憲総務課長（70）は今も鮮明に覚えている。

緊迫の度を増す放送室。「未希ちゃん、もういいから」。危機管理課の佐藤さんらが放送室に駆け込み制止した。

「高台へ避難してください。ただいま宮城県内に10メートル以上の津波が…」。未希さんの声に「上へ上がって！　上へ！」という幹部の切羽詰まった声が重なった。

上司の三浦課長補佐は「未希ちゃん上へ上がれ！　私が放送すっから」と促し、マイクに向かったとされる。

午後3時25～28分ごろ、突然、放送が途切れた。マイクのスイッチを入れたまま、全員が急いで屋上に駆け上がった。遠藤副町長らが最後に上がると、防災庁舎は海に囲まれていた。

15：28　「半端じゃねぇ」／身構える54人

午後3時28分ごろ、防潮堤を越えて津波がみるみるうちに迫ってきた。土煙が舞い上がったかのように海が黄色くかすむ。防災対策庁舎屋上に避難した職員らは、約500メートル離れた河口を見詰めていた。

「町長、この津波おっきいね」。フェンス際にいた企画課の及川逸也課長（当時56）が口にした直後、「バリバリ、メリメリッ」。木造の本庁舎が5秒で「くの字」に折れ曲がり、流された。

「これ、半端じゃねぇぞ」。予想波高6・7メートルの宮城県沖地震と信じ込んでいた佐藤町長は初めて危機感を覚えた。

西側のフェンス近くでは、女性職員2人が流され始めた近くの民家に向かって泣き叫んでいた。

「せっちゃん、せっちゃん、何で逃げねぇのぉー」

すぐ隣で総務課の佐藤課長が無言で立ちすくんでいた。役場隣の自宅には、元町職員で妻の節子さん（当時63）が愛犬2匹と2階にいた。

ラジオを取りにいったん家に戻った時、1階から声を掛けた。逃げるよう促したが、節子さんは「逃げてる途中で津波が来ると怖いから、2階にいっから」。2人の最後の会話になった。遠のく自宅

津波が押し寄せ，防災庁舎の屋上に避難する町職員ら．2011年3月11日午後3時29分(写真展示館「南三陸の記憶」提供)．

をただ目で追い掛けるしかなかった。

海を見ていた佐藤町長も「こんではせっちゃんが危ねぇ」と佐藤課長の横へ駆け寄った。水かさがどんどん増す。防災庁舎にも危険が迫った。

真っ二つに割れる本庁舎を目の当たりにした危機管理課の佐藤智さんは、黄色い土煙の奥にさらに大きい波が来るように感じた。「これでは駄目だ」。高さ6メートルほどの鉄柱のアンテナポールを見上げ、よじ登り始めた。

ポールはJアラートや無線を受信するアンテナだ。配線部分に足を掛ければ登れると思った。偶然、企画課の阿部好伸さん(43)と目が合った。「好伸君、上がれ」。手招きをして2人でしがみついた。

志津川湾や八幡川に臨む南側と東側のフェンス側にはまだ多くの職員らがいた。携帯電話のカメラで写真を撮っていた。

1階から外階段を駆け上がってきた企画課広報担当の加藤信男さんは、首から提げた一眼レフのカメ

高さ約12メートルの防災庁舎屋上を襲う巨大津波.
企画課の加藤さんが津波にのまれながら撮影した.
2011年3月11日午後3時34分(町HPより引用).

ラで町がのみ込まれる様子を必死に収めていた。少し高い場所からファインダー越しに見ていたせいか、周囲の様子まで気を配れなかった。というより、屋上に迫る波があまりに速すぎた。

降りかかる波しぶきに「あ、もうやばい」。もう一度周囲の状況を撮ろうと、体の向きを変え、「カシャ、カシャ、カシャ」。ピントも合わせず、体を回転させながら夢中でシャッターを押した。写真の時刻は午後3時34分。背後から襲った黒い波にバランスを崩し、あおむけに倒れた。

2階の災害対策本部から遠藤副町長と総務課の佐藤裕さん(40)の2人が最後に上がってきた。3階まで水が達し、役場隣のクリニックが流され始めた。波がせり上がる速さに頭が追い付かない。

「何だ」「どうなっているんだ」「なんでなんだ」――。ただただ驚きと戸惑いが遠藤副町長の脳裏をよぎった。

黒い波が高さ約12メートルの屋上に乗り上げ、54人が身構える。アンテナポールの下には、ヘルメットをかぶった職員らが住民を両手で取り囲むように円陣を組んだ。

「まだ高くなるのか」

遠藤副町長がそう思った瞬間、目の前に波が迫った。とっさに眼鏡を放り投げ、大声で叫んだ。

「みんな、背中向けろっ！」

15：33 容赦ない波

これでもか、これでもかと波が容赦なく覆いかぶさる。午後3時33分、津波は防災対策庁舎を丸のみした。数十秒から1、2分間の長く苦しい時間。屋上にいた職員は息を吸おうと懸命に背伸びをし、もがき続けた。

妻節子さんが取り残された自宅が流されていくのを、無言で見ていた総務課の佐藤課長。ばしゃばしゃと波が足元に押し寄せる。とっさに近くの階段踊り場の鉄製の手すりをつかんだ。

気付いた時には海水は顔近くまで達していた。「町長、これ夢だよね」。左隣にいた佐藤町長の方を向いた瞬間、眼鏡が波で飛ばされた。

屋上は高さ約12メートル。外階段の踊り場はさらに50センチほど高かったが、15・5メートルの最大波は軽く頭上を超えた。

流されまいと、手すりの間に左足を絡めた。眼鏡が飛ばされる前、自宅が二つに割れたところまでは見ていた。「絶対に生きて、お母さんが流されたことを子どもたちに伝えるんだ」。波に何度も顔をたたきつけられながら、3人の子どもの顔が浮かんだ。

佐藤町長もぎりぎりで潜ったり頭を出したりしていた。波間のタイミングに「はぁっ」と息を吸った。津波の勢いはすさまじい。「手すりを離したら、俺、死んでしまう」。ありったけの力で握り締めた。

防災庁舎の周囲一面は海。隣に誰がいるのかも、何がどこにあるのかも見当がつかなかった。たまたま外階段の近くにいた職員が手すりに引っ掛かったり、挟まったりした。

「だめだー、だめだー」。波の谷間から総務課の山内和紀さん(67)がうめき声を上げた。

波に背を向けた瞬間、あおむけに大の字で踊り場を流された。手すりに右脚のももの付け根まで挟まり、座った状態になった。片手で手すりをつかみ、懸命に頭を上げる。息はできたが、波に背中を押し込まれて再び海中に沈む。また顔を上げる。何回やっただろう——。

「もう少しだ。がんばれ、がんばれ」と、耳元で声が聞こえた。コートの襟元を誰かが持ち上げてくれた。企画課の及川課長補佐だった。

及川補佐は手すりを抱きかかえて息を止め、我慢できなくなったら海を泳ぐつもりでいた。「ガツガツガツ」。浮き球などの漁具がヘルメットにぶつかる。中3の息子が高校入試の結果待ちだったことが、ふと頭をよぎった。「結果を聞かず、このまま死ぬわけにはいかねぇ」と踏ん張った。

絶望の淵で「ただ生きたい」という本能がそれぞれの体を動かした。沈み込み、気力を失う職員もいた。

企画課の加藤信男さんは記録用の写真を撮っていて足元をさらわれ、ウォータースライダーのようにあおむけに流された。「この記録だけは残したい」。とっさにジャンパーの内側にカメラをしまい込んだ。

海に放り出される寸前、「俺の手につかまれ!」と手を伸ばした遠藤副町長に助けられたが、直後に大波が襲った。階段近くのどこかに引っ掛かり、足を絡めた。えび反り状態で波を受け続け、水中に体が沈む。目が開けられない。海面がどこなのか分からない。息をする代わりに海水を大量に飲み込んだ。

「ああ、死ぬってこういうことなんだな」

溺れて気を失った。遠藤副町長が胸ぐらをつかんでくれていた。

畳にしがみつき流され、生還

町職員三浦勝美さんは大津波に流されながらも奇跡的に生還した。死の危機にひんする中、命を救ったのは偶然流れてきた1枚の畳だった。

三浦さんは屋上からフェンス越しに濁流が遡上する八幡川を眺めていた。「だめだ、津波が庁舎を超えるかもしれない。何かにすがれ」。町民税務課の勝倉正高課長(当時54)の叫び声を聞き、アンテナポールの根元にしがみついた。

水位がじわじわと上がり「初めは強いシャワーを浴びている感覚だった」。職員ら十数人が円陣を組んでいたことは後日知った。

水圧が一気に高まり、体が津波の威力で鯉のぼりのように浮き上がった。耐え切れず中指が離れた瞬間、濁流に放り込まれた。

「津波に殺されてたまるか」。灰色の海中に光が差していた。かいてもかいても海面に近づけない。

「もう息ができない」と思った瞬間、海面に出た。

つかまるものを探そうと立ち泳ぎでこらえていた時、漂う畳に手を掛け、全身を乗せた。安堵と同時に怒りがこみ上げた。「何で俺をこんなに苦しめるんだ」

防災庁舎から約1キロ内陸にある県合同庁舎近くまで流された。第1波が防災庁舎をのみ込んでから約7分後、波が引き始めた。畳にしがみつきながら「絶対死なない」と何度も心の中で繰り返した。何かにすがって助けを求める女性職員の声が聞こえた。屋上に一緒にいた同僚だった。人が乗った船が近づいてきた。そう思ったら、防災庁舎屋上の一角だった。屋上に避難した54人のうち、最後まで屋上にいたのは町職員10人だけだった。

畳ごと公立志津川病院の東棟3階に流れ着いた。排水溝のように2階の窓に吸い込まれそうになった。耐震補強用の鉄骨に乗り移り、ずっと考えていた。「みんなどうなっているんだろう」「俺、いないことになっているのかな」

体は冷え切っていた。看護師に服を脱がされ、たまたま誰かが持っていた「よさこい」の赤と白の衣装と女性用の青いズボンを着せられた。「俺が助かったんだから屋上にいた仲間も助かっているはず」。入院患者や避難者であふれる5階会議室で一夜を明かした。

翌日、お祭りの衣装に黄色のタオルを首に巻き、ピンク色の長靴を借り、内陸にある入谷小に消防団と向かった。体育館に避難していた高齢女性から「拝みに来てくれたんですか。祈禱師ですか？」と尋ねられた。

多くの同僚が犠牲になったと知ったのは震災から1週間後。言葉を失った。「同じ歌津生まれの同僚は性格や家族のことまですべて知っている」。震災から5年間は泣いてばかり。パチンコで大当たりしても「あいつらもやりたかっただろう」と涙があふれた。

平均16・5メートル、広範囲に犠牲者

南三陸町の広い範囲に高さ10メートルを超す津波が押し寄せ、600人が死亡、211人が行方不明になった。防災対策庁舎が立つ志津川地区の平均津波高は16・5メートル。津波ハザードマップの浸水想定区域外にも津波は達した。

町で最大の犠牲者が出たのは公立志津川病院。海岸近くの平地に立つ病院の4階天井付近まで津波が到達し、入院患者70人と職員4人が亡くなった。

志津川高校近くの約15メートルの高台にあった特別養護老人ホーム「慈恵園」では、入所者と利用者計48人、職員1人が命を落とした。周辺の高台は町の指定避難場所だったが、津波は平屋の施設をのみ込んだ。

震災時の町のハザードマップは、宮城県沖地震の県の被害想定(2004年)を基に作成された。志津川地区の想定水位は最高6・7メートル、最短の到達時間は25分。浸水想定区域は1960年のチリ地震津波の浸水域とほぼ重なっていた。

震災ではハザードマップの浸水想定区域外だった南三陸消防署も津波で壊滅的な被害を受け、出動中を含む消防士9人が亡くなった。津波は市街地を流れる八幡川や新井田《にいだ》川を遡上し、内陸約3キロまで達した。

町が2012年度にまとめた災害検証報告書によると、犠牲者の行動が把握できた471人のうち、半数近い216人が避難していなかった。

２１６人が犠牲になった場所については、①海から比較的離れた内陸地、②チリ地震津波の浸水範囲外、③宮城県沖地震の津波ハザードマップの浸水想定区域外――に多かったとしている。

15：35　ポールに２人、階段に８人／仲間が消えた

黒い海が眼下に広がっていた。津波が高さ約12メートルの防災対策庁舎の屋上をのみ込んで２分後の午後３時35分。約６メートルあるアンテナポールに、町職員２人が必死にしがみついていた。

「絶対に流されねぇぞ」

危機管理課の佐藤智さんは両手でポールを力いっぱい抱きかかえ、ひたすら念じた。足元には企画課の阿部好伸さんがいた。少し低い位置にあるボックスのような部分に足を掛け、つかまっていた。

最初はもこもことした黒い波の塊が見え、やがて約２キロ先の荒島《あれしま》がかすんだ。すぐに家がバキバキと音を立てて流れてきた。「これ、助からないかも」。阿部さんは怖くなった。靴に冷たい水が入ってきた。「もう駄目だ」。覚悟した。

高さ15・5メートルの津波は阿部さんの膝元までせり上がった。その下ではポールを取り囲むようにヘルメット姿の職員や住民ら十数人が円陣を組んでいた。２人はそれを知らなかった。

コンクリートの土台部分は一段高く、職員らは上下で二重の円陣を組んで支え合った。お年寄りの住民の背中に両手を広げ、流されないよう踏ん張った。

土台にしゃがんでつかまっていた町民税務課の三浦勝美さんは強まる波の勢いに耐え切れず、海に放り出された。まだ２、３人がこらえていたのが目に入った。屋上では床に両手を突いて波を我慢す

る職員、「助けて」と叫びながら流された女性職員もいた。

ポールにすがった佐藤さんは、海を見ないよう両腕の中に顔をうずめて下を向いた。波が押し寄せた一瞬、フェンスのそばにいた同僚が波にはね飛ばされるのが脇の下から見えた。すぐに真下は黒い海になった――。

押し波が弱くなってきたのは、防災庁舎が完全にのみ込まれてから数分後のことだ。階段にいた職員の顔が次第に海面に出た。

「あれ、息ができる」

外階段で波をかぶっていた企画課の及川課長補佐は、渦を巻きながら水位が下がるのが分かった。背伸びしたが届かず、一度泥水を飲んだ遠藤副町長は「長く息を止めるのは無理だった。水中に没したのは長くて2分ぐらい」と振り返る。

最高水位に達した波が一気に引き始める。息を吸えるようになったが、なお苦しい時間は続く。大きな瓦礫は直撃しなかったが、強烈な水圧で体を痛めつけられた。遠藤副町長は胸元が内出血し、1カ月もの間、手すりの痕が残った。及川課長補佐もその後、咳をすると胸のあたりが痛んだ。佐藤町長はあばら骨を骨折。手すりを握っていた右手の甲に小さな穴が3つ開いていた。

午後3時40分ごろ、水位が下がるとともに徐々に屋上が姿を現す。

階段に8人、アンテナポールに2人。たったそれだけだった。フェンスは無残になぎ倒され、数分前までいた仲間が消えていた。屋上で生き残った10人は、一瞬で変わり果てた光景をすぐにのみ込めなかった。

遠藤副町長は津波が来る寸前に「みんな、背中向けろっ！」と言ったきりで、誰かが流されるのを見たわけではなかった。「何があったんだ」と呆然自失だった。

及川補佐も錯覚を覚えた。「もしかしたら3階にいたんでなかったか」。佐藤町長も屋上を見渡して混乱した。「あれ、これだけしかいなかったか…」

心の中でそれぞれが自問を繰り返していた時だった。遠藤副町長が突然切り裂くように叫んだ。

「チクショー！」

気付けば10人が階段近くに集まっていた。30秒か、1分か。うつむいて、無言でただ立ち尽くした。

17：00　氷点下、100円ライターで命をつなぐ

屋上で生き残った10人に間断なく津波の恐怖が襲う。午後4時すぎ、防災対策庁舎の2階あたりまで波が引いた。白いヘルメットをかぶった町職員は、その後も繰り返しアンテナポールによじ登った。

流された同僚のことを冷静に考える間もなかった。「ゴーッ」という海鳴り。約200メートル離れた公立志津川病院の屋上から「第2波が来るぞー」という病院職員の声がした。危機管理課の佐藤智さんが「ポールさ登れ！」と叫ぶと、大小2本のポールに分かれて登った。

「ええっ、これよりも大きな津波が来るのか」

総務課の佐藤課長は恐怖を感じた。子どもの頃から第1波より第2波の方が大きいと聞いていた。足場を探し懸命に上を目指す。革靴が滑り、なかなか登れない。職員の手は波にのまれた時に傷付き、つかんだポールの上から誰かの血が流れてきた。

引き波で屋上があらわになった防災対策庁舎．雪が降っていた．2011 年 3 月 11 日午後 3 時 47 分（写真展示館「南三陸の記憶」提供）．

「町長が一番上へっ」

職員に促され、佐藤町長が先に高さ約6メートルのポールに登った。数人でつかまった重みのためか、余震でしなる。濁流が防災庁舎に向かって流れ込み、生きた心地がしなかった。

西から雪交じりの強風が吹き付ける。南三陸に近い気仙沼の気温は午後5時でマイナス0・3度。全身ずぶぬれになりながら、津波、寒さ、余震の三重苦に耐えていた。「このままでは低体温で死んでしまう」。佐藤課長は一瞬思った。

雪をしのごうと、3階に降りてからも数回、屋上と上り下りした。疲れて動けなくなった職員もいた。

海水を飲んで気を失った企画課の加藤信男さんは憔悴し切っていた。痙攣《けいれん》したかのように全身の震えが止まらなかった。靴も脱げ、立っているのがやっと。海と化した町を見て「飛び降りたら楽だろうな」と思った。ジャンパーのポケットに入れた携帯電話を見ると、ストラップに付けた保育園児の長女の写真と目が合った。その場で足踏みを始め「絶対に生きるぞ」と連呼した。

「ゆうくーん」。総務課の佐藤裕さんは、薬剤師の妻が勤務する志津川病院の屋上から名前を呼ばれた気がした。泥水で目がかすんだが、もしやと思い手を振った。妻と、背の高い妻の友人が振り返してくれた。気持ちを何とかつなぎ留めた。

気温が0度を下回る中、生き延びることだけで精いっぱいだった。ずぶぬれの体を暖めようと屋上を走り回った。おしくらまんじゅうのように職員同士で体を押し付け合ったりもした。

「寒くて何かしないと気が紛れなかった。あばら骨が折れた痛みも感じないほどだった」。佐藤町長は思い返す。

日が沈むころ、水位は2階あたりで落ち着き、やがてポールに登らなくなった。そもそも、そんな体力は残っていなかった。

3階の壁は津波で抜け、赤い鉄骨がむき出しになっていた。冷たい北西の風が建物を吹き抜けると、体はさらに凍えた。町長らが漂着した毛布やシーツで風よけを作ろうと試みたが、何の役にも立たなかった。

10人の命をつないだのは１００円ライターだった。企画課の阿部好伸さんのワイシャツの胸ポケットに入っていた。大津波を受けた時はポールにつかまっていて、上半身が濡れなかったのが幸いした。

危機管理課の佐藤智さんのネクタイを裂き、火種にした。自家発電機の重油が流れ、床がつるつると滑る。流れ着いたベニヤ板や発泡スチロールを慎重にかき集め、薪《まき》をくべた。3階に突き刺さった長さ8メートルの太い梁《はり》をみんなで運び、火を移すと赤々と燃え上がった。

午後6時ごろ、高台に避難した人が防災庁舎にともった小さな明かりに気付いた。

「これで助かるな」

総務課の佐藤課長は心の中でつぶやいた。

18：00　口数が減り、やがて沈黙／変わり果てた町

津波で壁が抜けた防災対策庁舎3階で、10人は炎を囲み、冷え切った体を温めた。濡れた衣服や下着を手でかざし、乾くのをじっと待った。

「大丈夫かーっ」

約200メートル離れた公立志津川病院の屋上から病院職員が叫んだ。「おう、大丈夫だー」。佐藤町長らが返す。「寝るなよー」。夜通し声が届いた。

高台の志津川小からは車のライトが防災庁舎に向けられた。「掛け声や光がどんなに生きる力になったことか」。遠藤副町長が当時を思い出す。

柱にはネット入りのミカン5個が偶然引っ掛かっていた。海水を飲んで喉がひりひりしていた職員にとって格別の味だった。

上半身が濡れなかった企画課の阿部好伸さんの胸ポケットには、煙草が5、6本あった。佐藤町長ら喫煙者6人が1本を大切に回して吸い、ふーっと息を吐いた。

防災庁舎の周りは依然として一面の海。常に津波の恐怖と隣り合わせだった。

10人は工事用の赤色灯が波間を行ったり来たりするのを目で追い、潮の上げ下げを夜通し警戒した。

海面をプロパンガスのボンベが「シューッ」と不気味な音を立てて飛ぶ。直撃するのではないかとおびえた。

焚き火に当たりどれぐらい経っただろうか。服が乾き、津波も3階まで来ないと分かった。徐々に口数が減り、やがて沈黙した。

「何を話せばいいのか分からなかった。同僚が亡くなったのを確認したくなかったし、認めたくなかった」。総務課の畠山貴博さん(43)が心境を吐露する。

うつむく若手に「元気出せよ」。遠藤副町長が励ます。10人の中で最年長。「みんな、仲間や家族のことが頭の中を駆けめぐったんだろうな」。行政マンとして地震を何度も経験した自分が鼓舞しなければという思いがあった。

はぜる火の粉を見詰めて佐藤町長が独り言のようにつぶやいた。「生き残った俺たちが頑張らなきゃならないな」。誰に向かってしゃべるわけでもなかった。

自家発電機の上にお年寄りの女性の遺体が流れ着いた。危機管理課の佐藤智さんが、近くにあった防災服をそっと顔に掛けた。多くの犠牲が出たことは明らかだった。

ヘリコプターが上空に現れるたびに、焚き火の角材をたいまつにして懸命に振った。火はすぐに消え、煙となった。

「夜が明ければ助かるだろう。でも、昨日、体験したことが本当だったのか、もう一度確認するのが怖かった」。佐藤町長はそんな感情を抱いていた。

防災庁舎から見える山々は雪化粧をしていた。朝日が当たると、誰の目にも町全体が破壊されたことが分かった。波は低い位置で行ったり来たりしていた。

水位が上下する周期を見計らって外に出ると決めた。瓦礫だらけで1階に降りることは難しい。危機管理課の佐藤さんが絡み付いた養殖ロープをつなぎ、第2庁舎の屋根伝いに降りることを考えた。

八幡橋を渡る人影が見えた。産業振興課の髙橋一清さん(60)が消防団と歩いて向かってきた。「一清、足場の橋つくれ!」。遠藤副町長が叫んだ。長い鉄材でスロープをつくり、第2庁舎の屋根伝いに降りるのを助けた。

一列になって700メートル離れた志津川小へ重い足取りで歩く。無言で歩く者、涙を流す者……。息も絶え絶えによたよたしながら歩いた。途中の民家で飲ませてもらった水が全身に染み渡る。見上げれば恨めしいほど澄んだ空が広がっていた。

満身創痍の佐藤町長は12日午後1時に町総合体育館に災害対策本部を設置し、夕方、記者会見に臨んだ。防災庁舎で何があったのか——。前日からの出来事を話し始めると、初めて涙が流れた。

亡き仲間を思い自問を続ける

一夜明けた3月12日。防災対策庁舎で生き残った町職員は避難所運営など被災者対応に追われる。佐藤町長も午後に公務に復帰し、陣頭指揮を執った。

「避難所に1万人近くいるみたいだ」。町総合体育館に設置した災害対策本部会議でまず報告があった。「備蓄も流された。1日3食、どうやって用意すればいいのか」。佐藤町長は衝撃を受けた。

最初の本部会議は佐藤町長ら数人の職員と消防署員だけで始まった。津波で死亡・行方不明になった町役場職員は全体で36人。屋台骨を支える課長や中堅職員が多く、行政機能は窮地に陥っていた。

多くの課題を次々に突き付けられた。「ご遺体の火葬はどうするのか。その前に流出した住民基本台帳を立ち上げないと何もできない……」。遠藤副町長は頭を抱えた。

3月末、テニスコートにプレハブ仮設庁舎を設け、窓口業務を開始。紙切れ1枚ない状況からの再出発だった。罹災証明などの交付を待つ長蛇の列が毎日でき、怒号が飛び交った。

「生き残った自分たちがやらなきゃいけないという思いは日増しに強くなったが、『あぁ、あいつらがいればな…』と何度思ったことか」。遠藤副町長は当時を思い返す。長い時間を職場で過ごした職員は家族同然だった。

防災庁舎で助かった若手もつらい日々を歩んできた。「同僚を失い、仕事ができないんじゃないかという精神状態に陥った時もある」。総務課の佐藤裕さんは帰宅途中の車の中で言葉にならない思いを叫んだ。企画課の阿部好伸さんは「何で自分は助かったんだろう」と自責の念にさいなまれた。

震災翌月、遠藤副町長が職員の遺族を弔問した。「元気な姿でお返しできずに申し訳ありません」。玄関先で頭を下げ続けた。「孫を返してけさい」と言われると、言葉が出なかった。町では職員も含め831人が犠牲になった。佐藤町長は9月の町全体の合同慰霊祭が終わった後で弔問に訪れた。

役場内には亡くなった職員の遺族や親戚もいて、防災庁舎という言葉を口にするのは、はばかられた。佐藤町長も記者会見で尋ねられた時以外、ほとんど口にしなかった。あの建物で何があったのかは、ほとんど語られず、生き残った職員の記憶も薄れていった。

一方、防災庁舎は震災直後にギラード豪首相が訪問するなど、津波の猛威を語る建物として国内外に発信された。佐藤町長は当初、保存に理解を示していた。

遺体安置所に通い、線香を上げた日々。「あいつ、どこにいんだべ」。行方不明遺体の写真台帳をめくって職員の姿を捜した。「この地獄を繰り返してはならない」。大津波が襲った事実が一目で分かるものを残すべきだと思った。

遺族や町民の間で解体か保存かで2年半大きく揺れた。町は2013年9月、財政面での問題や解体を望む遺族に配慮し、解体方針を決めた。しかし、15年6月には一転、20年間県有化することが決まった。震災から4年あまりの歳月が過ぎていた。

15年春に退職した遠藤副町長は今、震災の伝承活動に携わる。かつてのチリ地震津波の教訓を、命を守る避難訓練につなげられていただろうかと自問する。「後ろめたい気持ちは今なおある。ただ、生き残った者の一つの役割なのかな」

17年9月、新たな役場本庁舎が標高61メートルの高台に完成した。開庁の2カ月前、佐藤町長は犠牲となった町職員全員の名前を紙にしたため、追悼の思いをつづった。

「おかげさんで新しい役場ができたぞ」

封筒には「捧げる」と書いた。亡き仲間の顔を思い浮かべながら、正面玄関の定礎板の裏にあるステンレス製の箱にそっと納めた。

遺族の思い

大切な人を失った遺族は、心の折り合いをつけながら10年間の歳月を歩んできた。

町社会福祉協議会の支え合い拠点「結の里」で21年2月中旬、職員の高橋吏佳《りか》さん(48)が、お年寄りに配るちらし寿司の調理に汗を流していた。「彩りよく盛り付けてくださいね」と参加者に笑顔で声を掛けた。

あの日、夫の文禎さんは屋上で津波にのまれ、今も行方が分からない。企画課でまちづくりを担い、同僚の信頼も厚かった。休日は3人の子どもに熱心に野球を教える子煩悩な父だった。

震災後、町役場から白い封筒が届いた。入っていたのは文禎さんの3月の給与明細。死を悼む文言はなく、「心が感じられない」と憤った。

震災から3カ月後、町は遺族を集めて初の説明会を開いた。公務災害などの手続きが中心で、庁舎内での職員の状況について納得できる説明はなかった。

怒りと悲しみで心がささくれ立った。そんな時、震災時は中学1年だった長男禎希《よしき》さん(23)の言葉を思い出した。「パパは『避難しろ』と言われても逃げなかったと思うよ」。瓦礫が残る町で一緒に文禎さんを捜しながら、禎希さんが語り掛けた。

いつも責めたり怒ったりしている自分が嫌だったし、前向きに生きたいと思った。「パパは庁舎で最後まで頑張った。死を前向きに捉えないと、一生懸命やったパパがかわいそう」。子どもに背中を押された。

井上誠さん(62)は入庁して1年目だった長男の翼《たすく》さん(当時23)を亡くした。佐藤町長の責任を追及し、業務上過失致死容疑で告訴に踏み切った遺族の一人。当初は防災庁舎の解体を望んでいた。「庁舎が(あの場所に)なければ高台に避難していたかもしれない」。今もふと思う。町は13年に解体を決めたが、最終的には県が31年まで保有する提案を受け入れた。

「悔しさや苦しみをかたくなに持ち続けるのは難しい。（遺構をめぐる議論が）二転三転し、庁舎のことを考えるのも正直、ばかばかしくなった」。震災から時が過ぎ、家族の暮らしをもっと大切にしたいという思いが強くなった。

「前へ進まないと。息子もそう願っているはず」。月命日の11日は防災庁舎で手を合わせる。

震災から10年。町社協職員の高橋さんは1月下旬、「10年前の自分へ」をテーマに震災後の歩みを町民に聞いて回った。佐藤町長も対象の一人。震災から数年は、町長と会ってもまともに会話することはなかった。

インタビューを終え、「これまで大変な道のりでしたね」と声を掛けると、佐藤町長は「文禎を亡くし、おめぇもつらかったべ」と返した。

2人は目に涙を浮かべた。

（2021年2月21～28日＝全8回）

東日本大震災で救助や復旧活動の「司令塔」となった宮城県災害対策本部。意思決定を担った本部会議には、村井嘉浩知事や県幹部らが未曽有の災害と格闘したドラマがあった。当時の取材メモや音声記録などを基に、初動の1カ月を振り返る。

司令塔の1ヵ月
——宮城・災対本部会議ドキュメント

大型モニターに映る港町の惨状に呆然とする村井知事（中央）．
2011 年 3 月 11 日午後 3 時 30 分ごろ，宮城県庁．

東日本大震災の宮城県災害対策本部会議　村井嘉浩知事が本部長を務め、副知事、各部局長、教育長、県警本部長らで構成。政府、自衛隊、海上保安庁、東北電力、仙台管区気象台などの担当者も加わった。震災発生直後は1日数回、3月23日からは1日1回、その後は随時開催され、2012年3月26日まで全95回を数えた。会議は報道機関に全面公開され、応援に駆け付けた全国の都道府県職員が同席することもあった。

3月11日夕——混乱／「無事逃げて」祈るのみ

大型モニターが映し出す港町の惨状に、指揮官が言葉を失った。気仙沼港に押し寄せた大津波が、桟橋をあっさりとのみ込んだ。

宮城県庁（仙台市青葉区）4階の庁議室に現れた知事村井嘉浩は、テレビの生中継映像を見詰め、しばらく立ち尽くした。長く強烈な地震の揺れは収まったが、沿岸部は今まさに災害発生のただ中にある。助けたいが、打つ手がない。破壊されていく街を見ているしかなかった。

2011年3月11日午後2時46分。東日本大震災の発生と同時に設置された県災害対策本部は、第1回本部会議を午後3時半に招集。県幹部は一応の状況確認を済ませ、次々に庁議室に集まってきた。

時間になると、村井は大きな円卓の真ん中に座った。高台への避難を呼び掛けるアナウンサーの声が、室内に大音量で流れる。騒然とする中、本部会議は始まった。

「えー、ご覧のような状況でございます。テレビでありましたように、既に津波で大きな被害が出ているようであります」。本部長の村井は動揺を隠し、言葉を絞り出した。

情報が乏しかった。配布資料も各地の震度や大津波警報の発表を知らせる仙台管区気象台のメール文書だけ。何が起きたのか、まったく分からない状態だった。

「石巻の鮎川港で午後3時20分、3メートル30センチの第1波観測」。危機管理監小野寺好男が口頭で付け加えた。

「まずは人命救助。ここに力を置いて、一人でも多く救うよう努力したい」。村井は部局長に指示し、県警と自衛隊に協力を求めた。最初の本部会議はわずか4分40秒で終了した。「無事に逃げてほしいと祈ることしかできない自分が、本当に情けなかった」。村井は後に当時の心境をこう振り返った。

第2回の本部会議は1時間半後の午後5時に始まった。

「仙台港の防波堤に住民と警察官が取り残されているとの情報」「気仙沼は広範囲が水没したもよう」。断片的な被害状況が入り始めたが、全容把握には程遠い。「連絡が取れない」「安否は不明」。情報収集は混乱を極めた。

「南三陸署が一時、3階まで浸水した。つまり、その程度の津波であり、かなり心配だ」。県警本部長竹内直人の報告に一同は息をのんだ。建物の3階に達する津波など想像さえできなかった。

竹内は続けた。「石巻署長の話によれば、鮎川(地区)は壊滅に近いくらいの被害だと…」。驚いた出席者の1人が「ええっ！」と思わず声を上げた。

「壊滅」の言葉が本部会議で使われたのは、この時が初めてだった。村井たちが言葉の本当の意味を知るのは、もっと先になる。

3月11日夜――焦燥／続く余震、状況つかめず

3月11日の夜は空一面に星があふれていた。大規模停電で街の灯が消えたためだ。宮城県庁は違った。非常用電源で照明が維持され、ひときわ明るかった。庁議室では断続的に本部会議が開かれた。

午後7時半に始まった第3回会議。危機管理監小野寺が「市町村から被害状況がまだ入っていません」と伝えた。

「えっ、何が？」。本部長の知事村井が思わず聞き返した。震災発生から間もなく5時間。情報ゼロとはどういうことか。小野寺は「鋭意、連絡を取っています」とだけ答えた。救助や復旧の司令塔として対策を考えるにも肝心の被害状況がつかめない。庁議室に焦燥感が漂った。

「間もなく政府の調査団が到着します。その際…」。村井が部局長への指示を言いかけた時、携帯電話の警報音が一斉に鳴り出した。緊急地震速報。すぐに少し強い揺れがあり「落ち着いて行動してください」と庁内アナウンスが流れた。

震災直後は強い余震が続いた。そのたびに本部会議は中断を余儀なくされ、苛立ちに拍車を掛けた。

「人が流された、取り残されたという情報が多数」「仙石線の車両が（東松島市の）野蒜《のびる》付近で連絡が取れない状況」「気仙沼市内は大火災。家屋の倒壊も多数。かなり壊滅的」。県警本部長竹内の状況報告も深刻さを増した。

「県の防災ヘリコプターですが、（仙台市若林区）荒浜《あらはま》で待機していましたが、連絡では水没したと

…」。小野寺の報告に驚いた出席者の1人が「ヘリが?」と言葉を発した。事実なら救助の要を失う。小野寺は「ええ、県のヘリです」と話し「管理事務所の職員と連絡が取れません」と続けた。

闇に包まれた被災地で今、一体、何が起きているのか。長く、もどかしい夜の始まりだった。

県庁に到着した政府の調査団は、午後10時半の第4回本部会議から加わった。冒頭、防災担当の内閣府副大臣東祥三は「最も大事なことは命をどれだけ救えるか。この一両日が勝負だと思っている」と語った。

本部会議は改めて人命救助を優先する方針を確認した。だが、続く部局長の状況報告は、それとは裏腹に暗澹たる内容ばかりだった。「気仙沼向洋高は4階まで浸水」「石巻市門脇小は全焼したもようだ」。想像を超える被害に庁議室のあちこちから「はあー」「ああっ」とため息が漏れた。そして、竹内の未確認情報に出席者は凍り付いた。

「仙台市若林区荒浜新1、2丁目の住宅地の家屋が土台を残してほとんど流されたもよう。大変残念なことですが、溺死体が200~300という状況です」

3月12日~13日――衝撃/犠牲者は万単位

「仙台市若林区荒浜で200~300人の遺体」

3月11日の深夜、第4回の本部会議で県警本部長竹内が報告した情報は、衝撃のニュースとして瞬く間に全国を駆けめぐった。県警に殺到した未確認情報の一つだった。12日午前5時の第5回本部会議で、危機管理監小野寺は「詳細の報告はまだありません」と打ち消しに追われた。

後に判明するが、東日本大震災の津波で犠牲になった荒浜地区の住民は約180人。情報が入り乱れ、混乱を極める中、正確な状況把握の難しさを物語るエピソードの一つだ。

窓の外がうっすら明るくなり始め、震災2日目の朝が来た。竹内は第5回本部会議で出席者の覚悟を問うように、こう切り出した。

「おそらく朝、明るくなって(捜索)作業を始めると、残念ながら、かなりのご遺体が発見されることになる。数百、千単位の収容場所が複数必要だろう」

1995年の阪神・淡路大震災の教訓として、最悪を想定すべきだと訴えた。数字は「大きく構える」ために言及したが、状況が明らかになるにつれ、決して大げさではないと分かった。

本部長の知事村井は会議後、内閣府副大臣の東とヘリコプターに乗り込み、沿岸部などの被災状況を上空から視察した。

12日午前10時半に招集された第6回本部会議。村井は目に焼き付けた県土の惨状を率直に話した。

「もう、想像を絶する被害です。高台以外は全滅と言っていい状況。おそらく役場がほとんど機能しません。県が人を出さないとまったく動かないと思います」。災害対応の最前線に立つはずの基礎自治体が、被災の当事者になった。想定していた指揮系統がまったく役に立たなかった。

「市役所、役場とは皆、連絡が取れたの?」。村井は気掛かりだった点を小野寺に尋ねた。既に震災発生から20時間が経つ。「南三陸町はまだまったく。女川《おながわ》町は一部」と小野寺。不安が膨らんだ。

女川町の詳しい状況は、12日夜に初めてもたらされた。地元県議が届けた「情報メモ」が頼りになった。多数の避難者と孤立する集落が出ていた。

震災3日目。13日午後1時半に始まった第10回本部会議は、おびただしい数の遺体収容が議題となった。装備、資機材、検視の医師、収容場所……。何もかもが不足していた。竹内は「現場の正直な感想として（遺体が）万人単位に及ぶことは、ほぼ間違いない」と踏み込んだ。村井も「私も万単位になると思います」と追認した。

「犠牲者は万単位」。衝撃のニュースが再び全国を駆けめぐることになる。

3月13日〜18日——危機／燃料、水・食料すべて足りない

3月13日、東日本大震災3日目。宮城県内は2つの深刻な危機に直面した。燃料と水・食料が圧倒的に足りなかった。仙台港にある東北唯一の製油所が炎上し、多数のタンクローリーが津波で流された。道路や鉄路は寸断され、物流が途絶えた。

午後1時半の第10回本部会議。経済商工観光部長河端章好が「ガソリンと灯油の要望が殺到している」と悲鳴を上げた。水・食料も県内全域で不足した。被災地は特にひどく、河端は「県の石巻合同庁舎はまったくない。避難者の体力も限界寸前とのこと」と切迫した状況を伝えた。

各地のガソリンスタンドは軒並み閉鎖され、辛うじて営業を再開したスタンドに車が押し寄せた。燃料不足は救助や捜索に当たる緊急車両も例外ではなかった。「このままじゃ、何もできなくなる」。本部長の知事村井は機能不全に陥る事態を危惧した。スタンドの地下タンクには一定の燃料が残っていたが、電気が通じず、汲み上げることができない。

「ストックはあるんですよ。電気さえ通じれば…。電力で、もっと気を使ってもらえるとありがた

荷揚げされる救援物資．燃料と水・食料の不足はひときわ深刻だった．
2011 年 3 月 17 日，仙台市宮城野区の仙台港．

い」。村井の補佐に徹し、発言が少なかった副知事三浦秀一が、東北電力の担当者に珍しく気色ばんだ。懸命な復旧作業を知りつつも、苛立ちが口を突いて出た。

13日午後8時に始まった第11回本部会議。危機管理監小野寺は、今すぐ60万リットルの燃料調達が必要と訴えた。村井が「60万リットルないと、どうなる？」と尋ねると、小野寺は「明日中に病院などがショートします」と冷静に告げた。

切羽詰まった状態は食料不足も同じだった。政府や自衛隊、民間支援を頼りに調達を続けたが、追い付かない。孤立集落や離島などにはまったく行き渡らず、命の危険にさらされた。

「宮城県民全体が食料不足になっている状態だ」

震災4日目、14日午前9時の第12回本部会議で、村井は危機を宣言した。「われわれも食べてないが、県民は２３４万人もいる。１食を届けるにも２３４万食が必要だ」と頭を抱えた。

その後、水と食料の供給は徐々に改善されたが、燃料の危機は長引いた。太平洋沿岸の石油関連施設が軒並み被災し、西日本などから調達するしかなかった。

震災5日目、一筋の光明が差した。仙台港の製油所火災がようやく鎮火した。村井は15日午後6時の第15回本部会議で「何とかタンクは生きていた。量は限られるが、燃料供給できる」と明るい声で報告した。18日にはガソリンと軽油を積んだ「石油列車」が東北に向けて出発し、緊迫した状態は次第に解消された。村井は同日、記者会見を開き「燃料調達にめどが立った」と安心宣言した。

だが、燃料不足が完全に解消されるまでにはさらに時間を要することになる。

3月14日——選択／迫る72時間、人命を優先

「72時間の壁」。災害発生後、丸3日を過ぎると安否不明者の生存率が著しく低下するとされ、人命救助の境界線とも言われる。3月14日朝、災害対策本部は刻々と近づく72時間の壁をにらみつつ、難しい判断を迫られた。

午前9時に始まった第12回本部会議。「われわれが元気を出さないと県民に元気が出ない。力強くやっていこう」。冒頭、本部長の知事村井はこう語り掛け、気合いを入れ直した。

疲労と焦燥が積み重なり、庁議室はピリピリとした空気が支配した。その「衝突」は部局長が順番に状況を報告する中で起きた。

「沿岸部に相当数の遺体がある。火葬が間に合わず腐乱も懸念される。地元の首長たちは土葬で早急に処理したいと言っている」。環境生活部長小泉保は被災自治体の切実な訴えを紹介した。南三陸

町からは1000体の土葬の要望があり、手続きの迅速化を求められたことも明かした。すかさず、県警本部長竹内が「知事、私から意見が…」と割り込み、異論があることを暗に伝えた。竹内が話す順番は後だったが、不穏な空気を察した村井は「この場で問題を片付けよう」と仕切った。「ご遺体は収容し、検視して、身元を確認する作業が必須だ。首長が早急に埋葬したい感情は分かるが、そんな処理はできない」。竹内は釘を刺すように言い放った。小泉も身元確認が埋葬の大前提と承知していたが、人手不足による検視の遅れを憂慮した。

「町の人は身元を知っているのに、手続き的に検視が必要になる」。小泉は地元のジレンマを代弁した。竹内は「分かっているが、手順を踏まないわけにはいかない」と言い返した。どちらも正論だった。

村井は手順を守って土葬する方針を示し、話題を埋葬場所の準備に変えた。小泉が重機の輸送を自衛隊に頼めないかと提案すると、竹内が再び口を挟んだ。

「あの…。申し訳ないですが(埋葬場所の)掘り起こしよりも、救助とか、優先順位の高いものがいっぱいあると思いますよ」

庁議室が一瞬、静まり返った。突き付けられたのは、限られた人員や資機材を「生」と「死」のどちらに手厚く振り向けるかという厳しい選択だった。村井は「うーん」と考え込んだ。

数秒後、顔を上げて言った。「まだ72時間の前だ。優先順位は救える命を救うこと。今日1日はそれで頑張る。町にもそう伝えて」

14日午後2時46分、72時間を迎えた。人数は大きく減ったものの、その後も生存者の発見は続いた。

村井はそのたび「私は諦めていない」と繰り返した。

3月14日〜27日――連携／政府高官常駐、橋渡し役担う

災害対策本部会議には副大臣や政務官が常に同席し、政府との橋渡し役を担った。

3月14日、午後6時に始まった第13回本部会議。土木部長橋本潔は「国の災害査定を簡素化できないものか」と内閣府政務官阿久津幸彦に迫った。復旧事業費の決定に災害査定は欠かせないが、被害があまりに大きく、作業の大幅な遅れが懸念された。阿久津は「宿題」として預かり、すぐ官邸に電話し、関係省庁と調整した。

翌15日午後6時の第15回本部会議で、阿久津は「災害査定の簡素化は必ず行います」と力強く報告した。政府との顔の見えるやりとりが、スピードを速めた。

本部会議では、本部長の知事村井が政府側に直談判する場面が何度もあった。

17日午前10時の第18回本部会議。仙台港の製油所火災は鎮火したが、安全確認が終わらず、緊急物資の輸送船は沖合で待機した。

「港の使用許可は国だ。早めの判断をお願いしたい。仙台港が使えると相当の物資が入る」と訴えた。終盤にも村井は発言し「今後、大量の家屋や車の処分が問題になる。全部が私有財産。早急に方針を決めてほしい」と迫った。

本部会議には自衛隊や海上保安庁、総務省消防庁、仙台管区気象台、東北電力などが参加。東北経済産業局や仙台市ガス局も後に加わり、連携した。報告、調整する項目が増え、配布資料も厚くなっ

主要道路の瓦礫撤去が始まり，県土の再建に向けて動きだした．
2011 年 3 月 28 日，石巻市湊須賀松の県道．

た。出席者は入り口に並ぶ何種類もの資料を1部ずつ取ってから、会議に臨むという暗黙のルールが生まれた。

連携がうまく進まない場合もあった。燃料不足が長期化し、東北経産局とは一時、関係がぎくしゃくした。

「東北で宮城の供給量だけが低い。改善の予兆もありません。重点支援してくれなければ困ります」

27日午前10時の第34回本部会議。岩手、福島両県に比べ出荷量の回復が遅く、村井は憤慨した。批判の矛先を向けられた経産局長豊国浩治は「宮城の深刻な状況は認識しています」と強く言い返した。

本部会議はマスコミに全面公開された。記者やカメラマンは村井たちが座る円卓を取り囲み、報告内容や発言をつぶさに取材した。村井や県幹部はこれを情報発信にうまく利用した。

16日午後6時の第17回本部会議。総務部長今野純一は県庁に殺到する激励の電話を話題にした。回線が混雑して情報が伝わらず、被災地に燃料が届かない一因となった。

今野は状況を説明すると、記者を見渡し「災害対応に関係のない電話は、どうか遠慮するように報道してほしい」と頭を下げた。

震災1週間が過ぎると、本部会議の「報道依頼」は格段に増えた。避難者リスト作成や制度融資のＰＲ、節水の呼び掛け……。マスコミもまた災禍に立ち向かうパートナーとなった。

3月18日〜4月11日——再建／復興へ正念場

3月18日、東日本大震災は発生から1週間を迎えた。午前10時の第20回本部会議は、犠牲者に黙禱を捧げることから始まった。警察庁の発表で県内の死者は4000人、行方不明者は2000人を超えていた。避難所に身を寄せる県民は約21万人に及んだ。

冒頭、本部長の知事村井は「今日からは行方不明者の捜索を継続しつつも、被災者の生活支援に重点を移す」と宣言した。課題は山積み。中でも避難所の環境改善は急務だった。着の身着のまま高台へ逃れ、そのまま避難所になった場所が多数あった。

「避難所はかなり劣悪で分散している。別の場所に集団で避難してもらうことを考えたい」。村井は対策チームの設置を表明し、メンバーを個別に指名した。

全国の知事が続々と村井を訪ね、避難者の受け入れを申し出ていた。被災地では3月下旬にかけ、2次避難の説明会が始まった。古里を離れるのか、とどまるのか。被災者は重い選択を迫られた。

20日夕、うれしいニュースが飛び込んできた。石巻市で80歳の女性と16歳の孫の少年が、瓦礫の中から9日ぶりに救出された。午後6時に始まった第25回本部会議は出席者の表情が明るかった。震災発生以来、緊迫していた空気が和んだ。「皆さんの涙ぐましい努力が命を救うことになった」。村井は感謝した。

被災者の２次避難と並行し、プレハブ仮設住宅の整備が始動した。土木部長橋本は20日午前10時の第24回本部会議で「津波で流失した住宅数の把握が困難で、仮設住宅の必要数の判断が難しい」と吐露。当面は１万戸の建設を業界団体に要請すると説明した。

村井は23日午前10時の第30回本部会議で、第１次として１０００戸程度の着工が決まったと報告。「必要戸数を用意するには相当の時間を要する。だが、必ず準備する」と力を込めた。

膨大な瓦礫の撤去も始まった。28日午前10時の第35回本部会議で、村井は総量が約１８００万トンに及ぶと公表した。県内で排出される一般廃棄物の23年分に相当する。「復旧、復興のためには早期処理が最重要だ」と村井。１年以内に現場から撤去し、３年以内に処理する目標を掲げた。

東北自動車道が24日に全面通行可能となり、東北新幹線や仙台空港も４月中の再開にめどが立った。少しずつだが、被災地が県土の再建に向けて動きだした。

震災１カ月となった４月11日の第51回本部会議。政府・現地対策本部の国土交通政務官市村浩一郎の言葉に一同がうなずいた。「おそらく、これからが本当の正念場なのだろう」

激動の１カ月。それは復興への長い道のりの入り口に過ぎなかった。

（２０２０年11月１〜７日、全７回、本文中の敬称略）

復興再考

地震と津波、東京電力福島第1原発事故によって2万2212人(関連死含む、2022年7月現在)が犠牲となった大災害は、命、人々の暮らし、教育、社会のありようを根底から問い直した。私たちが目指した「復興」とは何だったのか。その意味を改めて考えたい。

市街地をかさ上げするため，
ベルトコンベヤーで大量の土が運び込まれた．
2015年3月26日，岩手県陸前高田市．

1　伝える

震災から10年を超え、伝承を取り巻く状況は曲がり角に差しかかっている。世代交代にともなう継承の壁、揺れる思い、展示の試行錯誤、遺構のゆくえ、若き語り部たちの姿から考える。

薄れゆく記憶をつなぐ

室内はがらんとしていた。２０２０年6月下旬。マスク越し、たった１人の来訪者にぽつりぽつりと語り掛ける。

宮城県名取市の小斎正義さん(79)が人前で話すのは、３カ月ぶりだ。新型コロナウイルスの影響で、東日本大震災の語り部活動は止まってしまっていた。

「津波という言葉は知っていたけれど、津波がなんたるか、その恐ろしさを知らな過ぎたんです」

約８００人の死者・行方不明者が出た名取市閖上《ゆりあげ》地区。ＮＰＯ法人・地球のステージが運営する津波復興祈念資料館「閖上の記憶」で館長を務める。

伝承を取り巻く状況は曲がり角に差しかかっている。

被災の爪痕が色濃く残っていた14年度は年間約８０００人を案内した。近年は３５００人前後で推

がらんとした部屋で，マスク越しに震災の体験を語る小斎さん．2020 年 6 月 24 日，名取市閖上の「閖上の記憶」．

移する。語り部の高齢化が進み、メンバー16人の半数近くが60代以上。寄付が減り、民間企業の助成はいつまで続くか分からない。

新型コロナの突風にあおられ、3～5月で109 0人の申し込みがキャンセルになった。「震災が過去形になり、忘れられてしまうんじゃないか」。不安が膨らむ。

自粛生活の日々で、日航ジャンボ機墜落事故(1985年)の遺族会が30年目に寄せた手記を読んだ。長い年月をかけ、丁寧に記憶を伝える姿に共感した。

新型コロナが人々の記憶を上書きしようとする。阪神・淡路大震災(1995年)も、新潟県中越地震(2004年)も、次の災害が起きるたび影が薄くなっていく。

「歴史から学ばないと、同じ悲劇を繰り返してしまう」

ガイドで慰霊碑の前に立つと、亡くなった人たちの顔が浮かぶ。声が詰まる。コロナ第2波の襲来の不安と隣り合わせの中、語る意味を見詰め直す。

東京電力福島第1原発事故で被災した福島県富岡町で活動する「富岡町3・11を語る会」も、コロナの影響で案内ツアーや講演がすべて取り消しになった。「全線開通したJR常磐線など復興の様子を見てもらえる機会だったのに」。代表の青木淑子さん(72)が表情を曇らせる。

コロナの逆風の中で、活動の原点を再認識した。「大事なのはやっぱり『密』であること。コロナが落ち着けば以前のように戻りたい。今は会えない、手をつなげないとしても、つながりは絶対に守りたい」

原発事故で町は一時全町避難した。新たなまちづくりが進む一方で、住民が戻れない区域が残る。第1原発の廃炉作業について、政府は30〜40年かかると見込むが、先行きは見通せない。

「福島の復興は福島県民だけではできない。一緒に考える人が一人でも増えることが原動力になる」

原発被災地の今を知ってもらい、共通認識を持つ。どんな避難生活を送ってきたのか。古里を離れて暮らすということは、どういうことなのか――。

「なぜこうなったのか一緒に考えてみてください」

住宅地を分断するバリケードを前に、語り部はこう問い掛ける。

継承の壁

社会人2年目。「仕事をしながら語り部を続けるのって、すごく難しい」。宮城県南三陸町出身の佐藤瑶子さん(24)が率直な思いを語る。

志津川中3年の時、東日本大震災を経験した。自宅は津波で流失。町内に住む母方の祖父高橋長《ちょう》禄《ろく》さん(当時72)と祖母治《なお》さん(同71)が犠牲になった。

高校に進学して町内の高校生有志の語り部グループに参加した。伝えるのは被災のショックや仮設住宅での苦労、復興への思い。全国各地に呼ばれ、シンポジウムなどで「災害はいつどこで起こるか分からない」と訴えてきた。

慶應義塾大学を卒業後、東京都内のIT企業で働く。首都直下地震など巨大災害の発生が予想される中、「備えの大切さを知ってほしい」との思いは変わらない。ただ、時間の確保が難しく、就職後は一度も語り部はしていない。

震災後、被災地では中高生を中心に若者による伝承活動が多く生まれた。今も活動を続ける人がいる一方で、佐藤さんのように就職や進学で休止するケースも相次ぐ。

若い世代のジレンマは、仕事や学業との両立だけではない。多感な高校生の頃に「意識高いね」とからかわれたり、燃え尽きたり。活動が重荷になり「リセットしたいと感じた人もいる」(佐藤さん)という。

同世代の語り部仲間の多くは地元企業を含め、地域や社会のために働いている。佐藤さんは「形を変え、復興を支える段階に入っている」とも話す。

河北新報社が岩手、宮城、福島3県の語り部団体に行った調査では、語り部442人のうち10、20代が51人いる一方、全体の7割超が50代以上だ。

被災体験を整理した上で語れるのは、一般に「震災時、小学校高学年以上だった世代まで」とされる。語り部が高齢化する中、若い世代にいかにバトンをつなぐか。被災地共通の課題だ。

語り部を続ける東北学院大学2年の雁部那由多《がんべなゆた》さん(20)は「体験や教訓を語れるのは、自分たちが最後かもしれない」と打ち明ける。被災したのは東松島市大曲小5年の時だった。目の前で津波にさらわれた男性を助けられなかったという悔いを抱える。

「子どもたちに震災を伝える時、年代が近い人の話ほど印象に残りやすい。若い語り手の重要性を感じる」と雁部さんは言う。

災害伝承に詳しい大阪府立大学の山地久美子客員研究員は、「若い語り部が直面する共通の課題が、就職後の『副業』の難しさ。そもそも30、40代の現役世代の語り部が少ない」と指摘する。

「最後の世代」の活動が先細ることへの危機感を抱きつつ、雁部さんは自問する。

「語り部活動を離れた人はもちろん、多くの人が語り部として参加できる間口の広い受け皿が必要ではないか」

悲しみ、教訓のせめぎ合い

陸前高田市の浅沼ミキ子さん(56)は、市内に19年9月に開館した岩手県の東日本大震災津波伝承館を訪れたことがない。「津波を連想させるものはとにかく避けたい。どんなに苦しかっただろう、なんて思うともう駄目」。孫がストローで水をブクブクさせるのも嫌だ。

浅沼さんは、市の嘱託職員だった長男健《たける》さん(当時25)を亡くした。地震後、健さんは市民会館に避難。巨大津波は、市指定避難所だった建物を市街地ごと襲った。

「津波の脅威」に触れる赤崎小の児童．入館者は開館約 10 カ月で 17 万人を超えた．2020 年 6 月 18 日，陸前高田市の東日本大震災津波伝承館．

陸前高田市では、関連死48人も含め県内最多の1559人が死亡、202人が行方不明になった。犠牲者は当時の人口の約7・3%にのぼり、市民の脳裏に生々しい記憶が残る。

「悔しい思いを二度と繰り返してほしくない」。浅沼さんは震災後、絵本を出版し、高台避難の大切さを訴えるようになった。念願の避難路が完成した19年、有志で教訓を刻んだ記念碑を建て、避難の目印にとハナミズキを植えた。

「伝承館は、震災を経験した人が行く場所ではないと思う」と浅沼さんは言う。気掛かりは一緒に暮らす2人の孫たち。2歳9カ月と生後半年で、ともに震災後に生まれた。「話だけでは、なかなか伝わらないかも…」とも思う。

津波の映像や激しく変形した消防車両。震災当時ゼロ歳だった子どもたちが伝承館を訪れ、津波の威力に圧倒されていた。

震災で被災した大船渡《おおふなと》市赤崎小の4年生26人が6月18日、初めて訪れた。「何があったのか、事実を知らなければ危機意識を持てない」。担任の徳山ほのか教諭(58)には、前任地の陸前高田市気仙小での手応えがあった。

気仙小は19年11月と20年1月、伝承館を訪れた。6年生たちから「また行きたい」と声が上がり、2度目は4年生も同行した。

子どもたちは津波避難の教訓だけでなく、全国からの救援、復興の歩みにも触れた。館内のパネルに「逃げようね」「未来を作っていこう」とメッセージを書き込んだ。

気仙小の学区は津波で甚大な被害を受けた。校舎が全壊し、新校舎は19年1月に完成したばかり。児童の心情にも配慮し、震災にはあまり触れてこなかったという。

児童に先立ち、伝承館を3度訪れた気仙小前校長の金野美恵子さん(59)は、震災で父高橋恒一さん(当時77)と母房子さん(同74)を亡くした。

一人では津波の映像を見られなかったという金野さん。校長として「悲しみを受け止めつつ、一緒に進んでいかなければ」と児童の見学にゴーサインを出した。

「被災地の子どもたちにとって、震災を知らずに過ごす方が不自然。被害の大きさや被災後の生き方、知恵を学ぶことは何かあった時の踏ん張る力になる」

子どもたちが真剣に学ぶ姿を見て、金野さんの思いは確信に変わりつつある。

避難の明暗、展示に苦慮

広い空間に大小56のモニターがずらりと並ぶ。机にパソコンが置かれ、東日本大震災の災害対応に当たった様子を伝える。

19年9月に開館し、約17万人が訪れた陸前高田市の東日本大震災津波伝承館。東北地方整備局の災害対策室を再現した部屋は教訓を学ぶゾーンで、ひときわ目立つ。

内陸から沿岸に向かう国道の通行確保に努めた「くしの歯作戦」の8分間の映像が大画面に繰り返し流れる。見学者も多いが、陸前高田市の語り部ガイド紺野文彰さん(69)は「大成功の作戦の話に終始している」と違和感を覚える。

教訓の２文字を見詰める佐竹さん．未来の命を守るため，事実をありのままに伝えてほしいと願う．2020 年６月 19 日，名取市震災復興伝承館．

震災当日。紺野さんは津波を警戒して一度避難した。推定高さ3メートルという気象庁の情報を知り、「高さ5・5メートルの気仙川の堤防は越えない」と危機感が薄れた。途中、6メートルに切り替わっても焦りはなかった。

「3メートル、6メートルと聞いて油断した」と紺野さん。津波警報の正確性など、避難の判断を鈍らせた課題に真正面から向き合うべきだと考える。だが、負の側面はパネルの展示が中心だ。紺野さんは「展示内容があまりにも漠然とし、明確な反省を示しているとは思えない」と残念がる。

成功と反省、明と暗。震災が持つ二面性のバランスをどう取るかによって、与える印象は変わる。

名取市が閖上地区に20年5月末に開設した震災復興伝承館。「逃げる感覚なんて誰もなかった」（60代男性）、「片付ける事にばかり夢中になっていた」（60代女性）。黒いパネルに白抜きの吹き出しで住民の声が並ぶ。

閖上地区では約８００人が犠牲になった。「教訓　なぜ人は逃げなかったのか」と題した展示では、昭和三陸津波（１９３３年）の石碑の存在が忘れられ、「閖上には津波は来ない」という安全神話が浸透していたことも紹介されている。

一方、「閖上の奇跡」と書かれた市閖上保育所の避難行動も展示されている。多くが犠牲になった中で、当時の所長佐竹悦子さん（68）は「公立の保育所を成功例として取り上げなくてもいい」と思っていた。

当時、職員11人が1〜5歳児54人を車に乗せ、閖上小に避難し全員が助かった。避難先を事前に安全な場所に見直した点など避難行動への評価は高い。佐竹さんの戸惑いを払拭したのが、「それこそが教訓」という周囲の一言だった。

民間の伝承施設も「何をどう見せるか」模索する。

石巻市の公益社団法人3・11みらいサポートは21年3月、門脇町に木造2階の伝承施設を開設する。メイン展示の一つが定員40人規模のシアタールーム。地震発生から津波到達まで約1時間、南浜、門脇地区の住民約１００人から聞き取った避難行動を地図上で再現した映像を流す。正面と左右の壁を使った3面シアターで、津波の本当の怖さを表現できないか検討を重ねる。

専務理事の中川政治さん（44）は、「どうしたら津波から逃げられるのか。民間ならではの視点で見せ方を工夫したい」と語る。

遺構の行方、答えを模索

岩手県大槌町の実家に19年4月に帰省し、その場所を確認した。「本当になくなっちゃったんだ」。東京都内の大学4年高木桜子さん(23)はショックを受けた。津波で町長と町職員計39人が犠牲になり、そのうち町長を含む28人が旧役場庁舎で亡くなった。悲劇と教訓に包まれた建物は、1カ月前に取り壊された。

高木さんは中学高校で吹奏楽部の部長を務め、当時、他県から訪れた中高生らを必ず旧庁舎に案内した。その数、およそ100回。「津波の怖さ、命の大切さを同世代に感じてもらい、それを誰かに伝えてほしいと思った」

庁舎を残すか、壊すか。住民の意見はまとまらなかった。「議論を継続してほしい」。大槌高校3年の冬、参加する同高復興研究会が、解体方針を掲げる平野公三町長に訴えた。

町外から多くの人が足を運び、震災をじかに学ぶ。そのつながりが、これからの大槌の力になる。すぐに解体していいのだろうか。自問しながら、進学で町を離れた。

3年後の18年3月、町議会が解体の予算案を可決した。町は住民との意見交換会を開くなどしたが、合意形成に至らなかった。「もっと時間をかけて考えてほしかった。私たち若い世代が大人になるまで結論を待ってほしかった」

がらりと変わる前の街並みの記憶を呼び起こせる場所だった。旧庁舎前で演奏したり、花を植えたりした思い出もある。建物が残ることでつらい思いをする人がいるのは重々理解している。ただ、なくなって「さみしい」というのが今の正直な気持ちだ。

津波と東京電力福島第1原発事故の惨禍を伝える震災遺構は岩手、宮城、福島で40近くある。大槌町旧庁舎のように姿を消した建物もあれば、結論が持ち越された庁舎もある。

町職員ら43人が命を落とした宮城県南三陸町の防災対策庁舎は、むき出しの鉄骨が津波の破壊力を物語る。震災直後から保存か、解体かで遺族、町民それぞれの思いがぶつかった。県は15年12月、時間をかけて話し合えるようにと、31年3月までと区切って県有化した。

オープンな議論も生まれつつある。20年2月、町民有志が「防災庁舎について考える会」を発足。10〜70代の町民25人が世代や立場を超えて互いの声に耳を傾けた。

発起人で町議の後藤伸太郎さん(41)は空気の変化を感じる。「当事者(遺族)でなくても、少しは話してもいいと思えるようになったのではないか」

初会合には遺族も顔を出した。阿部代子《しろこ》さん(64)は町職員の夫慶一さん(当時54)を亡くした。七回忌を終えた頃から、ようやく周囲に自分の考えを口にできるようになった。

「震災の時に小さかった子どもが大きくなり、意見を言えるようになった。遺族の意見も聞いてほしいが、庁舎は遺族のものではなく、町民のものだと思う」

先延ばしされた難問は、若い世代を中心に答えを導いてほしいと願っている。

若き語り部

気仙沼市階上《はしかみ》中3年の小松心咲《みさき》さん(15)が海に手を向け、後輩たちに語り掛けた。「あそこに見える慰霊塔のてっぺんまで波が来て、屋上にいた人はここも駄目じゃないかと思ったそうです」

市東日本大震災遺構・伝承館で20年7月8日、階上中生徒の語り部活動があった。2、3年生の有志20人が1年生33人を連れ、津波の痕跡が残る遺構の気仙沼向洋高校の旧校舎を案内した。

小松さんは当時5歳。幼稚園で揺れを感じ、先生たちと高台に逃げた。中学校に上がると「記憶が残る最後の世代」と言われ、震災を意識するようになった。

気仙沼向洋高校の旧校舎で震災当時の様子を語る小松さん(手前).「自分の体験を交えて伝えたい」と話す. 2020年7月8日, 気仙沼市震災遺構・伝承館.

19年10月、初めてガイドを務めた。「震災の経験が少なく、最初は自信がなかった」。語り部の話をメモし、分からない点は質問し、不足する知識を補った。

活動を支える伝承館の佐藤克美館長(52)は、生徒たちの成長を喜ぶ。20年1月、原爆投下の悲惨さを語り継ぐ広島市を視察し、活動の方向性が間違っていないことを確信した。

原爆資料館では被爆者の証言はもとより、戦争を体験していない戦後生まれのガイドたちが使命感を持ち、館内の展示を説明する姿が強く印象に残った。

案内してくれた女性ガイドは、被爆者の証言を受け継ぎ「被爆体験伝承者」としても活動していた。被爆者の平均年齢は20年3月末現在で83・3歳。高齢化に危機感を抱いた広島市が12年度に始めた。

3年間の研修で被爆者の体験や生い立ちを自分の言葉で説明できるまで理解し、被爆者本人の了承を得て「伝承者」に認定される。

広島に学んだ佐藤さんは、『分からないから、経験していないから伝えられない』ではない。親や祖父母の体験を聞き、自分たちの口で伝えていくことが大切だ」と語り継ぐ意義をかみしめる。

震災の年に生まれた子どもたちは小学3、4年生になった。経験がない世代への継承は重みを増す。岩手県釜石市で20年1月に発足した伝承団体「夢団」は釜石高校2、3年生の有志約30人で組織する。防災や伝承を活動テーマに掲げ、次世代への継承に力を入れる。リーダーの3年太田夢さん(18)は「1人でやろうとしても1回限り。団体をつくり、世代交代しながら活動を引き継いでいければいい」と語る。

活動を支える釜石市の一般社団法人三陸ひとつなぎ自然学校の伊藤聡代表理事(40)は、「被災地の伝承は局面が変わった」と話す。震災後しばらく、地元の子どもたちに対して震災の話をできる雰囲気はなかった。変化は7年目。高校生が紙芝居で体験を語り始め、空気が少し和らいだ。そして今年、新たな流れとして夢団が生まれた。

「防災は人材育成そのもの。発想豊かな若いプレーヤーがどんどん育っている」。若い世代から、次の世代へ。伊藤さんは手応えを感じている。


(2020年7月11日、12日、14~16日、18日=全6回)

2　風評の実相

福島県の農林水産物が、東京電力福島第1原発事故後の価格低迷を克服できていない。安全であるにもかかわらず、不安視して買い控える風評被害が底流にあるとされる。東日本大震災から10年目の2020年、牛肉やコメの放射性物質検査は縮小され、漁業も全魚種の出荷が可能になった。転機を迎えた生産現場から、長引く問題の実相を追った。

福島産の価格差なお

肉牛を育てる農家たちの悲嘆が会場に満ちた。「採算割れだ」「再生産できない」

20年7月18日、福島県郡山市で「福島牛」枝肉共励会があった。80頭分の枝肉が競りにかけられ、1キロ当たり平均単価1994円で落札された。新型コロナウイルス禍の需要減が響き、昨年度から2割もダウンした。

「原発事故にコロナのダブルパンチ。今は1頭売れるごとに大赤字だ」。伊達市で60頭を肥育する狗《いぬ》飼《かい》功さん(72)が苦境を語る。

11年7月、福島県産牛から暫定規制値(1キログラム当たり500ベクレル)を超える放射性セシウムが

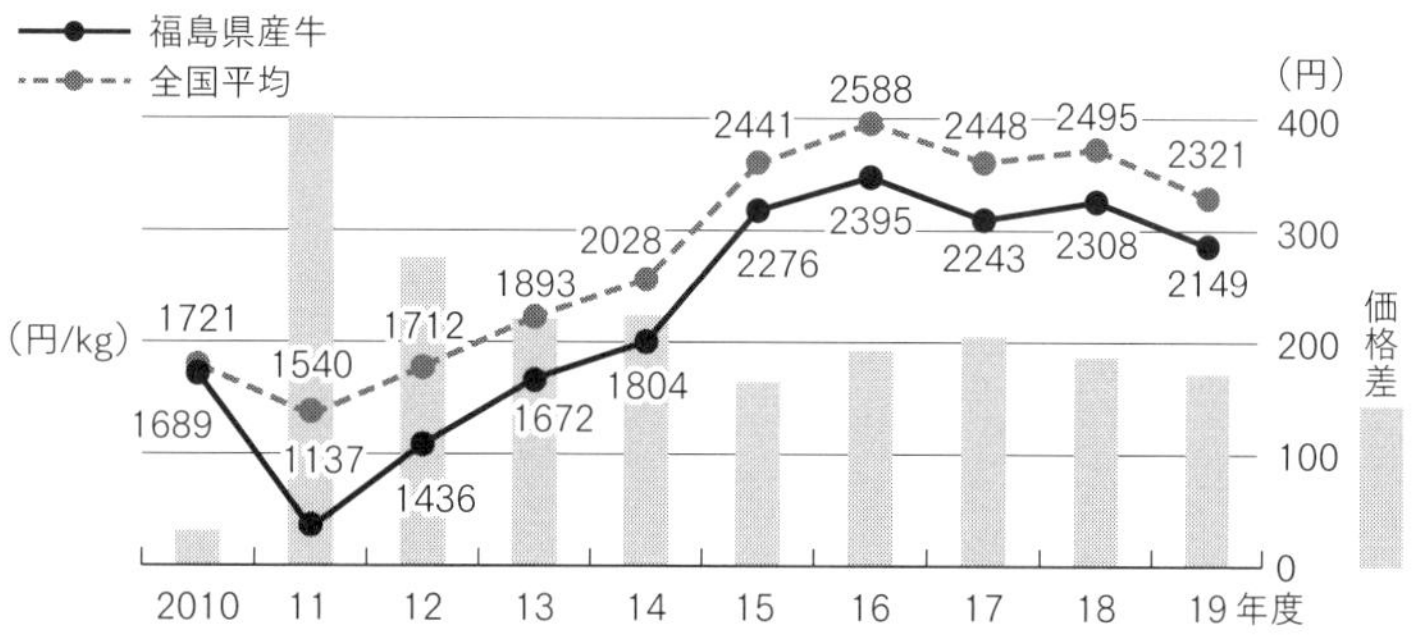

※東京都中央卸売市場での和牛(去勢，A4等級)の平均．福島県調べ．

福島県産牛の販売価格の推移と価格差

検出された。県は出荷時の全頭検査を始めたが、価格は急落。以降、平均単価は全国より２００円前後低い状態が固定化している(グラフ参照)。

原発事故前の10年度の価格差は約30円。差し引き１７０円を風評による下落分とすると、概算で１頭(枝肉５３０キロ)当たり約９万円が「被害額」となる。

これまで全頭検査は17万頭以上に及び、基準値(12年10月から１キログラム当たり１００ベクレル)超えは一切出ていない。肉質と供給量が評価されてきた県産牛の現状に、狗飼さんは「なぜ価格が戻らないのか」と唇をかむ。

風評対策として、県は手厚い検査で農林水産物の安全性を訴えてきた。19年度は４７５品目１万５７６０点を測定し、基準値超えは出荷制限中のイワナとヤマメ計４点(０・０３%)だけ。野菜や果実の96・５%、畜産物の99・６%が検出限界値未満だった。

買う側の意識も変化している。約５２００人を対象とした消費者庁の20年１~２月の調査では、放射性物質を理由に福島産食品の購入をためらう人は10・７%。最悪だった14年８月の19・６%から半減し、過去最低を更新した。

それでも福島産への逆風はやまない。流通実態を調べた農林水産省が一因に挙げるのが、卸や外食、加工、小売りの各業者に生じる「認識の齟齬」だ。

いずれの業者も納入先や消費者の姿勢を、実態より「福島産の購入に後ろ向き」と思い込む傾向があった。流通の各段階で福島産の取り扱いを控える「負の連鎖」を招き、店頭に並ばなくなってしまう。

県産牛の取引について、関東の食肉卸業者は「検査や安全性を納入先に説明する手間を考え、買わない卸業者がいる」と明かす。

市場で引き合いが減った結果、価格が下がり、ブランド力もそがれた。肉質はそのままで「割安感のある肉」（食肉卸業者）に位置付けられ、失った競争力を取り戻せていないのが実情だ。

県内の肉牛肥育農家は10年の４５１戸から19年は１９５戸と半分以下に減った。高齢化と後継者難、そしてコロナ禍。赤字を補塡する国の交付金も20年５月の制度変更で減額され、経営はいっそう厳しさを増す。

「原発事故の影響がここまで長引くとは思わなかった。どうすれば解決できるのか分からない」

狗飼さんが力なくつぶやいた。

産地切り替え固定化、「安全情報」浸透せず

福島県の農林水産物にのしかかる風評被害は、なぜ「固定化」しているのか。原発事故後の出荷量や価格の低下から早期に回復したケースからは、品目の特性や市場構造の変化など複数の要因が浮か

び上がる。

福島が全国4位の生産量を誇るキュウリ。農林水産省の調査によると、東京都中央卸売市場での平均価格は11〜13年度こそ全国平均を割り込んだが、14年度以降は再び上回った。理由は、農産物の旬が日本列島を南から北に移っていく「産地リレー」だ。

福島産キュウリは7〜9月の東京市場シェアが1位で、特に8月は事故後も4割超を維持する。日常的な野菜として夏場の首都圏の需要に応えるには、福島の存在が不可欠だった。

対照的に、牛肉や保存可能なコメは通年で出荷でき、代替産地も全国にある。ともに事故後の放射能汚染への不安から、小売業者はすぐに競合する産地に切り替えた。モモも同様に高価格帯の贈答用需要が長野、山梨両県に取って代わられた。

産地間競争の中、いったん失った販路の回復は難しい。全頭を放射性物質検査している県産牛は、検出限界値未満を含めた基準値超過ゼロが続いても「やっと同じ土俵に戻った状態」(県畜産課)にすぎないからだ。

消費者庁の調査によると、放射性物質を理由に福島産食品を避ける人は1割にまで低下したが、検査の事実を知らない人も増加している。19年度は過去最高の46・9%に達した。

「事故への関心や記憶が薄れる一方、当時の情報が更新されず、福島産にうっすらと悪いイメージが残る『悪い風化』をしている人が、残り9割にも一定数存在する」

『原発事故と「食」』の著作がある筑波大学の五十嵐泰正准教授(都市社会学)はこう分析する。

「悪い風化」層には、福島の汚染が軽減されていることや農林水産物の安全性が、「聞き流す情報」

にとどまる。消費行動は事故前に戻らず、店頭では他県産を選ぶと考えられるという。

風評を払拭するには福島への興味を引き、現状を把握し直してもらうことが鍵になる。五十嵐准教授は「安全性を確保した上で、品質の良さやおいしさを前面に出して購買意欲を喚起する対策、つまり普通のマーケティングが重要な段階に来ている」と指摘する。

この9年5カ月、競合産地は新品種開発やブランド力強化に専念してきた。対する福島は年60億円を投じてきたコメの全量検査をはじめ、安全対策と信頼回復に人手も予算も割かれ、出遅れている現実がある。

流通段階での「認識の齟齬」を乗り越え、スーパーや量販店の棚を取り戻さなければ消費者との接点も復活しない。県農産物流通課の担当者は「新商品を売り込むのと同じか、それ以上の努力が要る」と覚悟を口にする。

業務用米、需要減で苦戦

魚沼産コシヒカリのかつてのライバルが、新型コロナウイルス禍で行き場を失っていた。20年7月中旬、福島県会津《あいづ》坂下《ばんげ》町にある会津よつば農協(会津若松市)の農業倉庫に、会津産コシヒカリ30キロ入りの袋が4メートル以上の高さに積み上がっていた。

「地域内にある約90の倉庫は全部こういう状況だ」。米穀課長の筒井秀さん(49)がため息をつく。異変が起きたのは同年3月。飲食店の休業や営業時間の短縮が相次ぎ、業務用米の需要が激減。4月には農協が抱える在庫の出荷が大幅に滞った。農林水産省によると、福島県産米の在庫量は6月末で14万3600トン。昨年の同じ時期より2万3000トン多い。年間供給量の約3割が在庫になった計算だ。

原発事故後、福島県の農林水産物は敬遠され、国内屈指のブランドとして出荷の半分以上が家庭で消費されていた会津産コシヒカリも大打撃を受けた。「福島産」と袋に印字されることから引き合いが減り、「国産」とだけ表示される業務用米へのシフトが一気に進んだ。

17~18年産米の業務用比率は65%に達した。業務用米の比率が初の全国トップになったのもつかの間、筒井さんは「やっと業務用シフトが軌道に乗ってきた時にコロナが来た。今は八方ふさがりだ」と頭を抱える。

コロナ禍は、業務用に依存せざるを得なかった県産米の販売構造のもろさを浮き彫りにした。家庭用と業務用のバランスをどう取るか。販売戦略を見直す動きも出ている。

来年秋にデビューを予定する県オリジナルの新品種「福、笑い」。粒が大きく強い甘みが特徴で、家庭用のトップブランドを視野に入れる。

「新たな銘柄の登場で、会津産コシヒカリと食べ比べができるなど販売戦略が広がる」。福島県内で先行栽培する柳津《やないづ》町の斎藤寛さん(42)が、青々と成長した稲を前に期待を込める。

今シーズンから県内の大半でコメの放射性物質検査が全量からサンプルに移行する。県は「福、笑い」の生産を、農産物の生産工程に関する認証制度「GAP(ギャップ)」の認証を受けた農家に限り、ブランド力を高める方針だ。

コメ余りが常態化する一方で、ブランド米をめぐる産地間競争は激しさを増す。会津産コシヒカリが置かれていた首都圏や関西圏の量販店の棚は原発事故後、山形県産のつや姫などに奪われ、固定化したままだ。

「風評を乗り越えるには、消費者にアピールできるコメを作り続けるしか道はない」と斎藤さん。福島県産ブランドの復権が、農家の誇りを取り戻すことにつながる。

漁業の地盤沈下からの模索

「常磐もの」で知られる大きなヒラメがずらりと並ぶ。仲買人が次々と落札し、運び出していく。「漁業を元の姿に戻したい。9月に始まる底引き網が第一歩だ」

相馬市の松川浦漁港で20年8月初旬、相馬双葉漁協の立谷寛治組合長(68)が競りを見詰めながら、思いを口にした。

原発事故から10年目。主力の沖合底引き網漁が2カ月の休漁を経て同年9月に再開する。「復興計画」の1年目がいよいよ始まる。

漁協の試験操業は12年6月から続くが、底引き網漁の水揚げ量は10年の2割にとどまる。計画では5カ年で6割に当たる2888トンまで引き上げる。

計画は福島県漁連が策定した。県内の試験操業の19年の水揚げ量は3641トン。10年の沿岸漁業2万5914トンの14・1%にすぎない。初の具体的な増産目標を打ち出し、本格操業につなげる。

20年2月に全魚種の出荷制限が解除されたことも追い風になった。

「常磐もの」のブランド力や品質は、福島産への風評被害が残る中でも評価されている。価格は一部魚種が全国平均を上回るなど回復傾向にある。

課題は流通と水産加工の地盤沈下だ。ともに震災の津波で大きな被害を受けた。流通の起点となる県内の仲買人は、高齢化や取扱量の減少で廃業が相次ぐ。震災前の半分以下の190人に減り、販路も失った。

水産庁が19年度に水産加工業者に実施したアンケートで「売り上げが震災前の8割以上回復」との回答は28％どまり。「販路の不足・喪失」「風評被害」「原材料不足」が主な要因だ。

いわき市の小名浜港は震災後、主力のカツオやサンマ漁船の寄港が減り、水揚げ量が激減した。地場の魚も不足する中、相馬双葉漁協の底引き網漁船が19年12月、原発事故で途絶えていた水揚げを再開した。

小名浜水産加工業協同組合の小野利仁組合長(63)は、「このままでは小名浜から仲買人がいなくなると不安だった。東京の市場に安定供給することで福島の魚の評価が高まり、値が上がる。流通量も増えるはずだ」と本格操業に期待する。

一歩ずつ前に進んできた福島の漁業復興に、福島第1原発の処理水問題が水を差す。政府小委員会は放射性物質トリチウムの海か大気への放出を現実的な選択肢と提言した。意見聴取会には県漁連も呼ばれた。

海洋放出なら風評被害が再燃しかねない。いわき市の漁師新妻竹彦さん(59)は「海に流すのは論外」と一蹴しつつ、議論のあり方に違和感を抱く。

「そもそも海はみんなのもの。流すか、流さないかの判断を俺たち漁業者に迫り、責任を負わせるような構図はおかしい」

新妻さんは9月に再開する底引き網漁に備え、震災後初めて網を新調した。思い切り魚が取れる日を諦めてはいない。

海外に商機

タイへ空輸する特産のモモ「ふくあかり」を一つ一つ丁寧に箱詰めする。「海外から一度『NO』と言われた福島の果物が、本当は『おいしい』と知ってもらいたい」

福島県桑折《こおり》町で「はねだ桃園」を営む羽根田幸将さん(30)が20年7月27日、第1便の5キロを発送した。商社を通じ、計50キロを現地で販売する。

原発事故が起きた11年3月以降、54の国・地域が福島県や周辺県からの食品輸入を規制した。当時、羽根田さんは山形大学の学生。父の建伸さん(67)らが出荷したモモは地元でもなかなか売れず「家じゅうがどんよりしたまま夏を過ごした」。海外市場ははるか遠い存在だった。

15年春、体調を崩した建伸さんを支えるため、教育関連の仕事を辞めて実家に戻った。タイが15カ国目の規制撤廃国となった時期でもあった。

農産物の生産工程に関する認証制度の国際規格「グローバルGAP(ギャップ)」を16年に取得した。品質の高いモモ作りに励み、18年に初めて海外輸出を実現させ、タイに約150キロのモモを送った。

海外販売は手間やコストが掛かり、利益は国内販売と変わらない。昨夏はインドネシアへの輸出を試みたが価格面で折り合わず、難しさを味わった。羽根田さんはそれでも「輸出の実績は、国内外の消費者や小売業者からの信頼につながる」と海外に目を向ける。

原発事故から9年5カ月。多くの国が規制を撤廃しているが、事故前まで福島県の主要な輸出先だった香港、中国など5カ国・地域は福島県産品の輸入停止を続ける。「外交ルートや閣僚級の対話を含め、撤廃に向けて働き掛けている」と農林水産省の担当者。輸出再開は科学的な安全の議論を離れ「政治案件」と化した。

規制を続ける国々を横目に、福島県は東南アジア市場の開拓に力を入れる。タイやマレーシアで試食・商談会を開催。19年度の県産農産物の輸出量は事故前の2倍の305トンに増えた。

ただ、躍進を支えるのは多額の復興予算だ。20年度の県の農林水産物の風評対策予算は約20億円。うち1億7000万円を直接の輸出促進事業に充てる。リンゴだけで年3万トン以上を輸出する青森県の輸出促進事業費の4倍近い。

海外輸出に不可欠な復興予算は今後、確実に先細る。一方、山梨県が年450トンのモモを台湾や香港で販売するなど海外市場をめぐる競争は激しさを増す。

内憂外患に直面する福島の農産物。全農県本部の渡部俊男本部長(57)は「国内の風評被害の外堀を埋めるためにも、海外での評価が重要になる。復興予算がなくなる前に民間レベルの輸出振興策を考えなければならない」と危機感を示す。

生産意欲を支える賠償を

マスク越しでも、その声は講堂に重く響いた。東京の参議院議員会館に20年7月21日、福島県から農家が駆け付け、経済産業省や東京電力の原発事故賠償の担当者と向かい合った。

「風評被害があるのに賠償が次々と打ち切られている。福島が復興したとでも思っているのか」。最前列に座る南相馬市小高《おだか》区の三浦広志さん(60)が問いただした。

東京電力福島第1原発から北に11キロ。三浦さんは、津波でも自宅や農地が被災した。農事組合法人「浜通り農産物供給センター」の代表理事を務め、30年近く前から近隣農家のコメや野菜の産地直送を手掛ける。

避難区域に入る事務所は相馬市に移し、隣の新地町でコメづくりを再開した。

風評の影響で、コメだけで3億円近くあった法人の売り上げは今も1億円に届かない。賠償は生産者に報いる貴重な原資だった。

15年8月、東電は避難区域外の商工業者に対する賠償を見直し、2年分を一括払いした。その後あった約980件の追加請求のうち、支払われたのは6月末現在で23件にすぎない。三浦さんの法人も大幅な減益に苦しむ。

19年1月には農林業者の風評賠償も算定方式が改められ、縮小した。三浦さんは「農業や販売事業を諦めさせようとしているとしか思えない」と憤る。

「被害者に寄り添い、賠償を貫徹する」。東電は13年に原発賠償の3つの誓いを表明した。だが、特例法で時効が3年から10年に延長された原発事故の賠償請求権が21年3月から順次切れるのを待たず、賠償を縮小させているのが実情だ。東電は「時効を理由に賠償を断らない」と説明するが、「誓い」に背反する対応に訴訟が各地で相次ぐ。

ナメコの生育状況を確かめる加茂さん.「おいしさを多くの人に知ってほしい」と願う. 2020年8月4日, いわき市山玉町.

全国4位の生産量を誇る福島県産ナメコは、原発事故前のおよそ8割の価格にとどまる。いわき市山玉町で年170トンを菌床で栽培する「加茂農産」の社長、加茂直雅さん(42)は「賠償頼み」から脱却しようと、もがいてきた。父が興したナメコ栽培に携わって13年。事故後は1袋100グラムで3円まで買い叩かれたこともあった。

商談会に参加し、都内や地元のレストランに出向いて販路を自ら切り開いた。市場の数倍の高値で評価されたが、直接販売分は全体の1割に満たない。「あんなに苦労したのに」。母親の嘆息が身に染みた。自分の代で生産を終わりにするわけにはいかない。賠償を元手に設備を更新し、今後20年やっていける態勢を整えた。

「賠償に甘えず、いいものを作り続ける。物と物ではなく、人と人のコミュニケーションで販路をつなぎ直す努力だけはやめたくない」と加茂さんは言う。

被害の実態や意欲ある生産者に向き合えているか。国と東電の責任が改めて問われている。

(2020年8月11〜15日＝全5回)

3 復興構想会議

巨大な地震と津波に、原発事故が重なる複合災害。「創造的復興」を掲げた青写真は、政府の復興構想会議によってわずか2カ月あまりで描かれた。人口減少社会のさなかに起きた国難から立ち上がるため、何を議論し、どんな解法を示したのか。関係者の証言や議事録から構想会議の実像に迫った。

復興の青写真

6階建ての災害公営住宅の最上階から再生した街を眺める。想像していなかった光景が広がっていた。

2020年7月18日、神戸大学名誉教授で、政治学者の五百旗頭真《いおきべ》(76)は陸前高田市にいた。復興構想会議で議長を務め、被災地の状況が気になっていた。

海抜10メートル程度まで大規模に盛り土された中心市街地に、商業施設や店舗が立ち並ぶ。4月に市民文化会館がようやく開館し、市立博物館の建設も進む。住宅は少なく、87・1ヘクタールものかさ上げ地は空き地が目立つ。

「これほどの人工丘の造成は考えていなかった。思い切った大事業をやった喜びと悲しみが出てい

地盤をかさ上げした陸前高田市の市街地を視察する五百旗頭氏.
2020年7月18日.

る」

構想会議に臨む前、防衛大学校長だった五百旗頭が自衛隊のヘリで最初に降り立ったのが陸前高田だった。鉄筋の建物の残骸がわずかに立つだけの壊滅した街の光景に、ただ言葉を失った。あれから9年あまり。

「これが人口増加時代だったら……」。安全性を追求し、劇的に変化した街の歩みに思いをはせつつ、事業が長期化した復興の厳しさをかみしめた。

復興庁によると、被災地では20年3月末までに、防災集団移転促進事業は324地区のすべてで、土地区画整理事業は50地区のうち48地区で造成工事を終えた。災害公営住宅は計画の99%の2万9952戸が完成。海岸防潮堤は計画の72%の49カ所で工事が完了した。

復興に当たり、国はさまざまな支援策を講じた。当初は地元負担をなくし、漁船の取得、店舗や工場再建のためのグループ補助金など、私有財産への国費投入も決めた。

復興期間は当初の10年を20年に延長し、25年度までの国の総事業費は32兆9000億円を見込む。巨額の財源確保のため、所得税額を25年間、2・1％上乗せするなど「復興増税」に踏み切った。構想会議の提言が、政府の道しるべになった。「16年前の悲惨がかわいく思えるほどのすさまじい、何倍にも増して悲惨なこのたびの震災だ」「亡くなった多くの犠牲者のいわば弔い合戦として、これからの日本を再興しよう」

11年4月14日、首相官邸4階の大会議室。五百旗頭は構想会議の初会合で自らも被災した1995年の阪神・淡路大震災と比較し、強い決意を語った。最後に議長として基本姿勢を鮮明にする。「単なる復旧ではなく、創造的復興を目指す」「全国民的な支援と負担が不可欠である」

会議後の記者会見では、まだ議論もしていないのに個人的に「震災復興税」の検討にまで言及した。それは、政治家や財務官僚に耳打ちされたからではない。1995年の大震災の悔恨があった。

復興構想会議　東日本大震災の発生1カ月後の2011年4月11日に設置を閣議決定。メンバーは2段構成で、親会議には岩手、宮城、福島各県知事に加え、脚本家の内館牧子氏、福島県立博物館長の赤坂憲雄氏、哲学者の梅原猛氏(故人)ら著名人を含む16人が名を連ねた。産業経済や都市計画の専門家ら19人の「検討部会」も設けた。親会議12回、検討部会8回の議論を経て6月25日、政府に「復興への提言～悲惨のなかの希望～」を提出。本論は「新しい地域のかたち」「くらしとしごとの再生」「原子力災害からの復興に向けて」「開かれた復興」の4章で構成されている。

単なる復旧でなく

1995年1月17日午前5時46分。神戸大学教授だった五百旗頭は兵庫県西宮市の自宅で突然、跳ね上げられて目を覚ました。猛烈な揺れに家がメリメリと悲鳴を上げる。「大地の魔神が引き裂こうとしている」。隣で寝ていた6歳の娘を必死で守る。家族は無事だったが、教え子を失った。

自宅は傾き、妻子は広島県内の知人宅に身を寄せた。4月、ランドセルをあてがわれて幸せそうに近所の子どもたちと通学する娘の後ろ姿を見て涙した。「人々はこんなにも温かい。神戸はひとりぼっちではなかった」

対照的に国は冷ややかだった。財政支援は震災前の状態に戻す原形復旧までが原則で、それ以上の復興事業は地元負担との考えを崩さなかった。

衝撃的だったのが、かつて世界三大港と呼ばれた神戸港への対応だ。新興国が台頭する中、造り替えて競争力を取り戻すチャンスだったが、元の水深で再建した。「焼け太りは許さぬ」と言う国が情けなかった。

兵庫県は、創造的復興を目指してシンクタンクや国際機関が集積する新都心などを整備したものの、多額の借金を抱えた。

復興構想会議は2011年4月末の第3回会合で、兵庫県知事として阪神・淡路大震災の陣頭指揮を執った貝原俊民（故人）を招いた。

「新しい制度創設や規制緩和など国にしかできないことがある」「まったく新しい将来ビジョンを持ち、それに向かうのが本来の意味の創造的復興」「財源なき復興構想は寝言だ」。当事者が訴える教訓の一つ一つが、各委員に重く響いた。

議論を重ねて提言のめどが立つと、五百旗頭は「阪神を超えた」とうなった。

「破壊は前ぶれもなくやってきた。(中略)かくてこの国の『戦後』をずっと支えていた〝何か〟が、音をたてて崩れ落ちた」

印象的な前文で始まる49ページの提言書は「減災」を意識したまちづくり、増税も含めた財源確保、特区による手続きの簡素化など新たな考え方を示した。

「被災した産業を復活させてきたが、売り上げを増やせていない。新たな産業創出も見事にできていない」

20年7月17日、三陸沿岸をめぐっていた五百旗頭は、面会した気仙沼市長菅原茂(62)に嘆かれた。菅原の手元には「最大のポイントは産業の復興・新産業の導入」と太字で記された資料があった。震災直後、視察に訪れた五百旗頭ら委員に渡した資料だった。

ちょうどこの日、政府の21年度以降の復興事業規模が決まった。原発事故で復興が遅れる福島県に支援を重点化する――。菅原の表情に焦りの色がにじんでいた。

「国民の理解と協力で、かつてないほど津波から安全な街ができた。歴史的に見て最も手厚い復興支援が行われていることは評価されていい」

五百旗頭はこう強調しつつ、自問する。「それぞれの市町村が自らの特色を打ち出すことが、どれだけできたのだろうか」

創造的復興の真価は、まだ見えない。

政治空白と議論紛糾

東日本大震災の発生から約1カ月後の11年4月14日、首相官邸4階の大会議室で政府の復興構想会議の初会合が開かれた。民主党政権が発足させた会議は初回から荒れに荒れた。

冒頭、議長の五百旗頭真が「原発事故は会議の任務から外す」と政権からの指示を伝えると、複数の委員が立ち上がって机を叩き、泣きだした。特別顧問を務めた哲学者梅原猛(故人)に至っては「原発の問題を議論しなかったら、この会議は意味ない」と凄みを利かせた。

委員に召集されたのは岩手、宮城、福島3県の知事に加え、梅原ら著名人を含む16人。民主党議員からの推薦で膨らみ、下部の検討部会にも19人いた。

原発事故の収束が見えない中、会議は未曽有の国難に臨む異様な熱気をはらんでいた。事前の根回しはなかった。議長代理を務めた東京大学教授の御厨貴(69)は14日の日記につづった。

「うまくいくとは到底思えない。(中略)思い出してもぞっとする。学者休止の決意をせねば、この3カ月は乗り切れないだろう」

6434人が犠牲になった阪神・淡路大震災を経ても、日本には復興に特化した法律が存在していなかった。しかも09年に誕生した民主党政権は翌10年の参院選で惨敗し、「ねじれ現象」に。政界は震災や事故対応をめぐり、首相の菅直人(73)に辞任を求める動きが勢いを増していた。

会議に先立つ10日、自公との大連立が不発に終わった菅から五百旗頭は官邸に呼ばれ、ひそかに打診された。「野党がつむじを曲げたら何も決まらない。協調体制をつくれないか」

政治と一線を画しつつ、五百旗頭は12日に自民党総裁の谷垣禎一(75)と都内のホテルで、14日に公明党代表の山口那津男(68)と料亭で会った。「復興は協力する」と言質を得たが、谷垣から「政治は甘くない。政争はちゃんとやる」と告げられた。

谷垣の宣言通り、自公は6月1日、菅に内閣不信任決議案を出した。民主党も小沢一郎(78)らが造反を図る。翌2日、菅は震災対応にめどが付いた段階で首相を辞める、と表明した。

政治的なリーダーシップも、逆に介入もない。構想会議は「政治空白」の中を進んだ。

産業、福祉、エネルギー。非公開の構想会議は毎週土曜、5時間に及び、百家争鳴の様相に。御厨は「委員が持論を出し合うだけでばらばら。会議が瓦解する」と焦りを募らせていた。

大型連休を挟み、事務局の一人が「復興の原則をまとめてはどうか」とアイデアを出した。御厨らは大急ぎでこれまでの意見を基に7つの原則をまとめた。いわば復興の「憲法」だ。

「追悼と鎮魂」

「地域主体の復興」

「原発被災地への配慮」

5月10日の第4回会合で決まり、新聞に「7原則決定」の見出しが躍った。

「これで会議の雰囲気が変わった」と御厨。原則を提案し、力を発揮しはじめたのが官僚だった。

官僚がフル回転

霞が関に近い東京都港区の三会堂ビルは、16年5月まで復興庁が置かれた場所だ。政府の復興構想会議の事務局は11年5月初め、内閣府からビル6階に引っ越した。

事務方は当初、省庁の政策調整に当たる内閣官房副長官補室を中心とする9人。検討部会を含めた構想会議メンバー35人より、大幅に少なかった。民主党政権が「政治主導」を掲げていたため、非常時にもかかわらず官僚は排除されていた。

検討部会長に指名された政策研究大学院大学教授の飯尾潤(58)は、この状況に責任を感じていた。政治学者で官僚機構に精通し、政権交代を推し進めた一人でもある。「民主党は政治主導に拘泥し、物を決められずにいた。政策を知る官僚をつなげなければ復興はうまくいくまい」

議長の五百旗頭真が首相の菅直人に直談判。事務局には、大型連休明けから40代前後の参事官クラスが送り込まれて約50人に増員、最終的に約100人に達した。

提言づくりに向けた各省庁へのヒアリングで、飯尾は愕然とする。

提案は小粒で、様子見の姿勢があらわだった。厚生労働省は「薬品のインターネット販売を東北だけに認めてはどうか」と当時の課題を一部転用したにすぎなかった。

飯尾は増員した官僚に「これでは駄目だ」とハッパをかける。5月中旬からは部会とは別に、省庁にまたがるテーマの非公開会議を16回開き、膨大な政策の論点を詰めた。構想会議や検討部会の委員も招いて「委員も官僚も同じ立場」と熟議の下地づくりに心を砕いた。

「農林水産省と国土交通省は互いの土地利用事業を上乗せできる」、「農水省の6次産業化に経済産業省も参加できる」。省庁をフルに使い、具体的な復興政策が次々と浮かび上がった。

6月25日に発表した構想会議の提言も、飯尾が各省庁の案文をまとめた。提言に沿った形で7月29

日に政府の復興基本方針が決定され、秋の第3次補正予算でほぼすべてが政策になったことを、後に飯尾は知る。

「政策から遮断されていた役人に仕事をさせ、混迷をまとめ上げた」。財務省出身の内閣審議官として事務局に入り、「原則」を提案した佐藤慎一(63)は司令塔の飯尾に感謝する。議長代理の御厨貴も「脱官僚政治の中、構想会議は政治と官僚をアメーバのように結ぶ共同体だった」と評する。

一方、御厨は現状に厳しい目を向ける。復興政策が他の土木建築事業と同様、ルーティンワーク化している。あの頃の知恵も熱気も感じられない。

20年6月、自民党政権は復興庁の設置期限を30年度まで10年延ばした。

「もう一度、原点に立ち返り、東北をどう変えていくか、復興の形を捉え直さなければならない」。御厨はそう警告する。

先行する宮城

政府の東日本大震災復興構想会議が始まるころ、宮城県沿岸被災地には既に復興まちづくり計画の「たたき台」ができていた。

手掛けたのは県だ。震災直後の11年4月1日に1億円の関連予算を専決処分し、仙台市の都市計画専門の建設コンサルタント5社に協力を依頼。被害が大きい12市町の計画案を2週間で仕上げた。

山元町はJR常磐線の線路を移設し、山下、坂元両地区をそれぞれ内陸に移して集約する。岩沼市は沿岸の6集落すべてを玉浦地区に集約する――。「高台移転」「現地再建」「多重防御」の手法とともに、複数案が図面に落とし込まれた。

地形や被害に応じた基本方針は、計画作りを指示した県土木部次長で現副知事遠藤信哉(64)が宿直中に一晩で描き上げた。都市計画が専門。災害対応に追われる現地を思い、居ても立ってもいられなかった。

4月14日にあった構想会議の初会合で、県知事村井嘉浩(60)はいち早く独自の構想をぶち上げた。「職住を分けて(住まいを)高台に設ける。今までのように立派な防潮堤を造らなくても、逃げられる場所さえちゃんとつくっておけば、いざという時に命は守れる」

23日の第2回会合では、さらに踏み込む。「まったくのおせっかい」と前置きしつつ、リアス海岸の南三陸町と仙台南部の平野部にある山元町の「たたき台」を披露。出席した首相の菅に「市町村やJR、国土交通省と調整を始めた。総理の決断があればすぐに作業に取りかかれる」と迫った。

高台移転、職住分離などのまちづくりを後に「宮城モデル」と銘打ち、議論を主導していく宮城県。中心となった遠藤は明かす。「構想会議は、知事を広告塔にいろいろな制度を勝ち取っていく格好の場だった」

まちづくりの主体は市町村だ。「中二階」といわれる県が打ち出した唐突なプランに反応はさまざまだった。感謝されたり、門前払いされたりしたが、活用の判断は12市町に委ねた。

「県民が住む地を失って絶望の淵にいる中、一刻の猶予も許されなかった。復旧も復興も一体的に進める必要があった」。遠藤は前面に出た意義を強調する。

市町の意見を踏まえて改良した県の計画案は、最終的に岩沼市や亘理、山元両町の復興計画に反映された。女川、南三陸両町でも全体的な土地利用の考え方が踏襲された。

一方、思惑通りにいかなかったこともあった。

岩手に焦り、福島出遅れ

宮城県が作成した市町の復興まちづくり計画案は、石巻市の半島部などリアス海岸に点在する小規模な集落の集約も打ち出した。

「津波の犠牲になったり、被災して他地域に移ったりした人もいた。人口減や高齢化が進み、集落単体では機能維持が難しい」。計画作りを指示した土木部次長の遠藤は強い危機感を抱いていた。

政府の復興構想会議の提言にも「集落の再編が課題となり得る」、「漁港機能の集約・役割分担や漁業集落のあり方を一体的に検討すべきだ」と盛り込まれた。だが、集落の再編は市町の復興計画には十分反映されなかった。ある町では、ことごとく住民の猛反発を食らった。

県は一方で、「浜のコミュニティーを守りたい」という地元の要請を受け、防災集団移転促進事業の戸数要件を10戸から5戸に緩和する特例を国に求めた。

当初、県が59団地と見込んでいた防集事業は、最終的に195団地になった。「反発は想定していなかった。浜の意識が強い漁民の考えとのギャップが大き過ぎた」と遠藤は悔やむ。

対照的に、岩手県は被災地のまちづくりの動きを静観した。医療行政をはじめ、岩手では日常的に県への依存度が高い。県が前に出ることで、市町村の自由な議論を妨げることを危惧していた。

県が躍起になったのは、高規格道路の延長だ。

「物流というより、安全、安心な地域づくりの中に位置付ける方がいい。震災時は（救援物資の運搬などで）命の道となった」

知事の達増《たっそ》拓也（56）は11年5月21日にあった構想会議第6回会合で、三陸沿岸道と釜石自動車道、宮古盛岡横断道の全線開通を要請した。県内の三陸道は総延長223キロの4割しか事業化が決まっておらず、8割を超える宮城県に比べ大きく遅れていた。コスト面から国は延伸に慎重だった。

「この際考え方を変えてもらわないと、全通は当分できない」。財務省出身で県副知事を務めた上野善晴（61）は、構想会議を千載一遇のチャンスと考えていた。

高規格道路の整備に加え、県は被災事業者の二重債務の解消と、私有財産の漁船に公費を投入するため、漁協が漁業者に貸し出す仕組みも提案した。

旧知の官僚に電話攻勢を掛けるなどして、岩手の三大要求の実現にこぎつけた上野は「岩手沿岸はもともと過疎地域で行政の中心は内陸。宮城より早く忘れられるのではという危機感があった。沿岸は零細企業が多く、緊急性は高かった」と振り返る。

次々に具体策を打ち上げ、構想会議をリードする宮城、岩手両県。福島県は原発事故が収束せず、散り散りになった避難者や行政機能が戻る見通しすら立っていなかった。

「復旧まで至っていない」「早く気持ちを切り替えたい…」。知事の佐藤雄平（72）は涙ながらに福島の厳しい状況を訴え、原子力災害に絞った協議の場の設置や特別法の制定を求めた。

提言に至る構想会議計12回の会合のうち、佐藤本人が出席したのは5回にとどまった。

異例の「地元負担ゼロ」

「甘え過ぎじゃないかと思うかもしれないが…」。11年6月11日の政府の復興構想会議第9回会合で、宮城県知事の村井嘉浩は念を押すように財源論を切り出した。

構想会議の議論がヤマ場を迎える中、村井は県内の12市町の復興事業費が2兆1000億円に達するという巨額の独自試算を持参していた。

人口1万の町の例も読み上げた。道路や造成など復興費に3350億円かかり、地元負担は116 5億円。年間の財政規模が60億円、土木費8億円の町は破綻する――。

「すべて国が(財源を)持つといったぐらいのことを提言に書き込んでもらわないと、まちづくりはまったくできない。桁が違う」

阪神・淡路大震災をめぐる国の責任は原状回復を目指す「復旧」にとどまり、兵庫県や神戸市は16兆円超もの復旧復興費の半額近くを負担し、巨額の負債を抱えた。

過疎地を多く抱える東北は、たった数%の地元負担ですら自治体財政の首を絞めかねなかった。

地元負担の軽減をどこまで構想会議の提言に盛り込むか――。検討部会長を務めた政策研究大学院大学教授の飯尾潤は、総務省と財務省のはざまで悩んでいた。

総務省が求めていたのは特別交付税の「加算」だ。

国は毎年、地方交付税の6%を確保し、災害など臨時の財源として地方に配分する。被災地を手厚くすれば、他自治体の財政運営に影響しかねない。

対する財務省は「復興増税の実現が前提」との立場を崩さない。3日間もの直接交渉の末、両省の立場がにじむ提言が出来上がる。

「地方の復興財源も臨時増税措置などで確実に確保すべきだ。その中で、被災地以外の地方公共団体に影響を及ぼさないよう、地方交付税の増額などで確実に財源を手当てすべきだ」

その約2カ月後、民主党代表選で復興増税を掲げて勝利した野田佳彦(63)が、菅直人に代わって首相に就く。11月には所得税や法人税、住民税の臨時増税などで5年間で19兆円という復興事業の財源確保にめどが付いた。

地元負担も、財政力が弱い被災自治体向けに「別枠」の震災復興特別交付税を設けて国が全額を措置。史上例のない実質的な地元負担ゼロが決まった。

「ちょっとでも地方負担はあると思っていた」

異例の決断に、飯尾は驚きを禁じ得なかった。地方事業には自己負担が伴うのが原則だからだ。交付税を所管する総務省内部でもせめぎ合いがあったという。

災害復旧は通常、地方が事業費の一部を起債して調達し、後に国が交付税措置をする。今回の震災では費用が多額な上に事業数も膨大なため、自治体に起債させない対応を考えた。

「起債させずにまとめて国費を出すと、後に自治体に負担を求めるのが難しくなる事務的な理屈があったようだ」と飯尾は明かしつつ、「日本全体で被災地を応援するという国民合意を背景に、地元負担ゼロは実現した面が強い」とみる。

巨額の財源を裏付けに成立した地元負担ゼロは、同時に使途のブレーキが利きにくくなったことを意味した。

幅広い解釈が流用を助長

地元負担ゼロを受け、12年2月に発足した復興庁には被災自治体から５０００億円もの復興交付金事業の要求が押し寄せた。

初代復興相に就いた平野達男(66)は、違和感を隠せなかった。「過疎先進地」の災害にもかかわらず、大規模な土地のかさ上げなど、過大な復興事業としか思えなかったからだ。

被災自治体の復興計画に「将来の人口予測」が記載されていたのは、岩手、宮城両県33市町村のうち釜石など4市町だけ。「人口減を前提とした復興は口が裂けても言えない」という首長たちの空気を感じたという。

容易に事業を認めない復興庁の方針は、宮城県知事の村井嘉浩から「査定庁」と非難を浴びる。「後から見直せばいい」と復興を急ぐ被災地に配慮したが、それも甘かった。

大規模な宅地造成で工期が長引く間、別の土地で自力再建する人が続出した。その結果、膨大な事業が過剰となり、見直しには限界があった。平野は「使途を抑えられるのは復興庁しかなかったが、十分できなかった。計画時にもっと議論すべきだった」と自戒する。

復興構想会議の提言やその後の政府の復興基本方針には、「日本経済の再生なくして被災地域の真の復興はない」との文言が盛り込まれた。これもモラルハザード(倫理観の欠如)を引き起こした。

被災地以外での職業訓練や反捕鯨団体の対策費、沖縄県の国道整備……。会計検査院の13年の調査結果で、被災地と関係ない「復興事業」は３２６件、計１兆４５００億円にのぼった。

流用を招いたのは11年6月に成立した復興基本法がきっかけとされる。政府が5月に閣議決定した基本法案は、事業対象を「被災地域の復興」に絞る一文が入っていた。それが自民、公明両党との修正協議で「東日本大震災からの復興」に書き換えられ、幅広い解釈が可能となった。

13年6月、「大規模災害復興法」が施行された。復興を柱とした国内初の恒久法で、16年4月の熊本地震から適用されている。

政府や都道府県、市町村が復興方針を策定する際は将来の人口予測を盛り込むよう求め、過大な計画づくりに歯止めをかけた。基本理念では復興の目的を「被災地域」に限定した。

内閣府大臣官房審議官として策定責任者を務めた佐々木晶二(60)は「復興で人口予測をすっ飛ばしていいわけがないし、復興の目的が日本の経済再生であるはずがない」と明快だ。

東日本大震災を教訓に、政治要求などで解釈が広がりすぎた「復興」をあるべき姿に戻した。佐々木は「役人としてのささやかな抵抗だった」と言う。

施行後、地元負担がゼロになった災害はない。東日本大震災で実現した手厚い支援は、最初で最後の「例外」となる可能性が高い。

水産特区で紛糾

11年6月18日にあった政府の復興構想会議第10回会合で、宮城県知事の村井嘉浩が特区をめぐり、提言の草案に不満をぶちまけた。「体を張って日本の水産業のために頑張っている。この部分を譲るぐらいなら、委員を辞めなければいけない」

「この部分」とは、漁業法で漁協に優先付与される漁業権の特例を指す。村井は地元漁業者が参画する法人も漁協と同じ扱いをするよう求めていた。事務局の草案は文言が曖昧で「従来通りの解釈ができる」と反発した。

村井と共闘した委員の高成田享(72)は、知事の迫力に怒りと強い決意を読み取った。「霞が関の修辞学で骨抜きにしようとしている。これでは駄目だ。規制緩和で突破する」と。

元全国紙記者の高成田は震災直前に退職するまで、石巻市で水産取材に駆け回った。構想会議の序盤、漁業者や加工、販売業者が一体となった公社の設立を訴えていた。

同じ日の会合で、村井が「サラリーマンという形で漁業をする」と特区を提案した。高齢化や後継者難にあえぐ浜に民間資本の参入を促し、被災した漁業者の負担軽減や若者の新規就労を図る狙いがあった。

高成田は元々、漁業権にまで踏み込む必要はないと思っていたが、民間資本を入れて6次産業化を目指す方向性は村井と同じだった。

村井の思惑とは裏腹に、地元宮城では県漁協が猛反発し、大騒動に発展した。水産庁も「現制度でも民間企業は参入できる」との立場を崩さない。高成田が「事実上は漁協の独占だ」と掛け合っても、議論はかみ合わなかった。明確な反対こそなかったが、構想会議内には賛同する声もほとんどなかった。高成田は「そこまでやる必要があるのか」という冷ややかな空気を感じていた。

「やりたい民間企業も出ている。水産庁に、会議で決まったのでぜひやってという形にしなければ、ここに出てきた意味がない」。執念を燃やす村井は、草案の修正を迫り続けた。

「理解はやさしくない」「会議を支配しようと思わないで！」「提案に合意した認識はない」。議長で神戸大学名誉教授の五百旗頭真らは村井のこだわりがなかなかのみ込めず、厳しい言葉を浴びせた。辞任も辞さない村井の強硬姿勢が、形勢を変えた。被災地の知事に辞められたら会議は崩壊する――。「悪いけど最後は考えてくれ」。検討部会長を務めた政策研究大学院大学教授の飯尾潤が水産庁を説得した。

構想会議の提言を踏まえて11年12月、復興特区法が成立。地元漁業者主体の法人に漁業権を優先付与できる特例が盛り込まれた。13年4月に水産特区が認められ、9月、石巻市桃浦《もものうら》地区のカキ養殖漁業者と水産卸の仙台水産(仙台市)の出資会社が第1号となった。

高成田には「歴史に改革の印を刻んだ」という手応えの半面、悔いもある。

「販路づくりや資源管理など、水産業のさまざまな課題をもっと考えなければならなかった。漁業権だけが焦点になってしまったのが残念だ」

先進モデルになり得たか

「特区さえあれば何でもできるわけではない」、「何をするかを明確にする必要がある」。政府の復興構想会議では、特区そのものの狙いや定義が議論になった。

具体的なテーマに挙がったのは、復興促進のため被災地を区切って各種特例を設ける手法や、医療介護など先進モデルを被災地で実現し、いち早く国内課題に対処する手法だ。

11年12月に成立した復興特区法は、一定の被害があった北海道から長野県まで11道県227市町村を対象区域に設定。規制緩和や手続きの簡素化、復興交付金などの特例メニューを用意し、県や市町村の申請を認可する形式とした。

元復興庁事務次官の内閣官房参与岡本全勝《まさかつ》(65)は「新しいことをするというより、幾つかの行政手法を組み合わせて自治体を支援するのが主な狙いだ」と解説する。

メニューのうち設備投資や被災者雇用に対する税制特例は、より区域を限定して5県143市町村に適用した。岩手、宮城、福島各県は沿岸部との取引などの事情を踏まえて全域とした。20年3月末までに延べ3588事業所が指定され、設備投資総額は2兆4100億円にのぼった。

19年12月末時点の3県の設備投資額の割合は、被害が大きかった沿岸被災地と原発事故の避難指示対象地域は合わせて56%、それ以外(内陸)は44%だった。

宮城に限ると、指定事業所数の割合は沿岸が79%、内陸(仙台市青葉区、泉区、太白区含む)が21%。沿岸の事業所数は内陸の4倍にのぼるが、投資額は内陸とほぼ同じだった。

沿岸部のある首長は「被災規模がまったく異なる浸水地域と内陸が同じ条件だったため、投資する上で浸水地域に不利に働いたのではないか」といぶかる。

特区法は、国との協議で新たな特例を追加できた。宮城県は4件申請したうち、物流コスト削減のための大型コンテナ活用支援と、NPO法人などへの保育所整備の補助拡大が実現しなかった。

復興や既存の法制度との整合性が問われ、風穴は開かなかった。

「特区とは構造改革特区。規制を実験的に緩やかにしてうまくいけば全国に広げ、いかなければ閉じる」

構想会議で知事村井がこう強く主張して盛り込まれた水産特区は、地域を限定し、被災地を支援する復興特区のメニューの中では「特異」に映る。

18年12月、漁業権の優先順位を廃止する改正漁業法が成立。20年12月の施行後は全国で規制がなくなる見通しだ。ただ法律に先んじて水産特区が適用された被災地では、第1号の石巻市桃浦地区に続く動きはない。

水産特区は日本のモデルになり得たのか。検討部会長を務めた飯尾潤は「法改正は特区がうまくいったからなのかは疑問だ。水産業の本当の問題は、漁業権のところではなかったのだろう」と冷静に振り返る。

減災の誤算

東日本大震災の巨大津波は、災害に対する国の考え方を転換させたといわれる。

「防潮堤を中心とする最前線のみで防御することは、もはやできない。大自然災害を完全に封ずることができるとの思想ではなく、災害時の被害を最小化する『減災』の考え方が重要」

政府の復興構想会議が11年6月25日に発表した提言に「減災」の理念が盛り込まれた。翌26日に政府の中央防災会議専門調査会も同様の中間提言をまとめた。

発生頻度が高い津波は防潮堤などで防ぐ一方、震災級の津波は避難といったソフト対策も含めた「多重防御」で被害を抑え、命だけは守ろうという考え方だ。

それは「完全防災」からの決別を意味した。

「減災という言葉は私がつくった」。構想会議の委員で、防災が専門の関西大学教授河田恵昭《よしあき》（74）が議論をリードした。高速道路が横倒しとなり「安全神話」が崩れた阪神・淡路大震災でハードの限界を痛感していた。

多くの犠牲を出した震災をめぐる議論が、会議で「防災」から「減災」に置き換えられることに、東北関係の委員は「言いわけ的な意味合いがある」と戸惑いを見せた。だが「津波をかぶった元の所にできるだけ安全な町をつくる」という河田らの主張が受け入れられ、提言に多重防御の選択肢が記載された。

土地のかさ上げ、避難路、ビル、内陸の道路を盛り土構造にして堤防機能を持たせた二線堤。これら減災手法を組み合わせて多重防御を考えてほしい――。

復興メニューに盛り込まれた多重防御のまちづくりは、巨大津波を目の当たりにした被災者との間にズレを生む。

19年秋、被災地をめぐっていた河田は、宮古市田老《たろう》地区の街並みに衝撃を受けた。「万里の長城」に喩えられた田老防潮堤は津波で倒れ、震災前を上回る防潮堤の建設が進む。背後は一部をかさ上げし、多重防御の市街地を再生した。商店が集まる道の駅やコンビニはできたが、空き地が目立つ。

対照的に、被災者の多くは、近隣の山を造成した「三王団地」に移り住んだ。

20年3月末に完了した岩手、宮城、福島3県の防災集団移転促進事業の宅地は３２１地区、災害公営住宅も含め１万２５２９戸分。造成面積は東京ディズニーランド16個分の８４０ヘクタールにのぼる。多重防御の減災よりも「究極の津波防災」と言われる高台移転を選ぶ地区が相次いだ。

その規模は河田の想定をはるかに超えた。「津波が怖いから高台に住めばいいという発想に縛られ、生活基盤がある所に暮らす文化が評価されなかった」

復興事業は特例法で地元負担がゼロになった。土地探しが難航する中、造成費を気にせず山林などに広い土地を確保できる高台移転が進んだ側面もある。

河田はため息をつく。「安全をトップの目標にすると、他の価値観は戦えない」

「10年」の期限が熟議の妨げに

太平洋岸433キロに延々と建設されている防潮堤も、多重防御のまちづくりとズレが生じていた。国は東日本大震災から間もない7月、防潮堤の復旧基準を被災自治体に通知した。「災害復旧ですぐに予算が付く防潮堤の基準を先に決め、まちづくりと調整する流れだった」と元国土交通省幹部が解説する。

基準は数十年から百数十年に1度の「頻度の高い津波」に対応する高さ(L1)。景観や環境といった地域事情に配慮して高さを決めるよう要請していた。

その年の秋、岩手県は「防潮堤は高さ15メートル程度が限界」と多重防御の対応を決める。釜石市根浜地区や大槌町赤浜地区は、住民が高台移転する代わりに「景観に配慮を」と震災時の高さによる原形復旧を要望し、県も認めている。

宮城県は一度決めた高さに沿った整備を譲らず、一部地域で軋轢が生じた。

実際に防潮堤の高さがＬ１から引き下げられたのは、わずかだ。国の20年1月末時点の集計によると、宮城県内で１３７カ所(全３４９カ所)あるが、そもそも津波が小さくなる内湾部や、背後に住宅がない離島などが大半を占める。

一方、福島県内はゼロ(72カ所)、岩手県内は23カ所(１３４カ所)にとどまる。政府の復興構想会議の検討部会委員で、地域計画が専門の岩手大学名誉教授広田純一(65)は、岩手県の防潮堤説明会に参加し、協議の難しさを感じた。住民の参加者は限られ、専門性を踏まえて発言できる人はわずか。県職員も合意形成の経験が乏しく、住民に意見がなければ計画通りに進んだ。賛否両論が噴出しても「タダでやってくれるなら高い方がいい」と議論が続かなかった。

整備主体は防潮堤が主に県、まちづくりは市町村と縦割りだ。当初「5年」、後に「10年」に限られた政府の復興期間に事業を終えなければならなかったことも、熟議を妨げた。

「行政も予算とスケジュールが決まっている。結果として、まちづくりと防潮堤は相互調整が不十分なまま縦割りで進んでしまった」と広田は振り返る。

高台移転によって、巨大防潮堤の背後に守るべき人が住んでいない街は「過剰防御」にすら映る。検討部会長を務めた政策研究大学院大学教授の飯尾潤は減災の誤算をこう顧みる。

「高台移転はニュータウンのように分かりやすいが、被災者や自治体は『減災の街』をイメージしにくかった」

飯尾自身の反省点もある。阪神・淡路大震災で地域の結束が崩れた教訓を基に、東日本大震災の被災地に「コミュニティーの再建」というメッセージを送り続けたことだ。まとまりを大事にするあまり、開発型の高台移転が大勢を占めた。

「コミュニティー再建は美しい言葉だが、津波や原発事故の被災地は元の所に戻りにくい。『新しいコミュニティーの創造』という発想で、個々の被災者を支援すべきだった」

飯尾は、全国の研究者と東日本大震災の教訓を1冊の本にしようと準備する。「創造的復興」を描いた責任を「次」の備えにつなぐ、節目の10年が近づいている。

（2020年9月11〜13日、16日、18日、19日＝全6回）

高台移転集中、想像せず

神戸大学名誉教授　**五百旗頭真**氏

東日本大震災からの復興は、震災直後に設置された政府の復興構想会議の提言が起点となった。議長で神戸大学名誉教授の五百旗頭真、議長代理で東京大学名誉教授の御厨貴、検討部会長で政策研究大学院大学教授の飯尾潤の3氏に、構想会議が打ち出した「創造的復興」の意義や被災地の課題を聞いた。

――御厨、飯尾両氏と合わせた政治学者トリオは「3人会」と呼ばれた。

「議長を引き受けた時、既に構想会議のメンバーが決まっていたのが遺憾だった。追加できると聞き、阪神・淡路大震災時に設置された政府の復興委員会に詳しい御厨氏と行政に通じた飯尾氏を推した」

――構想会議では、当初から復興増税に前向きだった。

「国が巨額の財政赤字に陥る中、これ以上、負債を抱えれば国際的に不信任を突き付けられる恐れがあった。どこでも災害は起き得る。国民全体が支える体制をつくる必要があった。増税は日本の災害史上初めてだ」

「南海トラフ巨大地震が発生した場合、被災範囲が広すぎて全額国費負担は不可能だろう。今回の震災が一番思い切った復興がやれたと、後々言われるかもしれない」

――創造的復興の評価は。

「三陸沿岸道が延長したり、気仙沼市の大島に橋が架かったりと隔世の感がある。津波常襲地の三陸が、復興事業で災害に強靱さを持った新しいまちになったのが非常に感動的だ」

「一方、新産業創出は非常に難しかった。新型コロナウイルスの感染拡大がなければ観光業も悪くはなかったと思う。ただ観光をベースとする交流人口政策は有事にはもろい」

――ハード事業と避難などのソフト対策を組み合わせた「多重防御」による減災のまちづくりを提言した。

「多重防御を基本に高台移転を併用するイメージ

だった。これほど高台移転ばかりになるとは想像していなかった」

「目下の新型コロナ禍に加え、首都直下型地震も想定される。東京一極集中は早期に是正すべきだ。復興事業で生じた空き地に、水産関連の研究機関を移転したり、空き住宅を活用して(首都直下型地震の)被災者を受け入れるなど検討してはどうか」

——被災地の復興は、日本再生のモデルになったか。

「再生可能エネルギー、(医療や介護、福祉を一体的に提供する)地域包括ケアなどで社会をリードできればと考えたが、十分ではなかった。特区の提案もあまりなかった」

——来年度から「第2期復興・創生期間」に入る。

「この10年の復興支援は非常に手厚くやってきた。福島はまだやるべきことが多いものの、被災自治体は今後、他地域と同じ土俵で直面する課題に立ち向かわなければならない。強い覚悟と構想力が問われる」

◉**いおきべ・まこと**……京都大学大学院修士課程修了。兵庫県立大学理事長。神戸大学名誉教授。専門は日本政治外交史。天皇陛下の相談役となる宮内庁参与を務める。兵庫県出身。76歳。

縮小モデル、実現できず

東京大学名誉教授 **御厨 貴**氏

——東日本大震災を分岐点に戦後が終わり、「災後」が始まると指摘していた。

「テレビに大災害が映し出され、東京も停電で『暗い日本』を経験した。震災が戦時体験と同じように国民の共通体験になり、日本が変わると思えた」

「戦後の発展モデルの衰退を直視しないわけにいかない。被災した過疎地の東北が、日本の縮小均衡モデルの最先端になると考えるようになった」

——構想会議で議長代理を務めた。

「ずっと聞き役、内部の調整役だった。委員は使命感が強く、意見が相違して喧噪が渦巻いた。民主党政権が官僚排除をうたっていたので、裏に回って自ら説得するしかない。休憩の時にトイレに同行して『そろそろ妥協しませんか』といった工作は随分した」

――阪神・淡路大震災で政府の復興委員長を務めた下《しも》河辺《こうべ》淳・元国土事務次官(故人)にインタビューし、その経験を生かした。

「彼が強調したのは、いかに報道してもらうか。阪神は約2カ月後に地下鉄サリン事件が起きて報道の優先順位が下がり、世の関心が薄れた。これを教訓に、構想会議序盤に『復興7原則』をまとめてマスコミにアピールした」

――提言に縮小モデルを盛り込めなかった。

「被災自治体にはとても受け入れられなかった。首長から『縮小なんて言ったら失職する』『夢であっても発展モデルにこだわる』と言われた。ただ震災11年目以降は身を切るような厳しい現実に直面するだろう」

――果たして「災後」の時代は始まったのか。

「東日本大震災後も熊本地震や風水害が相次ぎ、平成の世は阪神・淡路大震災を起点に『災後』が連鎖してきたと言える。経験を積んで復興が早まった。災後の時代は今も続いている」

◉みくりや・たかし……東京大学卒。東京大学名誉教授。専門は近現代日本政治史。政治家や官僚への聞き取りを重ねる「オーラルヒストリー」の第一人者。東京都出身。69歳。

全額国費、マイナス面も

政策研究大学院大学教授 **飯尾 潤**氏

――9年半の創造的復興の取り組みをどう見るか。

「高台移転などハード整備だけでなく、不十分な面はあるが、心のケアといった被災者の暮らしの支援にも注力した。何とか町は再建できたものの、一歩進んだ町にはなっていないのではないか」

「新しいまちづくりに挑戦できればと考えたが被災地にそんなゆとりはなく、一歩前に進める国の政策もそれほどなかった。東京で考えるイノベーション（技術革新）と地元の想像力との間に超えがたいギャップがあった」

――当初5年間で19兆円と見込んだ復興予算が大きく膨らんだ。

「具体的な被害状況などが見通せない中、総枠を定めず予算を措置した。『早い者勝ち』で被害の大きい自治体が出遅れ、予算が確保できない事態を避けられた。巨額の財源を確保できたのは、地震で東京もかなり揺れ、被災地の大変さが共感を得られたからだ」

「全額国費となり、自治体側に『今のうちにやらなければ損だ』という考えがあったことは否定できない。ごくわずかでも地元負担を求めるべきだった。復興期間内に事業費を確保しようと、全額国費以外の事業が後回しにされたものもある」

――多重防御による「減災」が浸透しなかった。

「復興交付金のメニューに関連事業はあったが、活用したいと思わせるまでに至らなかった。新たな制度を具体的に検討する時間もなかった。減災を実現するには住民の理解が不可欠。事前に政策準備や職員の人材育成、住民との合意形成を進め、復興のイメージを考えておくべきだ」

――被災地の復興は、日本再生のモデルになったか。

「その地にゆかりのない人々が集い、新しいことを始める全国的な先駆けとなった。ただ、もっと目に見える変化が出るかなと思っていた」

◉いいお・じゅん……東京大学大学院博士課程修了。政策研究大学院大学教授。専門は政治学・政策研究。著書に『日本の統治構造』など。神戸市出身。58歳。

（2020年9月20日）

4 大川小判決

児童74人と教職員10人が犠牲となった宮城県石巻市大川小の津波事故訴訟で、学校の事前防災の不備を認めた仙台高裁判決が確定した。学校管理下で起きた戦後最悪とされる事故を受け、学校はどう変わったのか。模索する教育現場や司法への影響を追った。

10年遅れで現地研修

人々の営みがあったはずの集落に、風雨にさらされた校舎がぽつんと残る。

「学校に津波が迫る中、この校庭にとどまり、多くの子どもたちが犠牲になりました」

大川伝承の会共同代表の鈴木典行さん(55)が2020年9月27日、大川小の校庭で栃木県宇都宮市の中学生210人を前に語り掛けた。あの日、学校にいた6年の次女真衣さん(当時12)を失った。

巨大津波の爪痕を前に、生徒の一人は「語り部の話に胸が苦しくなった。津波の恐ろしさと命の大切さを感じることができた」と感想を述べた。新型コロナウイルス禍で、修学旅行先を東京や関西から東北に変更する学校が相次ぐ。9月は毎週3、4校が大川小を訪れた。

教育関係者の視察も絶えない。死者が最大32万人との推計がある南海トラフ巨大地震の発生時、大

大川小の校庭で宇都宮市の中学生に震災当時の様子を説明する鈴木さん．2020年9月27日，石巻市釜谷．

きな被害が予想される静岡県などから教員や教育委員会関係者が繰り返し足を運ぶ。

伝承の会は16年12月に語り部ガイドを始め、これまで約1万5000組を案内した。大半は宮城県外からだ。「なぜ宮城県や地元石巻市の学校は大川小に学びに来ないのか」。鈴木さんは何度もやるせない気持ちになった。

「大川小で何が起きたのか」。遺族は事故直後から市教委に何度も説明を求めたが、納得できる回答は得られなかった。13年2月に文部科学省が主導し、市の第三者事故検証委員会が設立されたものの、結果は再び遺族を落胆させた。

児童23人の遺族が14年3月、子どもを守る義務を果たさなかったとして市と宮城県を提訴した。真相究明を司法に託したはずが、県内の教育界には大川小事故をタブー視する風潮が広がった。

最高裁が19年10月10日、市と県の上告を棄却し、仙台高裁判決が確定した。にもかかわらず、石巻市教委が20年度、市内52の全小中学校に配布した防災教育の副読本「未来へつなぐ」には、大川小事故の記述は1行もない。副読本はA４判カラー約50ページを使い、市内の被災現場や救助活動の写真、避難所の様子を伝える。12年度発行の初版以来、初めて全面改訂された。

市教委の担当者は、「判決が確定する前に全面改訂の編集作業が終わっていた」と釈明する。「(大川小事故を記載する際は)事前に遺族と協議する必要があった」とも話すが、遺族側に相談を持ち掛けていない。

大川小訴訟原告遺族の只野英昭さん(49)は「判決確定後も大川小事故に向き合おうとしていないのではないか」と市教委の姿勢をいぶかる。

県教委は新任校長の研修会を今年11月、初めて大川小で開く。来年度以降、新規採用した教職員全員に対象を広げる方針だ。ようやく重い腰を上げた県教委に、鈴木さんは「大川小の教訓を学ぼうと、県外から既に多くの先生たちが来ている。宮城は10年遅れのスタートだ」と嘆息する。

研修で「自分ごと」に

学校管理下で起きた戦後最悪とされる大川小事故の説明に費やされたのは、わずか9分間だった。「学校は独自の立場から津波ハザードマップの信頼性を検討すべきだ」

宮城県の小中学校で学校防災の中核を担う安全担当主幹教諭78人が参加した9月1日の研修会で、仙台高裁判決の要旨が読み上げられた。わずか9分間とはいえ、県教委が同種の研修会で高裁判決を取り上げたのは初めてだ。

県と仙台市は東日本大震災を受け12年4月、県内の拠点となる40の公立小中学校に防災担当主幹を、すべての公立小中高校に防災主任を置いた。全国初の試みで、学校防災の進展に期待が高まった。制度導入からわずか4年後。防災担当主幹の肩書はより幅広い「安全」に変わり、いじめ、不登校、交通安全など対象が拡大した。

「安全」の名称が象徴するように、この日、大川小事故の説明を含め学校防災に割かれた時間は座学中心の30分間。5時間に及んだ研修の大半は、いじめや交通安全の講義が占めた。

県教委教職員課の光岡弘通主幹(47)は「学校安全に求められる内容は多岐にわたり、思うように学校防災を扱い切れていない」と実情を明かす。現場でも防災の優先順位が下がる。沿岸部の中学校長は「いつ起きるか分からない自然災害に備える学校防災は、多忙な教育現場では後回しになりがちだ」と漏らす。

震災を経験した教員の退職が年々増え、教育現場での風化が加速する。県教委と仙台市教委によると、11年度以降に採用した教員は計6007人で県全体の39・7%。震災を経験した教員は、23年には半数を割り込む見通しだ。

間接体験を重視

「車の中で避難ができるよう校庭を駐車場にしよう」「赤ちゃんがいる家族は2階の教室を使って」

岩手県久慈市の大川目中で20年9月23日に防災研修会があり、教員3人と3年生12人が避難所運営ゲーム「HUG(ハグ)」に取り組んだ。名前や年齢、病気の有無などが書かれた「被災者カード」が次々と読み上げられ、避難所に見立てた校舎の平面図に生徒がカードを割り振った。

3年担任の佐藤葵教諭(30)は「災害時に何が必要か自分ごととして具体的に想定できた。生徒と一緒に取り組み、より深く考えられた」と話す。

岩手県教委は、教員向けの防災研修で災害シミュレーション演習や被災地訪問などの「間接体験(疑似体験)」を重視する。座学が多い宮城県とは対照的だ。

昨年度はＨＵＧなどを活用した体験型の研修会を30回開いた。本年度は新型コロナウイルス禍にもかかわらず、36回を予定し、来年度はさらに増やす。

県教委の小松山浩樹主任指導主事(49)は「体験型の研修により教員たちの目の色が変わる。防災教育に答えはないが、子どもたちの命を守るため、考え続けたい」と強調する。

地域連携／安全な避難所　共に議論

7年ぶりに釜石市に赴任した平田《へいた》小(児童148人)の鈴木崇校長(57)が、20年4月の着任後すぐに学校の津波防災マニュアルに記載された避難場所を確かめた。

60平方メートルの空き地「君が洞広場」。東日本大震災後、避難場所に指定された。「安全だろうか」。不安は5カ月後に的中する。

9月4日、平田小の児童が隣接する認定こども園の園児の手を引き、300メートル離れた広場に避難した。16年度に始まった合同避難訓練で、教職員も合わせると計257人が狭い空き地に身を寄せた。

気温28・3度、風速1・9メートル。汗ばむ陽気の中、全員が移動を終えるまで10分以上かかった。酷暑なら、極寒なら……。大雨なら……。雨風を防ぐ物がなく、子どもたちが長時間避難するのは難しい。

平田小は海岸から300メートル離れ、海抜は13メートル。震災の津波は昇降口の前まで押し寄せた。当時の避難先は校舎内。あの日、児童らは内陸にある三陸鉄道平田駅へ、さらに高台へと2度逃げた。

より安全な避難場所はどこか。鈴木校長は既に地元住民と話し合いを始めていた。20年8月28日には、町内会長や専門家らと君が洞広場の問題点を洗い出した。

震災当日、児童を軽トラックの荷台に乗せて避難させた町内会長の佐藤雅彦さん(66)は「屋根があるこども園や学校に近い平田駅の方が安全ではないか」と主張。2次避難の困難さを指摘する声もあり、広場の安全性に疑問が広がった。

岩手大学の越野修三客員教授(危機管理学)は「学校と町内会で考えている視点が違うこともある。集まって議論すれば課題が見えてくる」と地域連携の重要性を強調した。

「子どもたちの命を守るため、検討すべき課題が山積している。学校だけでは限界がある」。鈴木校長は率直に認め、地域の協力に期待する。

文部科学省は大川小津波事故訴訟の判決確定後、学校防災に関する通知を出し、地域連携の推進に言及。地域住民や専門家らの助言を踏まえ、学校防災マニュアルも見直すよう求めた。

教育現場における地域連携の現状はどうか。河北新報社による岩手、宮城、福島3県の小中学校アンケートでは、住民と合同で訓練をしている学校は4割にとどまった。「業務が多忙」(43・7%)が最も多く、「市町村の防災担当と連携が困難」(31・6%)など、地域連携を推進する上でのハードルが浮かび上がった。

気仙沼市鹿折《ししおり》中(生徒104人)の生徒が10月2日、震災当時の避難行動について住民に質問を重ねていた。20年度に始まった震災に関する授業の一環だ。「家と商店を車で往復した。途中から浸水で車を動かせなくなった」。経営する商店が被災した藤野耕一路さん(71)が当時の状況を説明すると、生徒は真剣な表情で耳を傾けた。

生徒たちは12月に住民の前で「震災の教訓」を発表する。菅原定志校長(59)は「訓練だけでなく、地域と共に学び続けることで双方に好循環が生まれ、地域防災力の底上げにつながるはずだ」と確信する。

判決の波及

大川小津波事故をめぐり、石巻市教委と学校の組織的な過失を認めた仙台高裁判決の確定後、責任の所在が「組織そのものにある」と認めた判決は各方面に波紋を広げている。

栃木県那須町の那須温泉ファミリースキー場周辺の国有林で17年3月27日、登山講習会に参加した県立大田原高校山岳部の生徒7人と教員1人が雪崩に巻き込まれて死亡した。遺族が県や校長らに謝罪と損害賠償を求めた民事調停が20年7月、宇都宮簡裁で始まった。

県教委と高校には、安全管理を怠った組織的過失がある――。主張の一部で弁護団が参考にしたのは、大川小訴訟の確定判決だった。

遺族代理人の原田敬三弁護士(76)は「大川小確定判決は、行政の組織的過失を認めた点が画期的だ。学校災害の訴訟などで広く普及してしかるべき判決だ」と評価する。

県教委には雪崩事故の危険を防ぎ、事故に適切に対処できる管理運営体制を整える義務が、高校には事故防止のマニュアルを作る責任があった——。学校保健安全法を根拠に据えた調停申立書の論点は、まさに大川小訴訟での原告の主張と重なる。

大川小訴訟の仙台高裁判決は、児童の安全確保は「公教育制度に不可欠の前提」であり「根源的な義務」と強調。学校保健安全法を論拠に学校と市教委が組織で負う安全確保義務を初めて定義した。その上で地域の実情を踏まえたマニュアル整備などを怠ったとして、学校や市教委の組織的な過失を認めた。

一方、一審の仙台地裁判決は、襲来直前の「7分前」に津波を予見でき、避難の判断を誤ったとして、現場にいた教員だけに責めを負わせた。現場か組織か——。焦点は対照的だ。

原告代理人だった吉岡和弘弁護士(72)は「社会の分業化が進む中、大川小確定判決は指揮部門も含めた責任追及に役立つ」と期待する。

広島県北広島町の元小学校教諭の女性が、流産したのは校長に責任があるとして17年11月、町に損害賠償を求めた訴訟も、大川小確定判決を基に町側に組織的過失があると主張した。女性側は、町教委が人手不足や業務過多の状態を放置し、休暇を取りづらい環境をつくったと指摘。町教委の担当者や他の教職員が、母体の安全を守る義務を怠ったと訴えた。

20年6月の広島地裁判決は校長が注意義務に違反したと認めたものの、勤務実態と流産との因果関係を否定し、原告の請求を退けた。

原告代理人の風呂橋誠弁護士(57)は「校長が代わっても同じ事故は起こり得る。大川小確定判決のように組織の過失が認められれば、問題の本質に迫り、組織が顧みる契機になる」と訴える。

航空機や列車の事故などに詳しいノンフィクション作家の柳田邦男さん(84)は、「現場だけの責任追及では再発防止につながらないという『組織事故論』は1990年代以降、世界の航空界で主軸になったが、国内の司法界に導入された意義は大きい」と指摘する。

さらに「学校に限らず企業や福祉施設などあらゆる組織が判決を自らに置き換え、防災を見直す意識を持てるかどうかが問われる」と語る。

未来の命を守るため発信

パソコンに向かい、思いを込めて語り掛けた。

「将来にわたり大川小事故を語り継ぐため、鍵を握るのは若者たちです」

佐藤敏郎さん(57)が2020年9月21日、首都圏にいる早稲田大学の学生19人に向けてオンラインによる語り部ガイドをした。大川小で6年の次女みずほさん(当時12)を失った。16年の設立当時から大川伝承の会の共同代表を務める。

佐藤さんがオンライン語り部を本格的に始めたのは3月。新型コロナウイルス感染拡大の影響で、大川小の現地ガイドのキャンセルが相次いだからだ。

「語り部を聞いてくれる人の裾野が広がった」と、距離や世代の垣根を越える新しい手法を前向きに捉える。全国の大学や教育関係者だけでなく、現地に足を運びにくい子育て世代とのつながりも深まった。「オンラインでの出会いがきっかけとなり、大川小を訪れる人もいるはずだ」と佐藤さんは期待する。

大川小津波事故訴訟の判決が確定した後も、遺族はそれぞれの置かれた立場から発信を続けている。

「一人一人の人生に意味がある。娘が生きた4433日は決して無駄ではなかった」

名取市みどり台中校長の平塚真一郎さん(54)が9月16日、名取第二中学校を訪れ、3年生124人に「未来の命を守るために」をテーマに語った。

6年の長女小晴さん(当時12)を亡くした。「胸が張り裂けるような気持ち」。わが子を失った親の心情をこう表現し、「家族にとって一人一人が、かけがえのない存在だ」と命の大切さを説いた。

「小晴が持ってきた縁」と考え、講演の依頼は断らないと決めている。判決確定を受け、宮城県が設置した「学校防災体制在り方検討会議」の委員も引き受けた。遺族唯一のメンバーだ。

判決確定後、遺族と現役の教員という両方の立場で発言する意味をより深く意識するようになった。いまだに学校現場では、大川小事故の話題がはばかられる雰囲気を感じるからだ。

「大川小事故をオープンに話し合えるようにならないと、教訓として学ぶことはできない。口火を切るのは、遺族でもある自分の役割かもしれない」

11月4日、県教委が大川小で初めて実施する新任校長向けの研修会で思いを語るつもりだ。

大川小訴訟の原告遺族たちも発信を続ける。コロナ禍の影響で延期された裁判の結果報告会を年度内に開くことを検討している。

報告会では全国の支援者に感謝の気持ちを伝えるとともに、事故の検証、確定判決の波及効果などを話し合う予定だ。

原告代理人を務めた吉岡和弘弁護士は「津波訴訟がなければ、大川小事故は忘れ去られていたかもしれない。勝訴に満足せず、教訓を50年後、１００年後に残すため、伝え続ける努力をしたい」と話す。

（２０２０年10月11日、13〜16日＝全５回）

5　村井県政

宮城県の震災復興の陣頭指揮を執ってきた村井嘉浩知事(60)は、「創造的復興」の名の下に、平時であれば困難な巨大プロジェクトを次々に推し進めてきた。その本質は創造か、それとも惨事便乗か。村井県政の象徴を訪ね、理想と現実について考察した。

創造と便乗、賛否噴出

フォークリフトが、積み上げられたコンテナの間を縫うように進む。貨物列車のけたたましいブレーキ音が場内に鳴り響く。

仙台市宮城野区のＪＲ仙台貨物ターミナル駅は、村井知事が「創造的復興の最終形」と位置付ける広域防災拠点の予定地だ。宮城野原公園総合運動場の東隣にあり、県がＪＲ貨物から17・5ヘクタールを取得した。災害時、救援の人員や物資が集まる大広場に生まれ変わる。

本来なら、県震災復興計画が終わる２０２０年度内に一部運用が始まるはずだった。宮城野区の岩切地区に移転する新駅の整備が遅れ、着工が23年度以降にずれ込んだ。

事業費も膨らんだ。ＪＲ貨物への補償費は、引き込み線路の安全対策などが追加され、２９５億円

300 億円超の公費が投入され，宮城県の広域防災拠点に一新される JR 仙台貨物ターミナル駅．中央奥の白い建物は仙台医療センター．2020 年 11 月 5 日．

から324億円に増加。国の交付金を活用しても、県の負担は153億円にのぼる。

巨額の県費投入には、知事を支える県議会の自民党会派内にさえ「失政」との批判がくすぶる。「震災では利府町の県総合運動公園が防災拠点として機能した」として、県庁内には「二重投資」と疑問視する向きもあるが、知事には震災前からの積年の思いがあった。

「この土地が欲しい。活用策を考えてくれ」。東日本大震災の傷痕が生々しい11年の夏。知事から担当者に指示が飛んだ。

水面下で協議を進める中、運動場北隣の仙台医療センターの移転が持ち上がる。新病院を公園の一角に置き、仙台東部道路と直結する自動車専用道路を新設する——。創造的復興のシンボルとなる広域防災拠点構想がにわかに姿を現した。

「震災がなければ、防災と復興をセットにした駅の移転は前進しなかった」と県ＯＢは証言する。

反対を見越し、県は復興予算の獲得にこだわった。

「津波の被害がない場所だ。厳しい」。難色を示す国に対し、県は「津波の被災地に出動する部隊の集結地だ」と譲らなかった。事務方が粘り強く交渉を重ね、国土交通省の社会資本整備総合交付金の「復興枠」で9億円を確保した。経緯を知る桜井雅之県公営企業管理者は「復興との関連が認められ、事業の説得力が増した」と振り返る。

宮城野区選出の県議を3期務めた村井知事は2003年の県議選で一つの公約を掲げた。「ドーム球場建設による県内経済の活性化」だ。15年の県議会9月定例会で「夢として持ち続けたい」と答弁するなど、知事就任後も諦めていなかった。築70年の楽天生命パーク宮城(県営宮城球場)はいずれ寿命を迎える。建て替えの候補地に、広域防災拠点は有力な選択肢となり得る。

ドーム球場に消極的とされるプロ野球東北楽天側に配慮しつつ、村井知事は総仕上げに入った。仙台医療センターの跡地に、県美術館と県民会館(青葉区)を移転集約し、文化芸術の本拠地を形成する構想だ。賛否が割れる施策に前のめりな知事。「知事はハコモノを残したがっている」。周辺からも危惧の声が上がる。まだ見ぬ都心の広大な平地に、復興への執念と政治家の野望が絡み合う。

「象徴の浜」再生道半ば

創造的復興の象徴とうたわれた小さな浜が、理想と現実のはざまで揺れる。

津波で壊滅的な被害を受けた石巻市桃浦。「早く一人前になりたい」。桃浦かき生産者合同会社(LLC)の社員嘉登《かと》清春さん(23)が20年11月6日、小気味よいリズムでカキの殻をむいていた。内陸部の大崎市出身。宮城県水産高校（石巻市）に進み、16年4月に実習先だったＬＬＣに入社した。「海に縁のない自分が夢だった漁師になれた。この会社以外は考えなかった」

ＬＬＣは地元漁師15人が12年8月に設立し、水産卸の仙台水産（仙台市）が出資した。村井知事が提唱した水産業復興特区を活用した唯一の参入例だ。

月給制で福利厚生も整う「漁師のサラリーマン化」（村井知事）が論議を呼んだが、14年度から嘉登さんを含む新卒9人が採用され、7人が定着した。

設備投資も進んだ。15年には事業費約2億円をかけ、カキの身を傷つけずに殻を外せる機械を導入。むき子6、7人分の作業を省力化した。

県内の水産業は震災前から高齢化や後継者不在で閉塞感に覆われていた。「漁協が漁業権を独占している」。特区構想は寂れつつある浜の行く末に危機感を抱いた県農林水産部（現・水産林政部）の腹案だった。

特区を活用し、養殖業を継続して6次産業化を目指す。「一点突破だ」。震災を「風穴」を開ける契機と捉えた県政トップが奮い立った。抵抗する霞が関の官僚との衝突もいとわず、政府の復興構想会議を終始リード。県漁協の猛反対も押し切った。

村井知事は水産特区が国に認定された13年4月の記者会見で「桃浦の浜が再生し、元気になり、よみがえっていくことが成功か否かの判断基準」と明言した。

規制緩和によって震災復興と水産業の将来を民間の力に託した知事。漁業再生のモデルと期待された桃浦だが、足元の数字が厳しい現実を物語る。

県が定めたLLC復興推進計画（12〜16年度）の各年度の生産量と生産額はともに目標の3〜6割にとどまった。震災前の浜の実績にも届かず、経営は黒字と赤字を行き来する。ノロウイルスや貝毒といった外的な要因に加え、カキのむき子の高齢化による作業効率の低下など内的な要因も重なった。従業員38人の多くは地区外で暮らす。震災前に62戸あった桃浦の集落は現在、LLC裏の高台に集団移転した5戸を含めても、計16戸25人にすぎない。

LLC代表社員の大山勝幸さん（73）は「若手の確保は特区なしではできなかったが、それを上回るペースで社員や浜の高齢化が進んでいる。会社単独ではどうにもできない」と危機感を募らせる。

水産特区を下敷きに、漁協などへ優先的に漁業権を割り当てる漁業法の規定を廃止する水産改革関連法が18年に成立し、20年12月に施行される。

仙台水産の島貫文好会長（74）は「知事は創造的復興をうたうが、海の環境悪化や販路開拓などわれわれはもっと現実の問題と向き合わなければいけない」と現場の苦悩を代弁する。

水産業復興特区　漁業権の優先順位を廃止し、民間資本の参入を促す仕組み。村井嘉浩知事が2011年5月、政府の復興構想会議で提案し、復興特区法に盛り込まれた。13年4月に水産特区が認められ、9月、石巻市桃浦地区のかき養殖業者と水産卸の仙台水産（仙台市）の出資会社が第1号となった。

医学部新設

「東北の復興の一翼を担いたい」。入学式で誓った医師の卵は5年生になり、21年度には卒業を迎える。

16年、国内で37年ぶりに医学部が設置された東北医科薬科大学(仙台市)。高柳元明理事長(72)は「医師が一人前になるまで卒業後10年は必要。東北に残り地域に貢献してくれるのか。評価にはあと10年かかるだろう」と話す。

医学部生約500人のうち宮城県出身は約15%、東北6県は約30%。「一般的に地元出身者の定着率が高い。ただ、首都圏と学力差がある」と高柳理事長。地元出身者の割合を高める方策は一朝一夕には見つかりそうにない。

「県内に医学部を新設する目的は達成できた」。医学部設置が同大に決まった14年8月、村井知事は翌日の記者会見で強調した。重い扉をこじ開けた喜びよりも、徒労感を漂わせていたのには訳があった。

「地域医療に特化した医学部が必要です」。東日本大震災で懸念された医師不足の加速に歯止めをかけるべく、村井知事は安倍晋三首相に直談判。復興支援の特例で13年11月、東北に1校に限り医学部の新設が認められた。

県立大学を抱えるものの、医学部の運営主体となる腹積もりはなかった県だが、応募の締め切り直前、新設を目指す財団法人に協力を要請されて急転換。栗原市にキャンパスを整備する案を引き継ぎ「宮城大学医学部」構想を打ち出した。

「東北版・自治医科大学」を掲げ、村井知事は短期間の力業でプランを練り上げたが、具体的な教育プログラムを提示した当時の東北薬科大学に軍配が上がった。

地域医療の前線に立つ医師を養成する東北医科薬科大学で、地元定着を促す最大の特色は、国公立大学並みの学費で学べる手厚い奨学金制度だ。県内の医療機関に10年間勤務すれば、返還が免除される「宮城枠」は1学年30人。１人３０００万円を在学中に貸与する原資に、県はクウェート政府の支援を基に90億円を捻出した。

制度は半面、卒業後の就職先を縛ることになる。ＮＰＯ法人医療ガバナンス研究所（東京）の上《かみ》昌広理事長（52）は「学生が『学びたい』と思えるキャリアパス（将来の人事展望）を作ることが先決だ」とくぎを刺す。

同大学には東北6県に19のネットワーク病院があり、滞在型の体験学習を実践する。高柳理事長は「若者は大災害や新型コロナウイルス禍を間近で見ている。震災後、人の役に立ちたい、地域に貢献したいという意欲が高まっている」と地元定着に期待を寄せる。

県内医療圏別の10万人当たり医師数（18年末時点）は仙南１６１・８人、大崎・栗原１７３・６人、石巻・登米・気仙沼１６３・０人。仙台（２９３・１人）を除き、全国（２５８・８人）を依然大きく下回る。

医師不足の現状をかつて「真っ暗なトンネル」に喩えた村井知事。「いずれ医師が次々と輩出され、だんだん明かりが見えてくる。他県に比べ恵まれた環境を成果につなげたい」と意欲を示してきた。知事が描いたシナリオ通りではなかったものの、県と大学の連携強化は不可欠だ。新設医学部の船出と航海は、創造的復興の中で最も息の長い取り組みが求められる。

仙台空港民営化――「24時間運用」実現探る

仙台空港(名取、岩沼両市)から、格安航空会社(LCC)ピーチ・アビエーションの桃紫の機体が沖縄に向けて離陸した。「希望に満ちた瞬間だ」。20年10月25日、空港を運営する仙台国際空港(名取市)の鳥羽明門《あきと》社長(58)が特別な思いで見守った。

4月の就任後、初の路線開設。「進取の精神を忘れない」。新型コロナウイルスの終息が見通せない苦境にあっても、新路線の開拓を経営の生命線に据える。

仙台空港は16年7月、国管理空港の民営化第1号として一新された。宮城県が出資する第三セクターによる空港ビルの管理や航空貨物の取り扱いなどを仙台国際空港が引き継いだ。

同社は旅客数に連動した着陸料制度を導入し、新規就航や増便への環境を整えた。台湾など海外にも積極的に営業をかけた。

民営化後、国内線は1日6往復、国際線は週18往復増えた。旅客数も右肩上がり。東日本大震災前の10年度の262万人から、19年度は371万人に達した。

あの日、震災の津波と瓦礫が滑走路を埋め尽くした仙台空港。民営化は村井知事が掲げる「創造的復興」の代名詞となった。

「民営化の可能性を探ってほしい」。震災から半年の11年9月下旬、村井知事は、同じ松下政経塾出身の前原誠司元国土交通相に打診された。県経済商工観光部を中心に1週間で仕上げたたたき台を吟味し、知事は本格検討を指示した。

「東北の国際的なゲートウェーを目指す」。村井知事が前面に立って国との交渉を繰り返し、14年4

月に民営化が決まった。「全国初」の看板に、航空以外の多彩な業種も参入を希望。15年9月、東急グループが運営権を得た。決め手はＬＣＣで需要を開拓し「30年後の旅客数５５０万人」を狙う野心的な提案だ。村井知事が目標とする「６００万人」とほぼ一致した。

仙台国際空港の岩井卓也前社長(58)は「知事が民営化に何を求めるのか、明確だった」と好感を持って受け止めた。15年11月の設立から会社の基礎を築き、空港と東北の観光地をバスで結ぶ２次交通の充実にも取り組んだ。「東北の需要は長期的に見て伸びしろがある」と期待する。

「民営化の優等生」(県ＯＢ)を新型コロナが直撃した。20年度の旅客数は前年度の３割、約１２２万人に落ち込んだ。

仙台空港を呼び水に高松、福岡、北海道内7空港、熊本の民営化が実現した。先行者利益を十分に享受する間もなく、路線誘致の地域間競争にさらされる。

難局を乗り切る鍵は、将来的な24時間化だ。地元と調整を始めて2年。知事と名取、岩沼両市長、鳥羽社長は20年8月、騒音対策を条件に地域振興策の議論に入る方針を確認した。

村井知事が目指す「選ばれる空港」に24時間化は必要不可欠。震災前、運用時間の延長反対運動を続けてきた岩沼市矢野目地区は震災で壊滅的な被害を受け、工業団地化が進む。

仙台空港は住宅が近接し、震災前まで「24時間化は不可能」とされてきた。震災を機に、県の悲願が現実味を帯びる。

「机上論」のまちづくり――市町と温度差

「気仙沼の顔」と呼ばれる市中心地・内湾地区(南町、魚町)の人々が村井知事と交わした復興の約束が、ようやく動きだした。

県と市、地区の事業者ら約20人が20年9月中旬、市の交流施設で膝を突き合わせた。議題は地区内で県が実施する振興策。県が誤って22センチ高く造った魚町の防潮堤をめぐり、工事続行を容認する条件として住民と共に活性化策を考えるよう県に求めていた。

国の方針を踏まえ、県は11年9月、数十年から百数十年に1度の津波を想定し、防潮堤の高さを定めた。「人命最優先」を旗印に、防潮堤の建設を推進する県の方針はたびたび、被災地の批判を招いた。

魚町で当初示された防潮堤は海抜6・2メートル。震災前はなかった巨大な壁に、住民は「景観を損ねる」と猛反発。住民が歩み寄りの姿勢を示す中、18年3月にミスが発覚した。「(高くなり)安全が高まった防潮堤への税金支出を県民は理解しない」。再工事の要求を突っぱねた村井知事だが、18年の県議会11月定例会で地元振興策で寄り添う姿勢を強調した。

ただ、初会合は1年以上経った20年1月。本格的な議論が始まるまでさらに8カ月を要した。

9月の会合で住民側は街灯や防犯カメラの設置を求めたが、県は即答を避けた。内湾地区復興まちづくり協議会の菅原昭彦会長(58)は「信頼回復のため、同じ目線で継続して関わってほしい」と訴える。

まちづくりの主体を担う市町村と国に挟まれ、県は「中二階」に喩えられる。地元への思い入れの差が時に溝を生む。

震災直後。県は沿岸12市町の復興計画の「たたき台」をわずか2週間でまとめ上げた。目の前の対応で精いっぱいの被災市町では困難と踏み、高台移転や多重防御など後に「宮城モデル」と呼ばれる構想を盛り込んだ。

1カ月後。県庁内で「おせっかいプラン」と呼ばれていた「まちの未来図」を携えた県職員が各市町を訪ねた。「悪いけど、これは見ない」。東松島市の阿部秀保《ひでお》前市長(65)がやんわりと断った。

05年の就任以来、公民館を自治の拠点に据えるなど住民主導のまちづくりを展開してきた。トップダウンの復興ではなく、住民合意の重視を心に誓っていた。「まちづくりは机上論ではない。地域のことは地域が考えるべきだ」。阿部前市長の信念は今も揺るがない。

たたき台を改良した県の計画案は、最終的に岩沼市や亘理、山元両町の復興計画に反映された。一方、先頭に立って旗を振る県に違和感を覚える被災市町は少なくなかった。

県復興まちづくり推進室が18年3月、当時の職員たちに「たたき台」への評価を尋ねたアンケートを公表した。

「非常に大きな効果があった」(5)、「十分な効果があった」(4)、「やや効果があった」(3)の評価軸に対し、県職員の平均は「4・5」。一方、まちづくりの当事者である市町職員の平均は「3・5」で、1ポイントの開きがあった。

さまざまな軋轢の中でリーダーシップを発揮し、平時であれば困難な巨大プロジェクトを推し進めてきた村井知事。創造か、便乗か――。評価が定まるのはまだ先になる。

（2020年11月11日、13〜16日＝全5回）

6 まちづくり

津波で沿岸部の市街地は甚大な被害を受けた。多くの自治体が復興計画で目指したのが、コンパクトなまちづくりだ。大規模なかさ上げ工事を展開した岩手県陸前高田市、大胆な移転集約を進めた宮城県山元町の10年をたどり、課題や教訓を探る。

陸前高田の新市街地——安堵と寂しさ

令和という新時代の幕開けと同時にやっと訪れた新たな暮らしに、安堵と寂しさが入り交じる。

震災で被災した陸前高田市の主婦高橋武子さん(79)は2019年5月、最大12・3メートルかさ上げされた高田地区の市街地に戻り、住まいを再建した。

「震災前の面影はないけど、坂がなくて暮らしやすい。スーパーも近くて不便はない」

約87ヘクタールのかさ上げ地には商業施設「アバッセたかた」が17年に開業し、市民文化会館などの公共施設も次々に復旧した。飲食や菓子など100程度の店や事業所が営業を始めた。

高橋さんが結婚を機に一関市から移り住んだのは半世紀前。住宅や商店が立ち並ぶ地域で、知り合いとおしゃべりに花を咲かせた。

近くのスーパーへ買い物に向かう高橋さん．いまだ買い手のつかない宅地には草が生い茂る．2020 年 12 月 3 日，陸前高田市．

震災で高さ15メートル前後の巨大津波にのみ込まれた街は、市役所などわずかな建物の最上部だけ残して水没し、市内の死者・行方不明者は１７１３人にのぼる。高橋さんも多くの友人を失った。

高台の仮設住宅などで8年間暮らし、新居を構えたかさ上げ地には住宅が約50戸が点在する程度だ。長期化する工事の完了を待てず、隣近所の住民はばらばらに再建した。

自治会も、近所とのお茶飲みもない。「気持ちはぽつんと一軒家。みんなも戻ると思っていたのに」。大切にしてきた地域のつながりは途切れたままだ。

陸前高田市は１９５５年、3町5村が合併して誕生した。三陸沿岸では珍しく平地が広がり、街道が交わる交通の要衝だった。市制施行以来、人口は減少の一途だった一方で、中心部への流入が続き、市街地は海側に広がった。

市は復興計画で、震災前と同水準の人口２万５

000台を目標を掲げ、ゼロからのまちづくりに着手した。

壊滅した中心部の高田地区、藩制期からの町並みを残す今泉地区で、高台造成や大規模なかさ上げを伴う被災地最大級の土地区画整理事業を展開。施工面積は高田が約186ヘクタール、今泉が約112ヘクタールで事業費は計1500億円を超える。

盛り土、切り土の総量は東京ドーム9個分。地元の気仙小や旧気仙中の校歌に「愛宕の山」と歌われた高さ約120メートルの山を切り崩し、2地区で計約125ヘクタールのかさ上げ市街地を築いた。

造成工事は大詰めを迎え、地権者への宅地引き渡しが年内に完了する。だが、金融機関、医療機関などの生活インフラは整っていない。利用されている民有地は高田地区で25%、今泉地区で19%にとどまる。

理容師柳下紀昭さん(44)は2020年6月、プレハブの仮設店舗を畳み、高田地区のかさ上げ地に店を移転した。午後6時に店を閉めると外は真っ暗。「震災前はシャッター通りでも建物があった。今は空き地ばかり」。やりきれなさがこみ上げる。

震災から9年9カ月。人口は震災前に比べ2割減り、1万9000を割り込んだ。「売地」「貸地」の看板ばかりが立つ。

「小さい商圏」で苦戦

高田地区の津波被災地にできた畑で20年11月中旬、ツバキの植樹会があった。殺風景な区画整理地に常緑樹が植えられ、市民は紅色の花が咲く時季を心待ちにする。植樹エリアは大規模にかさ上げされた新市街地東端の低地部にある。地域を活性化しようと、地元の住民団体が2・6ヘクタールを市から借りた。

かさ上げ地とは対照的に、周辺の低地部は利活用が進む。大手外食チェーン「ワタミ」が23ヘクタール規模の農業観光施設を整備しているほか、北米原産の木の実ピーカンナッツの特産化を目指す計画もある。

NPO職員佐々木正也さん(45)は16年、高台に新居を構えた。津波への不安が拭えず、現地再建を見送った。かさ上げ地にある先祖代々の土地は、市の土地利活用促進バンクに登録した。「コンビニを建てれば商売になりそうな場所だが、1区画では狭いのかもしれない」。固定資産税分を賄えればと願うが、反応はまだない。

巨額の公費を投じて整備した市街地だけに、市は空き地を埋めようと躍起だ。

「土地はあります。新たな挑戦の場として利用しませんか」。市都市計画課長補佐の永山悟さん(35)は、こんなうたい文句で企業担当者に売り込む。自動車販売店や全国展開の飲食チェーンを回ったが、「商圏が小さい」「隣の大船渡や気仙沼に既に店がある」などと返事はつれない。

津波シミュレーションによると、かさ上げした市街地は震災クラスの津波でも浸水しない。安全性を伝えても、企業の関心は価格や市の支援策に向けられる。

市は設備投資への補助金や最大5年の固定資産税相当額の商品券支給といったメニューを用意。国や県の担当者がオブザーバー参加する促進会議を定期的に開き具体策を練るが、バンクに登録された

419件中、成約実績は22件にとどまる。

かさ上げした市街地は、中心部を除き震災前の居住地に近い場所と換地した。売りたい人、貸したい人、住みたい人が混在し、まとまった土地を求める事業者ニーズに沿えないことが、利活用の足を引っ張っている。

永山さんは「事後の土地利用までを想定して区画整理をしていなかった。再整理できればいいのだが、財源が厳しい」と苦悩する。

市は換地作業の終了を待ち、自動車整備工場などを誘致できるよう用途変更を検討する考えだ。

整備優先、ニーズ後回し

岩手県の最大被災地で、行政と住民の間に温度差が生じていた。

11年5月1日、市庁舎が全壊した陸前高田市に復興対策局が発足し、復興計画作りが本格化した。「高台には、中心となる商業地を造れる土地はなかった」。元復興対策局長の蒲生琢磨さん(63)が、発展を支えた低地部の再生を市が重視した理由を語る。

県に要望していた高さ15メートル(震災前5・5メートル)の防潮堤は、多重防御で減災できるとして12・5メートルに下げられた。市は、当時鉄路の復旧を見込んでいたJR大船渡線の山側をさらに大規模にかさ上げし、コンパクトにした市街地を移す構想に見直した。

震災級の津波でも市街地全体が浸水しない――。被災地でもまれな、安全を重視した計画だったが、住民の不安は払拭できなかった。

「どうして津波シミュレーションで大丈夫と言えるのか。逃げなくていい所に住宅を建てたい」。11年11月の説明会で声を上げた住民に大きな拍手が送られた。

予想以上に高台希望が多く、市は移転候補地を増やした。盛り土造成が可能な土地区画整理事業で高台も一体的に整備し、換地先を選べるようにした。

区画整理は時間がかかる事業だ。宅地の引き渡しが4~7年後と分かり、区画外での自力再建の動きが加速した。

市外への人口流出も懸念材料だった。市は、自力再建者に宅地造成や水道、道路工事の費用を補助するなど独自に支援したが、区画整理事業の参加者が減るジレンマを抱えた。

11年度から20年9月末の新設住宅着工戸数(持ち家、分譲)は、区画整理による宅地引き渡しが本格化する前の15年度が最多で、同年度末までで全体の6割にのぼった。市街地が壊滅的な被害を受けた岩手県山田、大槌両町の4割より高い。

「相当数が高台に移り、かさ上げ地にすぐ使われない土地が出るのは一定程度想定された」。岩手県から派遣され、市の担当課長を4年務めた山田壮史さん(55)が振り返る。

市は山林を開発する高台の住宅需要を精査する一方で、かさ上げ地は一部を除き、宅地の利用動向の把握を後回しにした。山田さんは「土地を交換する事業のため、当面使わないから造成しないという選択肢はない。一刻も早い宅地整備が最優先課題だった」と強調する。

換地先がほぼ固まった16年秋、市は地権者に土地利用の意向を調査した。全体の6割の土地が未定で、実需に対して過大なことが初めて数字で裏付けられた。

11年に国の復興調査事業メンバーとして、民間コンサルタントの立場で関わった法政大学の高見公雄教授(都市計画)は、人口減少を見据え、国の基準に応じた市街地の必要規模を示したが、議論されなかったことを残念がる。

「わずかでも地元負担があれば、計画は違っていたはずだ。当時の世論は『元通りに』『早くやれ』の一色。復興事業の象徴となった陸前高田の規模縮小なんて、誰も怖くて言えなかった」

地権者多数、承諾に3年

プレハブの陸前高田市役所4号棟の2階。地権者の承諾が得られるたび、担当課の壁に張られた図面の区画が塗りつぶされていく。

壊滅的な被害を受けた高田、今泉両地区の再生を目指し、市は計約300ヘクタールという被災地最大級の土地区画整理事業に取り組んだ。障壁となったのが土地の権利だ。

区画整理は権利関係が複雑なため、20年近くかかるケースが一般的。住居を失った被災者が20年も待てるわけはなく、市は地権者の承諾を得て換地先が固まる前に着工するなどスピードアップを図った。

ただ、地権者だけで2000人超。内陸部にある法務局に通って台帳から情報を集め、所有者に連絡を取る。所在不明で追跡が必要だったり、相続の手続きをしていなかったり。一つの土地に法定相続人が数百人いてたどれない例もあった。被災自治体はどこも期間短縮を試みたが、整理事業の施工期間が平均約5年かかった理由の一つがここにある。

13年に本格化した陸前高田市の作業を応援職員や民間業者が支えた。岩手県から3年間派遣された熊谷和典さん(52)は「自宅に訪問して、何度も手紙を置いてきたこともある」。九州まで出向いた同僚もいた。

「起工承諾を省略できるよう、一時的に自治体が地権者に代わり土地を管理できるようにしてほしい」。制度の創設を求めた市に対し、国は「憲法の『財産権の保障』に抵触する恐れがある」と慎重だった。

14年1月、国土交通省課長通知により運用の改善が図られ、地権者不明の場合に工事に着手できない事態は避けられた。それでも訴訟リスクは残る。結局、3年近くかけて丁寧に承諾を得た。

陸前高田市では約260億円を投じて全長約3キロのベルトコンベヤーで土砂を運搬した。事業スピードは格段に早まった。それでも広大な面積を海抜10メートル前後まで盛り土する事業は2年遅れ、20年度までかかった。

手続き簡素化や規制緩和を図り、11年に成立した復興特区法について、戸羽太市長(55)は13年に出版した著書で強い失望感をあらわにした。「求めたのは超法規的な考えの下、復興を加速させ、被災者に夢を抱かせる『魔法の杖』。しかし、実際の法の効力は、スーパーの5%引きのクーポン券程度だった」

土地区画整理事業は過去の震災や戦災復興でも活用されてきた。地権者が少しずつ土地を提供(減歩)して公共用地を確保し、延焼防止のために道路を拡幅したり公園を整備したりした。売却して事業費に充てる保留地も設けた。

陸前高田市の事業規模は、空襲を受けた仙台市の戦災復興事業区域約291ヘクタールに匹敵する。かさ上げ地では、広がる空き地に真新しい公園が寂しく点在し、保留地も売れ残る。

一度走りだした巨大事業の方針転換がいかに難しいか。市の復興計画検討委員長を務めた東京工業大学の中井検裕《のりひろ》教授（都市計画）は「スリム化は部分的にしかできなかった。小さくするのも大変で時間がかかり、被災者の意向変化に追い付けなかった」と嘆く。

更新期が集中するハード面の整備

わずか5票差。「正直言って駄目だと思っていた」

ゼロからのまちづくりを進めてきた指揮官がかすれた声で薄氷の勝利に触れ、神妙な面持ちで選挙戦を振り返った。

19年2月の陸前高田市長選は、20年度までの復興・創生期間後の行財政運営が争点の一つとなった。3選を果たした戸羽市長の対立候補は元岩手県幹部。今後の人口減少を強調し、震災で全壊した市庁舎の再建が「身の丈に合わない」と批判した。

建物の延べ床面積は震災前の一部4階建てとほぼ同じだが、有権者は「7階建て」に敏感に反応した。

「施設や市街地の未利用地など新しいまちが見えてくる中で、市民の将来不安が表面化した」。市議会復興対策特別委員長の大坂俊さん（69）は、大接戦の背景をこう読み解く。

「過大な維持管理費の発生は今後の行政、市民に負担になる。精査して整備計画を見直してほしい」

大坂さんは市議会で、市に事業の適正規模のありようを問いただしてきた。11年9月に市議となり、12月定例会で復興計画案に賛成したが、「市も議会も復旧水準がどうあるべきかを考える余裕がないまま進んだ」との反省があった。

戸羽市長は「基本的には災害復旧事業。市民、特に子どもたちの要望がある。将来に夢を持てる部分も大事にしなければならない」と答弁。議論は平行線をたどった。

市民会館、体育館、図書館、野球場……。中心部が壊滅した市では被災した公共施設の再建が進む。災害公営住宅(10団地、計594戸)も加わり、19年度末時点の総延べ床面積は約17万3000平方メートルで、震災前の10年度末より12・8%増えた。

コンパクトなまちづくりの狙いとは裏腹に住宅の高台移転が進み、下水道と上水道・簡易水道の総延長は震災前より2、3割長くなった。建物も都市基盤もそれぞれ同じ時期に整備され、更新期が集中しかねない。対照的に人口は15年から30年間で4割減るとの推計もある。

被災地の公共施設の復旧をめぐり、11年5月の岩手県震災津波復興委員会の会合で、事務局の県沿岸広域振興局は「ケースによっては市町村が連携して共同での配置も視野に置く必要がある。適切なアドバイスをしたい」と述べている。

だが、動きはなかった。振興局の元幹部は「一斉に造り直すからこそ可能性を探れると考えたが、県がここだと決める筋合いではない。それ以上踏み込めなかった」と打ち明ける。

陸前高田市では19年度決算で、市の貯金に当たる財政調整基金が震災前の6倍近くに増えた。復興事業費を充てたり、公共施設の流失で維持管理費が激減したりして支出が抑えられた。

ハード復旧に見通しが立ち、復興は新たな段階に入る。戸羽市長は「公共施設が悪者だとは考えていない。地域や経済の活性化を図れるよう、皆で知恵を集めていくべきだ」と強調する。

復興コンパクトシティーのモデル――宮城県山元町

高架化された新駅を起点に整然とした街並みが広がる。玄関口にスーパーが建ち、その先に小学校、保育所、中央公園。取り囲むように住宅が軒を連ねる。

宮城県山元町のＪＲ常磐線山下駅を核とした新市街地つばめの杜。37ヘクタールのエリアに５４３世帯１２２６人が暮らす。

津波で被害を受けた町は、さらなる人口減少を見据えた持続可能なまちづくりを目指し、内陸部３カ所に大胆に移転集約した。16年にまち開きをしたつばめの杜は、復興コンパクトシティー構想の象徴だ。

真新しい外観とは裏腹に、内側には高齢化とコミュニティーづくりの課題を抱える。

「腰が痛くて今寝てたの」「血圧の薬を飲んでいるけど調子はまずまずだね」

11月半ば。長屋形式の災害公営住宅の扉がゆっくりと開き、１人暮らしのお年寄りが顔を出した。つばめの杜西地区の有志による見守り活動。主に75歳以上の１１０戸を月1回訪れる。

「外に出るのに難儀する高齢者も多い。ならば、こちらから訪問してつながろう」。西区長の坂根守さん(77)が狙いを説明する。

つばめの杜は東西2地区で構成される。西地区は公営住宅が２０９戸を占め、現役世代が多い自力再建の分譲住宅は67戸。偏った構成は高齢化率に表れ、県内ワースト3位の町全体より5・4ポイント高い46・1％に達する。

街の設計図を描く際、多様な世代が入り交じるように公営住宅と一戸建てを配置する案が浮上したが、見送られた。

「公営住宅は土地さえ確保できれば自治体でまとめて整備可能で先行して建設できた。『まだか、まだか』という被災者の切実な声に応えなければならなかった」

計画に携わった建設コンサルタントのオオバ（東京）東北支店長の赤川俊哉さん(56)が振り返る。

東西両地区とも沿岸部各地から集まる寄り合い所帯で、顔見知りは少ない。不幸があっても家族葬がほとんどのため、隣近所にどんな人が住んでいるのか知らない場合もあるという。

隣接する東地区は別の悩みを抱える。公営住宅１３７戸、分譲１３４戸と均衡が取れ、高齢化率は31・7％。ファミリー層が目立ち、都市部の団地のようだ。

20年3月の総会で、地区役員が子ども会の設立を子育て世代に呼び掛け、予算10万円を計上した。お年寄りと若い親子の触れ合いにもつながると期待した。

新型コロナウイルス禍もあってか、保護者の反応は薄く、具体的な動きは出ていない。東地区の区長代行の浅野光彦さん(77)は「時代が違うのだろうか」と残念がる。東西両地区合同で夏祭りを開いたり、西地区が居酒屋イベントを企画したり。地域の一体感を目指して交流を図る。

「限られたメンバーでは持続可能な地域づくりは行き詰まる。多様な世代の住民を巻き込みたい」と西区長の坂根さん。山元の再生をけん引する「まちの顔」を舞台に、手探りが続く。

インフラ生かす大改造

「よりコンパクトで都市計画を重視した復興を目指したい」

大震災発生から3カ月後の11年6月19日。山元町の斎藤俊夫町長(71)が町震災復興有識者会議の初会合の冒頭、復興まちづくりの方向性を切り出した。

住宅や公共施設を集約し、インフラの維持コストを抑えながら利便性を向上させる——。元県職員で地域計画に精通。コンパクトシティーの発想は震災前から頭の中にあった。

震災前の人口は1万6700。南北12キロ、東西6キロの長方形の町全体に住宅がスプロール化(虫食い状)して散在し、JR常磐線の駅が2つあるのに「まちの顔」がないのが長年の悩みだった。

仙台駅からJR常磐線で40分の好立地。1980年代以降、仙台のベッドタウンとしてミニ開発が進んだ。非効率な上下水道や狭い道路が広がり、土木経費の大半がインフラの維持補修に消えた。津波で旧山下、旧坂元の両駅が被災し、沿線に張り付いていた家々は押し流された。

発災直後の4月、宮城県は「おせっかいプラン」と称し、被災自治体の復興計画のたたき台を作成。震災を機に地域構造を大胆に造り替えたい斎藤町長の思いと一致し、街の集約化方針の動機付けとなった。

「元々の暮らしの独自性は大切」「居住地の選択肢を増やすべきだ」——。有識者会議で委員から慎重意見も出たが、2011年12月に復興計画策定にこぎ着けた。

平野部が広がる町は町域の4割に当たる2400ヘクタールが浸水し、犠牲者は637人にのぼった。斎藤町長は「国、県に言われなくとも、命最優先のまちづくりは絶対だ」と繰り返し、鉄路と一体となった新市街地の形成を強力に推し進めた。

「相当ラジカル(急進的)だなという印象だった」

有識者会議で座長を務めた県建築住宅センター元理事長の三部佳英さん(71)は、住まいの集約方針に賛同しつつも驚いた。集団移転先を山下、坂元両駅周辺と国立病院機構宮城病院近くの内陸3カ所に限定したからだ。

常磐線の内陸移設も綱引きがあった。「人口流出を招く」。仙台方面から旧山下駅までの早期の現地復旧を望む住民が猛反発。町は一部区間で国道6号西側へ大きく迂回する絵を描いたが、最終的に国道の東側を通るルートで決着した。

「鉄道、国道、常磐自動車道の3つの交通インフラがある町なのにそれぞれ離れていて、ポテンシャルを生かせていなかった」。12年度末まで2年半、県から出向した元副町長の平間英博さん(63)も、都市の構造転換で人の流れが変わると確信した。

震災5年7カ月後の16年10月、JRの山下、坂元両駅に直結する町内2カ所の市街地がオープンし「まちの顔」ができた。人口減少のカーブは緩やかになり、近年は1万2000台を維持。子育て世帯など、転入が転出を上回る「社会増」の傾向にある。

大改造は時に「独断専行」と批判を浴び、町長は議会から問責決議も受けた。「本当の意味での評価は後世に委ねるしかない」。斎藤町長は覚悟を口にする。

一方で寂れる沿岸部――声届かず

住居が消えた空き地に雑草が茂る。重機や大型トラックが忙しく動き回る。

「これが震災10年を迎える復興の姿なのか」。山元町花釜地区のJR常磐線旧山下駅前で食料品店「橋元商店」を営む橋元伸一さん(59)の言葉に、憤りと諦めが交じる。

あの日、津波は平屋店舗の天井まで押し寄せた。4カ月後に再開した店舗はその後、避難道路の区域にかかった。新たな土地を向かいの駅跡に求め、80センチかさ上げした。年明け、ようやく地鎮祭が行われる。

町最大の1023世帯があった花釜地区は津波で大きな被害を受け、現在466世帯に半減した。地区の中央を南北に走っていた常磐線は最大で1・1キロ内陸に移設された。

「かつての駅前が今や町の端っこ。それでも、ここで店を続ける」。橋元さんは意地にも似た決意をにじませる。

沿岸部は町が進める大胆なコンパクトシティー構想に揺れ続けた。町は11年11月、町域の30%を災害危険区域(津波防災区域)に設定し、津波で浸水した深さに応じ第1〜3種に区分した。

第1種(津波浸水深3メートル以上)は居住用建物の建築が禁じられ、第2種(2〜3メートル)と第3種(1〜2メートル)はかさ上げなどの条件付きで建築が可能となった。区域ごとに宅地買い取りの有無や現地再建支援策で格差が生じ、旧常磐線などを境に地域が分断された。

現地に残る道を選んだ被災者は連日、3種区域になった橋元商店に集まった。新駅周辺など3カ所への集約化に不満を抱き、古里再生の絵図を語り合った。

「町の進め方は強引で、聞く耳を持たなかった。届かぬ声を届けたい」。橋元さんは15年、町議に立候補。現在、2期目を務める。

広大な災害危険区域を設けた町は、集約先で自宅を再建する被災者に最大約1200万円の援助を用意。他地域での再建組と差をつけ、誘導を図った。

磯浜漁港がある磯地区の区長だった星新一さん(72)は「共同体を維持したい」と集落内での集団移転を模索した。国は震災特例で5戸以上で認めるとしたが、町は独自に「50戸程度」という厳しい条件を課した。

斎藤俊夫町長は「高齢世帯が十数世帯集まっても、将来、地域として持ちこたえられるだろうか。一定の規模感は必要だ」と集約化の方針を堅持した。

集団移転を希望した磯地区の27世帯は一つまた一つと抜け、構想は頓挫。星さんも仙台に通勤する家族の事情から名取市に移った。

海岸に近い中浜地区は震災前の314世帯が27世帯に激減した。「人のいない土地はとにかく荒れる」と区長の島田敏光さん(66)。年2回、自治会で草刈りしてもカバーしきれない。

復興事業で大型トラックが行き来して傷んだ道路の整備も気掛かりだ。島田さんは20年11月30日、行政懇談会で道路の早期改修を求めたが、町側は「通行量を見ながら町全体で優先順位を付けたい」と回答するにとどまった。

「復興まちづくりは最終ステージを迎えている」

町の重心が内陸に移った今、町の言い分に沿岸部の住民は疎外感を募らせる。

町の再縮小——集約2地区、難題に直面

大胆に住宅を集約したはずの移転先が、出だしから課題に直面している。

山元町が内陸に整備した3カ所の集約先の一つ、JR常磐線坂元駅周辺。既存の町並みに組み込む形で被災者の住まい112戸を設けた。

町は副都心と位置付けるものの、少子化を受けて21年3月末に坂元中(生徒52人)が消えた。町北部の山下中(203人)と再編して21年度から山元中となり、校舎は山下中を使う。坂元地区では「事実上の吸収合併」との見方がくすぶる。

坂元中PTA会長の岩佐奈々さん(41)は「残せるなら母校を残したい。ただ、部活動や学校行事を考えれば再編は仕方がない」と複雑な胸中を明かす。自身が通った四半世紀前は1学年約80人。最後の卒業生となる長女(15)の学年は11人にとどまる。

坂元地区では、震災で全壊した保育所の再建もかなわなかった。町は20年2月、人口推計などを基に再開しない方針を表明した。

直前の1月下旬、地元8行政区の正副区長、選出町議の計22人でつくる坂元地区行政連絡調整会議が保育所の建設を要請した。15年度に再建を求める請願が町議会で採択された経緯もあったが、地元の訴えは退けられた。

山元町は1955年の「昭和の大合併」で山下村と坂元村が合併して生まれた。震災前に7対3だった山下と坂元の人口比は現在、8対2に開いた。

震災前1万6700だった人口は、震災の犠牲者637人を除き、約4000人減った。減少率は県内3番目に高く、打撃は津波被害が大きい坂元地区でより深刻だ。

2019年2月、坂元駅前にオープンした農水産物直売所「やまもと夢いちごの郷」がにぎわう一方、鮮魚店や文具店などが相次いで店を閉じた。坂元小(児童84人)も8年後をめどに他の3校と再編される。

「商店や子どもが減り、地域の衰退を肌で感じる」。坂元駅周辺を含む町地区の区長星幸夫さん(76)は危機感を募らせ、町に地域へのてこ入れを求める。

もう一つの移転先となった宮城病院周辺の桜塚地区(82世帯)。被災者有志が移転前から世話人会を発足させ、コミュニティーの円滑な始動に心を砕いてきたが、出はなをくじかれた。

16年8月、世話人会代表の鈴木裕一さん(61)が、合戦原地区(105世帯)の自治会に桜塚地区全員の入会を申し入れた。両地区は国道6号を境に東西に向かい合う位置にある。

「一気に80世帯も受け入れられない」「高齢化で担い手がいない」。受け入れの可否を問う合戦原住民のアンケートが行われ、反対43、賛成35で、両地区の合流は否決された。

桜塚は17年3月、独自に自治会を設立した。鈴木さんは「想定外の結果になったが、桜塚単独での活動に支障はない」と言う。

17年度に就任した合流推進派の合戦原区長橋本憲夫さん(68)は毎年度、事業計画の冒頭に「桜塚との融合」を掲げる。「桜塚とのわだかまりを解消したい。一緒に力を合わせて活動できないか」と思案する。

家族層を魅了する新たな街

新市街地の真ん中にある公園の週末はにぎやかだ。ブランコに乗って遊ぶ子どもたち。愛犬と一緒に親子が芝生を駆け回る。

20年11月下旬、山元町つばめの杜で鍼灸接骨院を営む伊藤剛さん(36)一家の姿があった。17年7月、一家で郡山市から移った。

つばめの杜は、被災者の住まいを内陸3カ所に集約するコンパクトシティー構想で生まれた。宅地の申し込みが伸び悩んだため、被災者に限定していた条件を撤廃し、町は一戸建て宅地の4分の1に当たる52区画を一般向けに分譲した。

その一つ、100坪の区画を購入したのが伊藤さんだ。山元町花釜地区で20歳まで暮らし、福島県内で、はり師の道を進んだ。独立を考え、仙台市や北隣の亘理町で物件を探していた時、故郷にできた街の空き区画を知った。

JR常磐線山下駅が街に直結し、スーパーや学校も近い。つばめの杜の宅地価格は1平方メートル当たり1万4000〜1万8000円台。募集当時の仙台市の宅地平均価格(公示地価)が約8万円だったことと比べると、マイホームに手が届く安さも決め手となった。

夫婦は「近所には同世代の家族が多い。買い物も便利で、年を取っても暮らせそう」と満足する。

つばめの杜が磁場となり、新たな住民を引き寄せる。伊藤さんがUターンした17年、町は震災後初めて転入が転出を上回る53人の社会増となった。19年は県内の自治体で5位の80人増。子育て世代を中心に宮城県南や福島県から移ってくる。震災後、4000以上減った人口は、この6年間、約1万2000で踏みとどまる。

町独自の手厚い移住定住支援策も大きな呼び水だ。「子育てするなら山元町」を前面に掲げ、新規転入の新婚・子育て世帯に最大370万円(4人家族)を補助する。町職員が沿線自治体の不動産屋を回り、チラシを配ってPR。震災後、231世帯636人の転入に結び付いた。

15歳未満が1割弱にとどまることから、ファミリー層に狙いを定め、町に新たな活力を呼び込む。社会増で好転の兆しが見えてきたが、集約先3カ所の宅地は既に埋まった。移住者を吸収しようと、つばめの杜周辺の農地にアパートなどが建ち始めた。

「ミニ開発は道路や水道のインフラが非効率になる。震災前と同じように市街地のスプロール化(虫食い状)を招きかねない」

当時、札幌市職員として町の復興計画策定を支援した工学院大学の星卓志《たかし》教授(都市計画)は無秩序な広がりを懸念する。町は既存の農道を改良するなどして良好な土地利用を誘導する方針だ。

集約された新市街地から家々の光が広がる。町の新しい顔は、取り残された沿岸部や集落が点在する山間部との間を有機的に結ぶ役割も担う。

「新市街地の利便性を既存市街地も享受し、ともに成長して一体となることを目指す」。斎藤俊夫町長はこう地域の将来像を描く。

(2020年12月11〜13日、15日、17〜20日=全8回)

7 高台移転

津波被災地で、被災者がまとまって高台などに移る防災集団移転促進事業が導入された。山を削り、宅地を造成する大工事は完了まで約8年かかり、新天地は人口減少と高齢化に直面している。津波からの「完全防御」を目指した住まいの再建策と、その課題を考える。

増す空き家に危機感、進む高齢化

雨戸が閉め切られたままの空き家が肩を並べる。庭先に人の背丈ほどに伸びたススキが風に揺れる。石巻市の牡鹿半島にある十八成浜《くぐなりはま》団地。市は防災集団移転促進事業を活用して海抜約20メートルの高台を切り開いた。2016年までに住宅7戸分の宅地と、平屋の災害公営住宅24戸を整備した。今は公営住宅7戸が空き家になり、住民は35人ほどにとどまる。

「毎年誰かがいなくなっていく」

公営住宅に1人で暮らす後藤美奈子さん(79)がつぶやく。16年夏に仮設住宅から移り住んで以来、櫛の歯が欠けるように住民が減っていく現実を目の当たりにしてきた。

団地の住民は、ほとんどが高齢世帯。年を追うごとに高齢者施設に入所する人や、病気で亡くなる人が増えた。高齢の住民が生活拠点を親類宅に移すなどして、事実上の「空き家」は7戸より多いという。

後藤さんも体調面に不安があり、万が一に備え、自宅内に隣人の電話番号を大きく書いたスケッチブックを置く。「年を取り、誰もが自分のことで精いっぱい。団地の将来なんて分からない」

十八成浜には震災前、約１５０世帯約３００人が暮らしていた。震災から約半年後の11年10月、住民は高台移転による復興を目指し、市と調整を進めた。当初は被災世帯のうち53世帯が、高台に住まいを自力再建する意向だった。

1年後の12年10月時点の意向調査では、自力再建を目指す世帯は7まで減った。若年層を中心に多くの被災者が浜を離れ、災害公営住宅の入居希望者も大半が高齢世帯となった。

同じような形や色の家が立ち並ぶ「都市化」された雰囲気の移転団地で、かつての集落の慣習も廃れた。十八成浜には出産や入学、結婚など慶弔の記念品を贈り合う「義理首尾《ぎりすび》」と呼ばれる習わしがあった。

団地で最も早く自宅を再建した酒店経営の沼倉憲一さん(73)は「昔は相手を捜し出してでも義理を返した。今となっては仕方ない」と現実を受け止める。かつては近所の人が風邪をひいたことも自然と分かるほど、住民同士のつながりが深かった。沼倉さんは「今は知人が亡くなったことを人づてに聞き、驚くようになってしまった」と表情を曇らせる。

民生委員の遠藤信子さん(72)は月1回、お茶のみ会「くぐなりサロン」を団地内の集会施設で開いてきた。新型コロナウイルスの影響で20年夏に中断したが、参加者はもともと減少傾向にあり、団地の衰退をひしひしと感じていた。

団地内に20年8月、牡鹿半島で被災地支援の経験がある北海道出身の30代の男性が移り住んだ。市が19年、被災者以外も災害公営住宅に住めるよう基準を緩和したためだ。

それでも遠藤さんは「3年後に住民は今の半分になるのではないか」と語り、高齢化に拍車が掛かる浜の現実に危機感を募らせる。

防災集団移転促進事業　被災した住宅の集団移転費を国が措置する事業。移転先となる団地の用地取得費や造成費に加え、被災者の土地・住宅取得に関する借入金の利子相当額を補助。1地区10戸以上だった条件が、東日本大震災で5戸以上に緩和された。岩手、宮城、福島3県の計321地区に民間宅地8389戸分と災害公営住宅4140戸を整備。宅地造成は2020年3月末に完了した。

小規模団地の活用を模索

被災自治体の多くが、防災集団移転促進事業を活用して集落を高台や内陸に移転させた。1972年に制度化された防集事業が、津波被災地で広域的に展開されたのは初めて。震災から9年10カ月が経ち、移転団地の持続性をはじめ、さまざまな課題が浮かび上がっている。

石巻市は54地区に民間宅地1464戸分と災害公営住宅1175戸を整備した。事業を利用した岩手、宮城、福島3県の26市町村のうち、地区数、整備戸数とも最も多い。

24の移転団地が集中する牡鹿半島では、宅地と公営住宅を合わせて10戸未満の団地が7地区、10〜

19戸の団地が10地区と全体の約7割を占め、20戸以上(最大57戸)は7地区にとどまる。計画作りから造成まで時間を要し、被災者が他の場所に住まいを再建したケースも目立つ。佐須地区では被災者の再建計画の変更が相次ぎ、半数以上の8戸分の宅地が空いたままだ。

災害公営住宅では、介護が必要になった高齢者らの退去が相次ぐ。牡鹿半島では少なくとも16戸が既に空き家となり、雄勝《おがつ》、北上、河北の各地区を含めた半島沿岸部全体で30戸以上ある。空き宅地は少なくとも82戸分ある。

石巻市の亀山紘市長は「高齢化は今後も続く。若い世代に移住先などとして使ってもらうことが重要」との認識を示す。市は2019年、災害公営住宅に被災者以外も入居できるよう要件を緩和した。空き宅地も20年6月、国が「復興に寄与する」と判断した場合は、共同住宅などの建設が可能になった。

空き宅地に水産関連企業の寄宿舎が建設されたケースはあるが、実績はまだ数件にとどまる。亀山市長は「水産業の担い手育成も視野にPRしたい。テレワークができる通信環境の整備も必要になる」と先を見据える。

小規模な移転団地の持続性について、県や石巻市も問題意識を持ち、計画段階で集約を検討した経緯がある。だが、被災者の浜単位の結束や生まれ育った浜への愛着を背景にほぼ立ち消えとなった。

元牡鹿町長の木村冨士男さん(83)によると、牡鹿半島では浜ごとに漁業権を持つ住民が協力して漁に励み、実業団や青年団といった組織が地域行事を熱心に運営してきた。「『自分の集落で家を再建したい』という思いが、みんな強かった」と説明する。集約を試みようとした亀山市長も「自らの浜で取れる海産物へのプライドや、浜を離れることへの抵抗感があった」と振り返る。

東北工業大学の稲村肇名誉教授(土木計画学)は「小規模でも漁業がうまくいっている集落は持続性がある。本格的な漁師をどう育てるかが課題になる」と指摘。「集落を離れた元住民に地域づくりに参加してもらう仕組み作りなど、復興した浜を『活用』する意識が必要だ」と訴える。

人口流出防げず

生家があった町の中心部は高さ9・7メートルの防潮堤に囲まれ、家並みは海抜20メートルの高台に移った。景色は様変わりし、かつてのにぎわいは消えた。

「別のやり方もあったのではないか。思い描いた復興とのギャップが大きすぎる」

石巻市雄勝町の大学院生阿部晃成さん(32)は、生まれ育った町中心部の現状に納得できずにいる。

生家は津波で全壊し、現在は町の半島部で暮らしながら復興の研究に取り組む。

津波によって、雄勝町全体の7割に当たる約1100世帯が住宅の全壊被害を受けた。市は防災集団移転促進事業による高台移転を住宅再建の原則とした。浸水した約152ヘクタールはすべて災害危険区域とし、居住を制限した。

高台移転だけでは再建に時間がかかる。阿部さんは人口流出への危機感を強め、11年12月、住民団体「雄勝地区を考える会」を結成。「中心部に近い地域に盛り土でかさ上げする事業も併用してほしい」と市に訴え続けた。

だが、市は震災級の津波の再来を想定し、海抜20メートル以上の高台での再建しか認めなかった。

「命を最優先に考え、孫子の代まで安心して暮らせる地域を目指す」との理由からだ。

安心して暮らせるはずの地域は厳しい人口減に直面している。

町唯一の商店街があった中心部は、震災から6年後の17年に雄勝中央団地として造成が完了した。住民は23世帯（約40人）。もう1カ所の移転団地などを含めても居住者は89世帯（約160人）に限られ、震災前に比べ9割減った。

中央団地で18年に自宅を再建した佐藤美千代さん（71）は「子や孫に古里を残したかった。魚や野菜を隣近所でお裾分けしたりできる」と喜ぶ。その半面、「最初は3、4年で移転できると思っていた。もう少し早ければ住民も今より多かったのでは」と残念がる。

リアス海岸が広がる雄勝町は平地が少なく、海辺に集落が形成されていた。震災後は仮設住宅の建設地も限られ、被災者の7割が町外でばらばらに避難生活を送った。

市は12年夏まで町内20の地区ごとに高台移転の説明会を開いたが、出席が対象世帯の半数に満たない地区も目立った。

市雄勝総合支所の阿部徳太郎前支所長（61）は「中心部は特に出席者が少なかった。それでも『時間が経つほど人が減る』との思いもあり、国への事業申請を急いだ」と明かす。

行政側の狙いとは裏腹に、町全体の人口は震災前の約4300人から約1100人に減った。阿部前支所長は「他に選択肢はなかった」と語りつつ、心残りを口にする。

「人口流出は手の打ちようがない面もあった。持続可能な地域をどう目指すか、宿題を残してしまった」

安心、利便性求め町外へ

高台移転による津波の「完全防御」を求める声は被災地内外で急速に高まった。雄勝町では震災の半年後、市が住宅の高台移転を原則とする復興方針を決めた。結果的に町内で集団移転を果たした被災世帯は全体の2割にとどまり、災後の混乱期に復興の道筋を描く難しさを露呈した。

「メディアの論調も含め、日本中が高台移転を称賛する雰囲気だった」。雄勝町の大学院生阿部晃成さんは「雄勝地区を考える会」の役員として、土地のかさ上げによる住宅再建を行政に訴え続けた約1年間を振り返る。

主張が認められなかったばかりか、インターネット上で見知らぬ人から「なぜ危ない場所に住もうとするのか」「間違っている」などと批判を浴びた。阿部さんは「少しでも津波リスクがあると何も認めてもらえない状況だった」と語る。

市雄勝総合支所は世論を背景に11年9月16日、高台移転の方針を決めた。住民有志ら36人でつくる「雄勝地区震災復興まちづくり協議会」が7月、市に高台での宅地造成を含む復興要望書を提出したことなどを踏まえた。

協議会は実際は一枚岩ではなく、かさ上げ再建を訴えた阿部晃成さんらもメンバーだった。市雄勝総合支所の阿部徳太郎前支所長は「かさ上げ再建への支持は少数派。『あの津波を見たら、安全が確保されない場所には住めない』と泣いて訴える住民もいた」と説明する。

だが、市が12年11月に実施した防災集団移転促進事業に関する被災者の最終意向調査は、行政に厳しい現実を突きつけた。被災した約1100世帯のうち、町内の防集団地を希望した世帯は約2割にとどまった。

安全だけでなく利便性を求める被災者も多かった。震災後、雄勝町には暮らしの安心につながる病院やコンビニがなくなった。被災者の多くはもともと町外で働いており、石巻市の市街地周辺や市内の河北地区の団地への移転希望は3割を超えた。

阿部さんは「最初は『町に残る』と言っていた人もどんどん町外に出た。便利なところに人が移った」と唇をかむ。

雄勝町で復興支援に取り組んだ和歌山大学の宮定章特任准教授(都市計画学)は「価値観が多様化し、単一の復興事業に多数の合意を得るのは難しくなった。事前に被害を想定し、地域ごとにどう生活再建するか話し合う必要がある」と提案する。

南海トラフ巨大地震の被害が想定される地域などでは、自治体が「事前復興」を検討する動きが広がる。

「考える会」の活動に区切りをつけ、復興の研究に励む阿部晃成さんは、15年に南海トラフの被害が想定される徳島県や高知県で講演した。

「普段から地元をよく知る専門家と連携し、住民がまとまって復興を話し合えるようにしてほしい。災害後に混乱してから考えても遅い」。自らの苦い経験を教訓として伝えている。

「差し込み型」で既存集落の空き地活用

「元々分かっている土地に、分かっている者同士でとにかく早く再建しようと動きだした」

大船渡市三陸町越喜来《おきらい》にある浦浜南地区の自治会副会長佐川均さん(69)は、地区内の高台移転の取りまとめに奔走してきた。

自宅を失った佐川さんら被災者は、地区内に住宅や農地、公民館が点在する高台に目を付け、11年4月から地権者と交渉。大規模な造成をせず、空き地や農地を活用する「差し込み型」と呼ばれる手法で、11戸が防災集団移転促進事業で移り住んだ。

集団移転の対象となった市内21地区366戸のうち、浦浜南のように一部の造成地も組み合わせたエリアを含めて13地区186戸(50・8%)に差し込み型が適用された。

「山を大きく削らなければいけないのか」。戸田公明市長(71)は当初、大規模な造成工事を覚悟した。市内は平地が乏しく、険しい山林が海岸にせり出す典型的なリアス地形だ。海岸沿いに家々が並び、一部損壊も合わせて被害家屋は5592戸に及んだ。市は自宅を再建する被災者のため、宅地を用意する必要に迫られていた。

市出身で防災科学技術研究所(茨城県つくば市)の客員研究員佐藤隆雄さん(72)が11年3月下旬、古里に入った。避難所に食料を配りながら市内をくまなく歩き回ると、空き地や農地が目に留まった。

「既存のコミュニティーの中に移転することができれば、新たなライフラインの整備は必要ない」。阪神・淡路大震災や新潟県中越地震の研究を重ね、同じ集落内に小規模に移転する利点を探ってきた。

戸田市長も同年6月、自衛隊のヘリコプターで上空から市内を視察し、浸水域の背後に活用できる土地があることに改めて気付いた。

市の災害復興計画策定委員会の委員になった佐藤さんは翌7月、大規模造成が議論された会議で差し込み型を提案した。

「移転候補地の範囲が大きすぎる。上の方の集落の畑などに埋め込めばうまく収まる気がする」「大規模な住宅団地を造成しても誰も入らなければ意味がない」

直後、佐藤さんは国土交通省の官僚に集団移転事業の要件緩和を掛け合った。国交省は11年12月、「10戸以上」から「5戸以上」に要件を引き下げ、差し込み型の実現に結び付いた。

浦浜南の佐川さんは15年2月に土地が引き渡され、年内に自宅が完成した。どんと祭や敬老会、お花見会といった地元行事が引き続き行われ、住民同士の交流が維持できている。

自宅跡にはイチゴ栽培のハウスが立つ。地域の風景は変わっていくが「これからも、みんなで助け合って生きていく。新しい住民も来てくれるといい」と佐川さんは願っている。

工期短縮でまとまりを維持

防災集団移転促進事業で「差し込み型」を多用した大船渡市。コストを抑え、同じ集落内で住宅を再建でき、短期間で工事が完了する「安近短」の効果は大きかった。市民団体の試算がメリットを裏付ける。

仙台市の市民団体「東日本大震災復旧・復興支援みやぎ県民センター」が、大船渡市で実施された集団移転の事業費を国の復興交付金ベースで試算した(表)。

全366戸の1戸当たりの整備費は3892万円。造成地を一部組み合わせたエリアを含めた差し込み型は3237万円で、平均より約650万円低かった。差し込み型で13戸が移転した梅神地区は2697万円。59戸を整備した市内最大の造成地・中赤崎地区(8275万円)に比べ、費用は3分の1だ。

みやぎ県民センターは、宮城県女川町の集団移転の事業費も試算した。漁村エリア13地区計220戸は、1戸当たり7269万円かかった。1戸当たり1億円を超えたケースも3地区あった。

防災集団移転促進事業の費用

市　町	地　区	整備戸数	一戸当たり整備費(万円)
大船渡市		366	3892
非差し込み型		180	4568
	中赤崎	59	8275
差し込み型		186	3237
	浦浜南	11	3196
	梅　神	13	2697
宮城県女川町(非差し込み型)		220	7269
	飯子浜	15	1億317
	御前浜	13	1億413
	尾　浦	42	1億733

※みやぎ県民センターまとめ．差し込み型は造成地を一部組み合わせたエリアを含む．女川町は防災集団移転促進事業を実施した漁村の13地区を取りまとめた．

集団移転事業には道路や水道、電気などインフラの新設費も含まれる。みやぎ県民センターは「差し込み型は既にあるインフラが使え、低コストになった」と分析する。

12年4月から4年間、大船渡市の副市長を務めた角田陽介氏(47)は「差し込み型は簡易な工事で進められるため、工期が短く、事業費が下がるのは明白だった」と振り返る。

平均の工期は差し込み型が289日で、非差し込み型の424日に比べ4カ月以上短かった。計画戸数の推移は、13年3月末と15年12月末の比較で、差し込み型が3割減にとどまったのに対し、非差し込み型は約7割も減った。差し込み型は工期が短く、事業の完成を待ちきれず他の地域に移った人が少なかったためとみられる。

もっとも「安近短」に加え、コミュニティーの維持などメリットが多い差し込み型だが、どこでも通用するわけではない。角田氏は「都市部のように大規模な宅地が必要な場合、よほどの空き地がないと機能しない」と指摘。「次」の災害に備え、よりよい移転先を事前に調査する重要性を説く。

大船渡市では住民主導で移転先の土地確保や区割りが進んだ。みやぎ県民センターの小川静治事務局長は、「各集落の自治活動が活発だったため、集落内に被災者がまとまって移転できた。事前の備えとして、平時から自治力を高める努力も必要ではないか」と話す。

民意で防潮堤を低くした少数派

釜石市の根浜団地は、大槌湾が一望できる海抜約20メートルの高台にある。浜辺との間に視界をめぐる高い防潮堤はなく、海の表情がはっきり分かる。

「海とともに生きようと考えた。防潮堤は最低限の機能を確保できればよかった」。根浜町内会の事務局長を務める佐々木雄治さん(64)が、震災後の地域再建の理念を語る。

岩手県が根浜地区で当初計画した高さ14・5メートルの防潮堤は、住民と市の検討を経て、震災前と同じ5・6メートルで原形復旧した。

県内有数の海水浴場がある根浜地区は震災で18メートルの津波に襲われた。全67戸の大半が全半壊し、住民170人のうち15人が犠牲となった。

県の防潮堤計画に対し、住民からさまざまな意見が出る中、「観光地の景観に影響する」という懸念を多くの人が抱いた。市も観光を軸に根浜地区を復興させる計画を描いた。11年12月、防潮堤の原形復旧と高台移転を組み合わせる案を含め、複数の復興計画案を住民側に示した。根浜町内会は12年1月、高台移転と防潮堤の原形復旧を市に要望。13年春に行政側に認められた。高台の団地造成は16年に完了し、36世帯が移転した。集落の跡地にはレストハウスやオートキャンプ場などが整備され、観光の復興も本格化した。

ゲストハウスを営む佐々木さんは「自然を観光資源とした持続可能な地域にしたい」と語る。

雄勝石のプレートが貼られた防潮堤の前で「多くの人を浜に呼び込みたい」と語る青木さん．2020年12月28日，石巻市雄勝町波板．

高台移転後も住民は、団地より高い場所への年1回の津波避難訓練を欠かさない。「津波で二度と犠牲を出さない地域を目指す」と佐々木さんは覚悟を口にする。

人口減を見据えた地域づくりを念頭に、防潮堤の高さを決めた被災集落もある。石巻市雄勝町の波板地区の防潮堤は震災前と同じ約４・８メートルで復旧した。県の当初計画は６・４メートルだった。

津波で大半の住宅が全壊した波板地区の住民は12年、海辺から約１００メートル内陸の高台への集団移転を決めた。移転希望は12世帯。震災前の21世帯55人からほぼ半減する見込みとなった。

自治会副会長の青木甚一郎さん(68)は、「低地に誰も住まず、高い防潮堤はいらなかった。外から人を呼ぶため、浜をどう活用するかが課題だった」と振り返る。自治会と県が調整を重ね、14年に防潮堤の計画変更が認められた。

高台移転した波板団地などで暮らす地区住民は10世帯22人。住民だけでの地域づくりは難しく、学生ボランティアらの協力を得て浜辺でイベントを開いてきた。

16年に復旧した防潮堤の壁面には、延べ300人以上のボランティアとともに、地元の山で採れる「雄勝石」のプレートを1000枚以上貼り付けた。「作業に携わった人やその家族に、再び波板地区を訪れてほしいという願いを込めた」と青木さんは説明する。

ただ、根浜、波板両地区のように、高台移転と防潮堤という2つのハード事業を行政と調整できた地域は少数派だ。集落が高台に移転し、海辺に住宅がない地域でも、震災前より高い防潮堤が整備されるケースが相次いだ。

高さ引き下げは1割前後

太平洋岸433キロに約1兆円超を投じる防潮堤事業は、高台移転により守るべき家などがない場合、「地元合意」を前提に当初計画より低く造ることができた。だが自治体が事業を急ぐ中で合意形成のハードルは高まり、高台移転と防潮堤の「二重投資」を防ぐことができた例は少ない。

防潮堤事業の基準は津波シミュレーションを基に数十年〜百数十年に1度の津波を防ぐ高さ。岩手、宮城、福島3県395キロは、震災前に165キロだった高さ5メートル以上の防潮堤が倍近い293キロ、10メートル以上(最大15・5メートル)は11キロから5倍の50キロに増える。

河北新報社が整備主体の3県と岩手、宮城両県計19市町村に「当初計画より高さを引き下げたか」と尋ねた結果は表の通り。

引き下げたのは岩手が１３３カ所のうち19カ所、宮城は３６１カ所のうち32カ所と全体の１割前後で、福島は事業の未決定区間を除いてゼロだった。

このうち「被災集落が高台移転したので住宅がない」ことも理由に引き下げたと答えたのは両県計16カ所。両県で２００を超える集団移転と調整できたのは、まれだったと言える。

防潮堤の高さが当初計画よりも下がった箇所

整備主体		整備箇所	引き下げ
岩手	県	105	13
	市町村	28	6（陸前高田市 3，大船渡市 2，岩泉町 1）
宮城	県	267	19
	市　町	94	13（気仙沼市 6，石巻市 3，塩釜市 2，利府町と女川町各 1）
福島県		72	0

※3県自治体に聞き取り．カッコ内は市町村別内訳．背後に守るべきものがないとして事業中止したケースも気仙沼市3カ所などあるが，表の数字には含んでいない．福島県は帰還困難区域除く．

宮城県女川町の御前《おんまえ》漁港では高さ6・4メートルの計画に対し「家が高台移転した」と住民が訴え、町は震災前と同じ4・2メートルで原形復旧した。事業費が11億円から3億２０００万円に減ったように、他地区でも過剰投資を抑制できるはずだった。

全額国費の事業は期限が当初「5年」に限られた。被災自治体はシミュレーション結果ありきで事業を急ぎ、国もまちづくりと調整する手法を示さなかった。

「高さにこだわる」「造れるうちに造る」と村井嘉浩知事が住民に選択肢を与えなかった宮城県。14年ごろから地元合意を基に原形復旧や引き下げを認めたが、たとえ家がなくても「幹線道路が浸水しない場合」と厳しい条件を課した。

石巻市は15年3月に「地元住民の総意」など原形復旧を認める4条件をまとめた。市水産基盤整備推進室の阿部毅室長(52)は「将来世代にリスクを負わせることになり、たった1人でも反対がいれば下げられなかった」と明かす。

岩手県は小さい浜に原形復旧の選択肢も示したが、地元合意を終えた13年7月以降は高さを見直さなかった。後に地域から「合意形成が強引だ」と異論が出た。担当者は「説明時は『もっと高く』という声も強かったが、月日が経てば気持ちも変わる。時間をかけるべきだった」と合意形成の難しさを語る。

海が怖い、漁業に差し障る、環境を守りたい――。住民の意見は割れ、100%の合意はあり得なかった。

「防潮堤事業は環境や利用、防護のバランスを取る仕組みがなかった」

複数の計画の合意形成に携わった気仙沼市議の三浦友幸さん(40)が語る。市内の大谷海岸は住民が計画変更を提案し、海水浴場の砂浜を守った。住民の強い思いと行政の努力がなければ、実現できなかった。

三浦さんは「防潮堤の議論は賛否の対立構造が起きやすい。国が調整手法をメニューとして示し、地域が選択できる仕組みづくりが不可欠だ」と事業の教訓をかみしめる。

居住制限と「1000年想定」――人口先細り

コミュニティーバスが廃止になり、コンビニは閉店した。再建した家々がぽつりぽつりと立ち、隣近所が遠くなった。

東松島市のＪＲ仙石線旧野蒜駅周辺。野蒜まちづくり協議会の元会長、早川宏さん(73)が高台から住宅地を見下ろした。

「松林があってびっしり家が並んでいた当時と街の空気が違う。『網』が掛かっているから仕方ない」

野蒜地区の平野部は津波で最大約6メートル浸水し、約２０００棟の8割が全壊した。市は浸水域の大半を再び津波の恐れがある「災害危険区域」に指定し、居住制限の度合いに応じて3段階に分けた。

旧野蒜駅周辺は防潮堤などによる波の緩和を計算し、1・5メートルかさ上げすれば家屋の新築を認めた。震災前の約６５０世帯から現地再建したのは、早川さんを含む62帯。新築は3世帯にとどまる。

市は野蒜地区の宅地とＪＲを高台に移転させる復興を描き、新駅周辺を造成して17年にまちびらきした「野蒜ケ丘」に約４５０世帯が移転した。

一方、早川さんは仮設住宅暮らしを経て12年9月、障害がある息子の生活環境を整えようと住宅をいち早く修繕した。

周辺の津波被災地はずっと手付かずだったが、「狭い仮設住宅には白木の位牌をテレビの横に置くしかない家が何軒もある。今は家を失った人のための高台造成が最優先」と不満を言わず、運動会や夏祭りを復活させて地域交流に腐心した。

野蒜ケ丘への高台移転が完了する一方、気掛かりは津波被災地の行方だ。危険区域は、数百年〜1000年に1度の「最大級津波」による想定浸水域が根拠だ。市は「宅地整備ではなく交流人口で活気を取り戻す」と旧野蒜駅を震災復興伝承館に衣替えし、運動公園を整備した。

1000年という途方もない制限。「いったい何代先のことか」と早川さんは嘆息する。ただ、現実に大津波は来た。被災地に住まわせたくない行政側の気持ちもよく分かる。「人口減少はどこも同じ。ここが先に先細るだけ」。高齢世帯が半数超を占める家々の隙間を埋めるように、早川さんは隣近所に声を掛ける。

海抜15メートルの高台が津波で1〜2メートル浸水した気仙沼市本吉町の大谷東地区も、78軒が災害危険区域に入った。元大谷東区振興会長の野村昌文さん(69)は釈然としない思いを抱く。

「津波死ゼロ」を復興目標に掲げる市は、区域内でもかさ上げすれば新築を認めている。ただ、支援はしていない。区域内での再建を奨励することにつながるためだ。

危険区域を外そうと、地区住民は防潮堤に加え、道路を盛り土構造にして堤防機能を持たせる二線堤化を要望してきたが、国と市に断られた。地区では盛り土や1階を車庫にするなどして4軒が新築したが、人口は減る。

「先が分からない1000年先の危険より、次の世代の子どもたちがどっかに移ってしまうリスクの方が私たちには大きい」。野村さんは行く末を案じる。

災害危険区域設定の功罪

建築基準法39条に基づく災害危険区域は元々、事前に土地利用を規制して危険から遠ざける仕組みだ。だが東日本大震災後は高台移転などを実現する被災者支援として使われた側面がある。前提となった津波の「最悪想定」が、今も被災地を縛り続ける。

危険区域は岩手、宮城、福島3県の26被災自治体が、津波浸水域の3分の1に当たる1万6021ヘクタールを条例で指定した。区域内の住宅は20年4月時点で少なくとも7671棟にのぼる(表)。

条例施行の時期は11～12年が約9割を占める。各自治体が対応を急いだのは、危険区域が住宅再建の「手段」になったためだ。

居住地が危険区域に入ると、防災集団移転促進事業や個別移転の補助が受けられる「がけ地近接等危険住宅移転事業」の対象となる。「被災者たちは住宅契約の印鑑を握りしめて指定を待っていた」と関係者は振り返る。

自治体は、数百年～1000年に1度の最大級津波が防潮堤を越える浸水想定域を主に定めた。区域は地域の特性を踏まえ指定でき、多くは最悪想定で補助対象の網を広げつつ、現地再建希望者が多いエリアは浸水深などに応じて規制を緩和した。

高台移転と表裏の関係にあった居住制限は指定後、「手厚く支援した根拠であり、当面変えられない」(国土交通省)と厳格に運用されている。気仙

震災による被災3県の災害危険区域指定状況

	指定市町村数	面積(ヘクタール)	指定後に法令に合わなくなった区域内住宅(棟)
岩手	7市町村	2129.4	133
宮城	12市町	1万965.2	6704
福島	7市町	2926.4	834
計	26市町村	1万6021.0	7671

※2020年4月時点，国土交通省まとめ．構造基準に適合していない区域内住宅は気仙沼市，東松島市，南三陸町が調査中．

沼市は「住民に混乱を及ぼす恐れがある」などと、関連資料の情報公開を先送りしている。

そもそも最悪想定に基づく制限には、異論がつきまとっていた。住宅の耐久性が１０００年もないにもかかわらず、地価下落といった個人損失が生じる「過剰規制」になるからだ。

復興事業に詳しい東北大学大学院の姥浦道生教授（都市計画）は、「被災者の移転希望をかなえるために、危険区域を指定したことは間違いではなかった」と前置きした上で続ける。

「被災直後は安全至上主義にならざるを得ず、津波の危険性低減と被災者支援がセットになった制度によって、他の災害に比べても過大なリスク評価が被災地に残された」

住民が高台移転し、防潮堤と移転先の間の危険区域にはまばらな住宅地や空き地が広がる。バス路線が消えるなど公的サービスも維持しにくい。

人口減少と少子高齢化が加速する東北で、どこまで津波リスクを考慮するべきだったのか――。将来、仮に危険区域を見直せば犠牲者が出るリスクが生まれ、明確な答えは見えない。

東京大学生産技術研究所の加藤孝明教授（地域安全システム）は、「防災だけでまちづくりを考えないでほしい」と訴える。地域には多様な価値や課題があり、「防災もその一つ」というスタンスからだ。

「自然の中で生かされているという震災の気付きを出発点に、人口減が進む被災地は『地域の持続性をいかに高められるか』を基軸に話し合ってほしい。そうすれば、被災地のひずみを少しずつ解きほぐせるだろう」と助言する。

（２０２１年１月11～15日＝全５回）

8　なりわい

東日本大震災は、地域経済と人々の生活を支える「なりわい」も破壊した。中小企業や1次産業の現場には質、量ともに前例のない支援策が投入され、事業再開が促された。一方で、経営再建に行き詰まり、10年の間に力尽きるケースも数多くあった。企業と生産者の苦闘から、なりわい再生の現在地を探る。

支援投入するも道険しく——営業力低下、施設が負担に

船体のさびを落とす機械の金属音が工場内に響く。

2021年2月1日、石巻市の造船大手ヤマニシで漁業調査船の修理が大詰めを迎えていた。長さ170メートル、幅36メートルのドックは東北最大規模。20年12月に会社更生計画の認可を受けた同社にとって、船舶修繕は経営再建の鍵を握る主力事業だ。

その隣に長さ166メートルの船台がある。売り上げの大半を占めていた新造船建造部門で使うが、事業は凍結され、出番がない。管財人の松嶋英機弁護士(東京弁護士会)は「業績は順調。来年までの業績と債務の返済状況を踏まえ、新造船の事業再開を検討したい」と語る。

ヤマニシは1920年の創業。外航貨物船の新造や船舶修繕を手掛け、ピーク時の2010年3月

経営再建が本格化したヤマニシ．ドックでは漁業調査船の修理が進む．2021 年 2 月 1 日，石巻市．

期の売上高は１９８億円にのぼった。東日本大震災で石巻港内の工場に約4メートルの津波が押し寄せ、建造中の大型船2隻やクレーンといった生産設備が被災。損害額は１００億円に膨らんだ。

造船業は関連業種の裾野が広く、地域経済への影響が大きい。港町の中核企業を守ろうと、国のグループ補助金約16億円をはじめとする総額約80億円の資金が投入された。

12年2月に企業再生支援機構(当時)の支援が決定。債権放棄とメインバンクの融資を求め、運転資金にめどをつけた。半年後の8月に新造船事業を再開させ、14年1月に修繕部門も復活。国が設けた東日本大震災事業者再生支援機構から40億円の出資を受け、ドックを復旧させた。

当時の石巻商工会議所会頭の浅野亨さん(79)は「国の支援がなければ破産していた。再建の土台が築かれ、復興の象徴になった」と振り返る。

華々しく再出発を果たした先に荒波が待っていた。08年のリーマンショック以降、造船業界は受注面で厳しい価格競争を強いられていた。震災の影響で顧客が離れたヤマニシは、下請け企業を含む人員の流出を防ぐため、船価が安くても受注を続けた。

造船部品メーカーは西日本に集中し、高い調達コストを下げられない。融資の金利負担も重なり、14年から5期連続で赤字が続いた。売り上げは回復できず、123億円の負債を抱えて20年1月、会社更生法の申請に踏み切った。

13年末まで約10年社長を務めた前田英比古さん(72)は、経営破綻の一因に営業力の低下を挙げる。支援機関から経費削減を求められ、14年に営業拠点の東京事務所を閉鎖した。「広い敷地と設備があっても十分に稼働させなければ経営は成り立たない。さまざまな支援を再建に生かすための人材が削られた」と嘆く。

ヤマニシは更生計画で120億〜130億円の債権放棄が認められ、約150人の従業員を約70人に半減させた。船舶修繕と鉄構造物製造の2本柱で、22年3月期の黒字化を目指す。

宮城県の造船会社幹部は「修繕事業を主軸に据えても大きな施設の維持は難しい。所有地売却など追加の一手が必要だろう」とみる。

復興の道の険しさを浮き彫りにした2度目の再出発。前途は見通せない。

選択と集中が成否を分ける

なりわい再生の成否を分けたものは何だったのか。

「これからどうしますか」

「やるよ」

震災当日の夜。二印大島水産(気仙沼市)の大島忠俊社長(72)は、避難先の中学校で幹部に問われ、思わず答えた。マグロや生カツオの加工を手掛けていた同社は、気仙沼港近くの4工場のうち3工場が津波で流失した。残る本社工場も壊滅的な打撃を受けた。

三陸有数の港町には、震災前から水揚げ量の減少と人材不足が影を落としていた。同規模に戻すのは無理がある。港近くで鮮魚を扱えるのがいつになるのかも分からない。

大島社長は、輸入も通年作業もできる冷凍マグロの加工に再生の基盤を絞り、復旧を急ぐことにした。「遅れれば遅れるほどマーケットに忘れられる」との危機感もあった。

高台に仮工場を建て、11年6月にマグロ加工を再開した。震災前に7割を占めた鮮魚加工は、同年9月に復旧させた本社工場の1階で扱える量以外、後回しにした。「また災害が起きれば、生鮮食品は欠品で取引先に迷惑を掛ける。付加価値を望める加工品に集中していこう」。港近くでの工場再建は見送り、高台で新工場を建て直した。

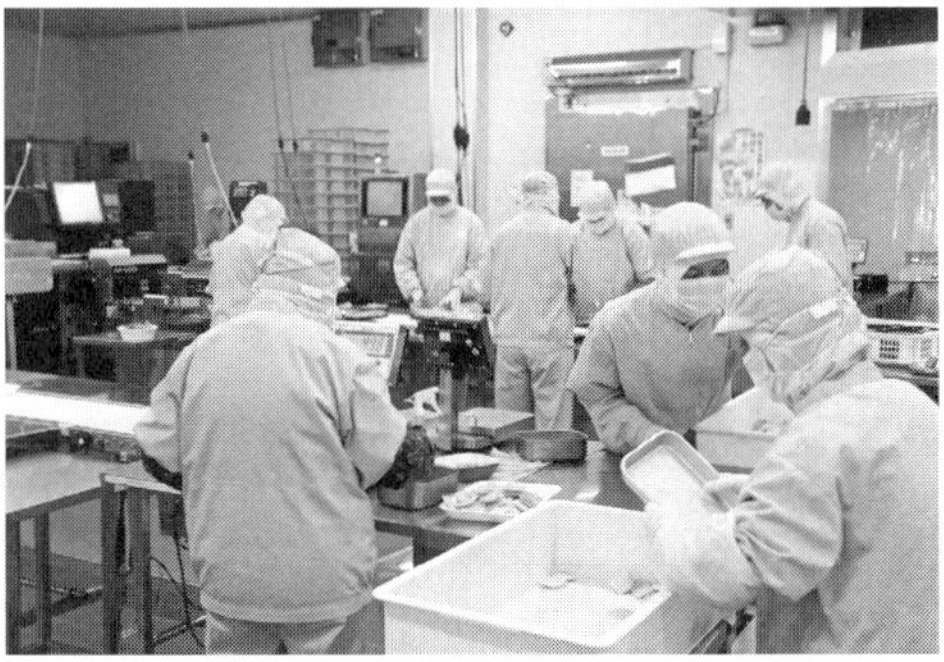

二印大島水産が高台に再建した加工工場．冷凍マグロの加工に集中し，売り上げを伸ばしている．2021年1月8日，気仙沼市．

売り方も変わった。震災前は全国に広がった販路から、東北のスーパーを中心に少しずつ販路を広げた。女性従業員を中心に開発したトマトバジル風味のたたきなど新商品も生まれた。売上高は従来の3分の1ほどでも、収益性は向上している。

今後進めるのは、人と機械の協働だ。大島社長は「デジタルにたけた異業種と連携すれば、人が少なくてもいいものを作れるようになる」と力を込める。

グループ補助金などを活用して被災した設備を元通りに復旧しても、売り上げが回復せず、自己破産などに追い込まれた企業は多い。帝国データバンク仙台支店のまとめでは、東北の22年2月までの震災関連倒産は452件にのぼる。

一方、従来の経営課題や業界の将来を見据え、限定的な設備復旧などで迅速にかじを切った企業の多くでは、補助金が回復の足掛かりとして機能した。求められたのは、ビジネスモデルの選択と集中、そしてスピードだった。

「震災前の生産能力は過剰だった。元通り再建すれば経営は厳しくなる」。水産加工の山徳平塚水産(石巻市)の平塚隆一郎社長(61)は、被災設備のうち売り上げの約8割を占めた練り物工場は再建せず、総菜工場に絞ってグループ補助金を申請した。

考慮したのは市場の動向だ。減少傾向の練り物に対し、総菜は伸びていた。工場再建と並行して販路開拓も進めた。評価が徐々に浸透し、3年ほど前からようやくフル生産に近い状態になった。

平塚社長は「販路開拓が遅く、経営破綻した企業もある。再建しても販路がなければ意味がない」と強調する。

補助金目的のグループ化、発展できず

「結局、お金をもらうために集まっただけだった」

宮富士工業(石巻市)の後藤春雄社長(74)は、震災からの復旧のために受け取った国の「グループ補

助金」を振り返るたび、苦い思いにとらわれる。

発電所のプラントなど大型設備を製造する同社は、石巻工業港近くの本社工場が津波に遭い、工場内の溶接機も失った。損害は2億円に迫った。

グループ補助金は当初、大手のサプライチェーン(部品の調達・供給網)や有力企業群が主な対象とされた。元請け企業から声は掛からない。仕入れ先を通じて同じ状況の同業者を集め11年11月、計15社で申請にこぎ着けた。

もともと取引のなかった企業同士。申請に伴い「グループ」で取り組む共同事業をどうするか。高校や少年院で技術指導を長年続けてきた後藤社長は、共通課題である人材育成を足掛かりにしようと構想した。

16年2月、資金を出し合い、市内の児童を工場に招いて体験教室を開いた。鉄板を曲げ、溶接し、貯金箱を作る。反応は上々だ。息の長い取り組みになる――。

ところが、その後に一部の企業から届いた声に失望した。「このお金、何に使っているのでしょうか」「次からは出したくない」

負担は1社2万円。開催費用約100万円の大半は宮富士工業の持ち出しだ。年1回の報告会では、目的の共有すらできていなかった。教室は今も単独で続けるが、グループ活動は霧散した。

売上高は震災から3年ほどで回復。補助金が助けとなったのは間違いない。ただ、思い描いた協業や共同受注は幻に終わった。最新設備の導入が認められず、新規事業開拓がかなわなかったことと相まって、後藤社長は「もったいなかった」との思いが消えない。使途が新商品製造への転換などに拡大されたのは、15年度になってからだ。

震災直後の11年6月に創設されたグループ補助金は、地域全体の再生を担う企業グループに資金を投じる――とのロジックで、従来の災害復興が踏み込んでこなかった実質的な個別事業者支援に道を開いた。

一方で「グループ」の位置付けは曖昧だった。商工会議所が地域の300社以上を集めて申請したケースもあった。補助金確保が目的化し、経営実態にそぐわない過大な投資を誘引してしまう側面もあった。

グループを形成し、補助金を申請する作業は被災企業には高いハードルだった。

岩沼精工(岩沼市)は、同じ工業団地で被災した計9社でグループを組んだ。仕事上の付き合いはなく、目的に設定したのは「異業種連携による地域活性化」。分厚い申請書類に具体的に盛り込むため、1カ月ほどは週2、3回の打ち合わせに追われた。

「復旧作業でいっぱいいっぱいの中、かなりしんどかった」と千葉厚治社長(45)。「復興のための雇用維持といった柔軟な目的設定を認めてほしかった」と振り返る。

連携は課題

グループ補助金の正式名称は「中小企業等グループ施設等復旧整備補助事業」。施設・設備の復旧経費の4分の3(国2分の1、県4分の1)という高い補助率で被災企業を支えた。

東北経済産業局によると、震災で被災した青森、岩手、宮城、福島4県の計663グループ、延べ

1万231事業者にグループ補助金を交付した（2020年末時点）。補助総額は約5098億円にのぼる。

経産局の渡辺政嘉局長は、グループ補助金について「産業活動の早期復活を加速化させる財源を提供でき、一定の効果があった」と評価する。制度は熊本地震（16年）、西日本豪雨（18年）、台風19号（19年）でも適用され、相次ぐ自然災害時の復興支援策として定着した。

一方、経産局が20年夏、4県の交付事業者を対象に実施したアンケートによると、売り上げが震災前の水準まで回復した企業は44・0％、雇用では55・5％。ともに前年から微減し頭打ち状態にある。復興工事の恩恵を受けた建設業が売上高を伸ばす一方、水産加工業、観光業が震災前を下回るなど、業種によって好不況の差は大きい。

そうした現状に、渡辺局長は「復興が十分でない三陸の水産加工業を支援するため、関係者による協議会を組織して競争力強化に取り組む」と、引き続き支援する姿勢を強調する。

補助金の受け皿となった「グループ」の果たした役割は一様ではない。その多くが補助金を申請する以上の連携に発展できなかった中で、企業間の協業に深化した例もある。

21年1月下旬、東京都内であった自動車産業関連の大規模展示会に、福島県南の金属加工業4社が共同で出展した。任意団体「白河素形材ヴァレー」に名を連ねる企業だ。白河市周辺に本社や工場がある鋳造や金型製作、熱処理などの13社でつくる。補助金申請後、金属鋳造のキャスト（東京）の白河工場（白河市）の呼び掛けで発足した。

震災以前は、互いに隣の工場で何を作っているのか知らなかった。経営者たちは約2年かけて全員で全社を回り、会合は80回を超えた。販路開拓に向け、国内外の展示会で共同で場所を確保するまでの関係を築いた。

キャストの若林誠社長(50)は「連携することで広い間口で受注して割り振ることができる」と語る。金属加工で生じた端材を別の企業で買い取ってコスト削減につなげるなど、新たな展開も生まれた。

グループ補助金は雇用を守るなど事業再開に役立つ一方、本来は市場から退出すべき企業を延命させたという見方がある。

東北大学大学院経済学研究科の増田聡教授(地域計画)は「グループを組んだことがどれほどの意味を持ったのか、メリットとデメリットを冷静に分析する必要がある」と問題提起する。

二重ローンからの救済条件、高いハードル

「元の債務をいったん棚上げできる制度ができました」

宮城県内で水産加工会社を営む男性は11年秋、宮城産業復興機構(仙台市)の担当者から、そう伝えられた。

工場は震災の津波に遭い、前年に導入したばかりの最新設備が全滅し、銀行などから借り入れた2億円以上の負債だけが残った。金利負担は年間700万円。建屋復旧のため新たな融資も受け「二重ローン」の状態となった。再起の足かせになることは目に見えていた。

「いくらか楽になるかもしれない」。その期待は程なく失望に変わる。交渉を重ねてもまとまらない。取引銀行からゴーサインを得られなかった。二重ローン支援のもう一つの組織、東日本大震災事業者

被災企業向け二重ローン支援機関の対応実績（件）

	相談受け付け	支援決定
東日本大震災事業者再生支援機構	2938	744
うち岩手	531	167
宮城	1281	345
福島	485	89
各県の産業復興機構	6855	1409
うち岩手	1463	321
宮城	1693	357
福島	1868	272

※再生支援機構は2020年末時点．各県機構は2021年1月末時点，中小企業庁調べ．総数は青森，茨城なども含む．

再生支援機構（仙台市）に相談しても、結論は同じだった。

両機構の支援は、被災企業に対する金融機関の既存債権を一部買い取り、事業再開に向けた融資をしやすくするものだ。男性のケースでは、既に建屋復旧に融資している銀行側が、債権放棄につながる機構による買い取りに応じなかった。

「どちらの機構も何の助けにもならなかった。機能しない仕組みだと感じた」。男性は吐露する。

会社はその後、銀行の返済猶予にも助けられながら少しずつ売り上げを伸ばしているが、債務超過の解消は遠い。資金繰りに頭を悩ませる日々が続く。

被災企業の二重ローンに対応した両機構の実績は表の通り。再生支援機構の支援実施件数は７４４件で、相談件数全体（２９３８件）の約25％にとどまる。

なりわい救済を掲げた枠組みも、結局は金融機関の意向に大きく左右された。「再建可能性」「将来性」という厳格なハードルに、多くの企業が門前払いされた。「うちは株式会社ですから」。先の男性が宮城産業復興機構側から言われた言葉だ。「あれだけの災害に遭い、利益を生む再生計画を簡単には出せない。出発点が違っていたのではないか」

晴れて支援を受けた企業も、再生の道は険しい。再生支援機構によると、ローン完済に至ったのは全体の2割の約160件。再生を断念し、廃業や自己破産に至った企業も約25件ある。特に水産業は販路喪失と漁獲不振が重なり、経営環境が悪化している。

水産加工の八葉水産(気仙沼市)は、津波で全6工場が全壊した。一部は09年に完成したばかりで、20億円近い負債が残った。復旧にグループ補助金を充てたほか、再生支援機構に債権の一部を買い取ってもらい、取引する銀行から必要な融資を受けた。その過程で、収益につながらない商品のカットや調達価格の見直し、人員の再配置などあらゆる工夫でローンを圧縮し、何とか再建に道筋を付けた。

清水敏也社長(60)は「支援によって骨太にスリム化でき、事業継続がしやすくなった」と受け止める。その上で「コストを下げる努力や社員教育を進め、収益構造を見直して返済へのシナリオを書かないといけない」と語る。

産業復興機構と東日本大震災事業者再生支援機構　ともに金融機関からの債権買い取りや債務免除を通じ、二重ローンを抱えた被災企業の経営再建を支援する公的機関。産業復興機構は2011年11月～12年3月、岩手、茨城、宮城、福島、千葉の5県に最大100億円のファンドとして設立。中小企業基盤整備機構と各県、各県内の金融機関が出資した。再生支援機構は小規模事業者などに対象を広げ、より広く再生の機会を与えようと、12年2月に国が設立。債権買い取り総額を当初5000億円と設定していた。

被災前の課題を解決する復旧を

美しい曲線を描く屋根とガラス張りの外壁。田園地帯に突如現れたのは「復旧の先」の象徴だ。

水産加工会社「木の屋石巻水産」(石巻市)が宮城県美里町に構える工場は、クジラやサバの缶詰を仕上げる製造拠点には到底見えない。「『美術館でもできるのか』って、近所はざわついたようです」。営業部課長兼広報担当の松友倫人さん(41)が笑う。

同社は震災の津波で石巻の本社工場が全壊した。被災企業を支援するグループ補助金で再建するに当たり、製造工場は内陸の美里町に新設し、石巻の工場は魚の下処理を中心とすることを決断。13年に両工場を建設した。

水産加工会社らしくない立地と外観を選んだのには、理由がある。同社は被災経験の発信にも力を入れ、社員が各地を訪ねてきた。過去に災害を経験した兵庫や新潟などの経営者から、同じような言葉を耳にしている。

「被災前の課題を解決する復旧をしないと、5年くらいでつぶれるよ」

水産の街・石巻で、関連業種は以前から人手不足に苦しんでいた。「会社の存続には働く人が必要。水産業や水産加工会社で働くイメージを変えたかった」と松友さんは説明する。

会社の「中身」の認知度向上にも力を入れてきた。木の屋の売りである、当日水揚げされた魚を缶詰にする鮮度重視の製法などを、会員制交流サイト(SNS)で積極的に発信。20年12月には若者に人気の動画投稿アプリ「TikTok(ティックトック)」への投稿を始めた。

震災前の10年12月期、15億円台だった売上高は19年に21億円を超え、従業員は倍近い100人あまりに増えた。20年は新型コロナウイルスの影響で土産物需要が縮んだが、通販が倍増し19億円台で踏みとどまった。

震災の打撃からの劇的な復活。懸念は石巻の水産関連業者の減少だ。魚市場での買い付け力が弱まれば地盤沈下は避けられない。「『復旧』はできた。『復興』には地域全体での水産業活性化が必要」。松友さんは将来を見据える。

洋品小売店の東京屋(陸前高田市)は津波で店舗が流失した。プレハブ店舗などを経て17年、中心市街地に店舗を再建する際、新たにカフェを併設した。活用したグループ補助金は15年度以降、原状復旧だけでなく新分野事業への投資も認められるようになった。

洋品と飲食の多角経営は、2代目店主の小笠原修さん(59)が学生時代から温めてきた構想だ。補助金申請時の事業計画では、冷静に現実を直視した。否応なく進む人口減少で、洋品の売り上げが毎年5%下がることを前提に「減収分を補う買い物と食事の相乗効果を狙った」という。

三陸沿岸道の整備が進み、陸前高田では震災前から続く買い物客の流出が加速する。小笠原さんは仲間の事業者とともに、市民向けにまちの魅力を考える教室「まちゼミ」にも力を入れる。「一店一店を光らせて勝負する。街の魅力を高め、交流人口を増やしたい」

事業をつなぎ経営強化へ

良い商品をつくるだけでは、会社は生き残れない。「原価意識を持て」

味噌・しょうゆ製造「東松島長寿味噌」（東松島市）の工場のホワイトボードに、最重要事項として記されている。後藤秀敏工場長（52）は、震災から10年の変化として「作り頭《がしら》として数字を計算するようになった」と語る。

同社は、震災後の18年に倒産した高砂長寿味噌本舗（石巻市）ののれんと従業員を引き継ぎ、東松島市の建設業「橋本道路」が同年2月に設立した。

高砂は前身が１９０１年創業の老舗。県内有数の味噌ブランドだった。全国の品評会で最高賞を獲得した実績を持つ。石巻市の本社蔵が津波で被災し、２００５年新設の東松島市の味噌工場に機能を移し、グループ補助金を活用して拡充を図っていた。

しかし、味噌の需要は年々落ち込んでいた。売り上げは減少の一途をたどり、経営不振に陥った。17年には原料不足で生産も滞った。最終的に負債額は約7億５０００万円にのぼったという。「高砂は高い技術を安売りしていた」と関係者は言う。

新会社では原価意識の重要性を徹底して説く。「赤字の企業として自覚が生まれた」と後藤工場長。原料費、人件費を可能な限り切り詰め、売れる商品づくりに励む。

本業の赤字分を補填し、商品の原価を下げるためには、親会社の委託事業も請け負う。男性従業員はメガソーラーの草刈り、女性従業員はグループ企業が運営する施設の清掃に、それぞれ空いた時間に携わる。社員の１人は「なぜ職人が草刈りをするのかと最初は思ったが、今は大切さを理解している」と語る。

同社社長を兼任する橋本道路の橋本孝一社長（73）は「伝統と雇用を守る使命感から再生に取り組ん

だ。品質はもちろん、生産性を高め、従業員と日本一の味噌屋にする」と強調する。

いつ会社を引き継ぐか。1943年創業、石巻精機製作所(石巻市)の3代目、松本賢社長(67)の思いは、震災をきっかけに一気に現実味を帯びた。

機器製作や工場のメンテナンスを手掛ける同社は、津波で本社工場と日本製紙石巻工場内の事業所が被災。再開に奔走するさなか、東京で働いていた長女祐佳さん(37)が帰郷、入社を決断してくれた。松本社長は「次に引き継ぐ流れが速まった」と振り返る。

取締役総務部長に就いた祐佳さんが着実に地歩を固めていた2018年2月、松本社長が倒れた。1週間、意識不明が続く。幸い仕事に復帰できたが、「できるだけ早く体制を整えておくことが大切だ」と痛感した。

19年10月、七十七キャピタル(仙台市)が、株主の一部から株式を引き受ける形で石巻精機に投資した。事業承継に向けて相続税を抑えられる効果がある。

松本社長は「中小企業は雇用の大部分を維持する国の力そのもの。震災のような困難があっても次世代に引き継ぐことが私の仕事だ」と語り、承継における税制面の優遇措置の必要性を訴える。

農業再生へ、進む法人化

仙台市若林区の井土地区で21年2月10日、甘味と柔らかさが特長の「仙台井土ねぎ」の収穫作業が大詰めを迎えていた。

「震災ですべてを失ったが、種まきをして何とか10年間走ってきた」

「仙台井土ねぎ」を収穫する大友さん．地域営農の持続的発展を期し，試行錯誤を重ねる．2021 年 2 月 10 日，仙台市若林区井土．

農事組合法人「井土生産組合」の看板商品に育てた組合長の大友一雄さん(76)が、復興の歩みをかみしめる。

井土地区は仙台湾が目の前に広がる海抜ゼロメートル地帯。津波は浜辺の松林をなぎ倒し、田畑や集落をのみ込んだ。

「農地を委託したい」。地元農家を対象にしたアンケートで、73戸の約9割が自力再開を断念する意向を示した。地区のリーダー格だった大友さんら15人は13年、再起を懸けて組合設立に踏み切った。

国の区画整理事業を活用し、農地１００ヘクタールを集約。コメやレタス、トマトなどの複合経営に取り組み、スーパーや飲食店とも直接取引して販路を広げた。20年の売り上げは約1億４０００万円で発足時の2倍に伸びた。軌道に乗りつつある一方、経営基盤の再構築を迫られている。

国の復興交付金を財源にした市の制度で、無償で貸し出された農機が次々に耐用年数を迎えた。更新などの設備投資額は３０００万円以上。新型コロナウイルスの感染拡大で米価が大きく下落し、７

割をコメが占める販売構造を直撃した。

組合員の高齢化も進んでいるため、最新農機の投入で作業効率を向上させ、生産コスト削減を徹底する。大友さんは「個人にはできない大規模投資が可能な組織営農の利点を生かし、魅力ある農業を実現して若者を呼び込みたい」と意欲を語る。

宮城県の被災農地1万3710ヘクタール(転用分を除く)は21年度内にすべて復旧した。国直轄を含めた事業費は1700億円以上で、ほとんど公費で賄われた。兼業が中心の個人経営が減少の一途をたどる一方、県内の法人経営は18年時点で震災前(10年)の2倍近い669法人に増えた。

法人化に農業再生の手掛かりを求めたものの、悪戦苦闘する例は少なくない。6次産業化のモデルと期待された「さんいちファーム」(名取市)は設立3年後の15年、1億4000万円の負債を抱え自己破産した。目玉の水耕栽培による野菜工場は、肝心の販路を築けなかった。

東松島市の100ヘクタールでコメと麦、大豆の輪作や6次産業化を実践する農業生産法人「アグリードなるせ」は農業の外側に目を向ける。復興応援の縁でアサヒビール(東京)に「スーパードライ」の原料として大麦を提供し、菓匠三全(仙台市)と大豆の菓子を共同開発した。

農商工連携に注力し、自前の直売所を設けて収益力の強化も図る。思い描く未来図は、従来の枠を超えた新しい地域営農の姿だ。

会長の安部俊郎さん(63)は「多様な収入源があれば、有事のリスクを回避できる。これからは異業種に開かれた農業、多様な需要に応えられる生産体制が必要だ」と話す。

(2021年2月11～14日、17日、18日=全6回)

9　社会の行方

巨大な地震と津波、そして東京電力福島第1原発事故は日本社会に衝撃を与え、人々の価値観を揺さぶった。破局の淵から私たちは何を学んだのか、変わることができたのか。

被災者の実態見えず

宮城県内で唯一、「復興達成」を高らかに宣言した名取市。その足元では被災者を支える取り組みが続けられている。

「すごく楽しい。今日も笑って帰れる」。市の内陸部にある大手町の被災者交流拠点「西サロン」で2021年2月17日、福島県浪江町出身の女性(75)がリース作りに励んでいた。「何年経っても今の環境に慣れないけど、振り返っても元に戻らない。サロンのスタッフに助けられている」

原発事故後、避難先を10カ所近く転々とした。夫が病死し、古里への帰還は諦めた。名取市に移り、娘一家と暮らして5年以上経つ。毎朝届けられる1日遅れの福島県の地元紙が女性と古里をつなぐ。

インフラ整備がほぼ終了したとして、名取市が「復興達成宣言」を出して1年。「ポスト復興」の歩みの中で、施策は震災前の事業の枠組みに戻りつつある。コミュニティー支援や見守り関連の予算は21年度に25％減る見通しだ。

市議の小野寺美穂さん(60)は「宣言は行政側の区切りであり、家族を亡くした人たちの傷は癒えない。月日が経って表面化する問題もあり、個人の復興の到達点はあるのか」と語る。

被災者が復興を感じる要素は何か。１９９５年の阪神・淡路大震災で兵庫県の生活復興調査などを分析した同志社大学の立木茂雄教授(福祉防災学)は、住まいや暮らし向きの安定や心身ストレスの低下に加え「つながりの豊かさ」に着目する。

名取市でも同様の調査をした立木教授は「人とのつながりが、被災者が新たな幸せを見つけ出す源になる」と指摘する。

被災者の心のケアなどのソフト事業をめぐり、宮城県の村井嘉浩知事は「阪神・淡路大震災を参考に四半世紀で考えるべきだ。最低でもあと15年は支援を継続する必要がある」との認識を示す。

知事の問題意識とは裏腹に、県は被災自治体と共同で実施してきた災害公営住宅入居者の健康調査を２０２０年度で打ち切った。

「飲酒状況」「相談相手の有無」「不眠」「心の動揺」――。被災者の心の内側に迫る項目を継続して尋ねており、被災者支援団体からは「実態が分からなくなる」と批判の声が上がる。

国が復興を測る指標は避難者数や仮設住宅入居者数の推移、公営住宅やインフラの整備状況、各種統計など客観的なデータが中心。被災者の「心の復興」を推し量る共通の尺度は、今も確立していない。

日本学術会議社会学委員会の分科会は20年9月、被災者の状況を継続的に観察、評価する仕組みの導入を国に提言した。分科会委員で東北大学大学院経済学研究科の増田聡教授（地域計画）は「仮設住宅の方が良いと感じたり、原発事故の被災地に帰らないと決めたり、統計では分からない意識の部分がある。復興の全体像の中でどんな調査が必要なのか議論されていない」と問題提起する。

幸福度重視へ、考え方転換

岩手県は事業の進捗や統計などの客観的な指標だけではなく、独自の主観的な指標で復興感を継続調査している。復興の原則とする「被災者の生活」「地域経済」「災害に強い安全なまちづくり」に絞り、回復実感を沿岸市町村の153人に継続して質問している。

対象は「被災地の動きを観察できる立場」（県復興推進課）という郵便局員や教員、漁業者、金融機関や福祉施設の関係者らだ。景気ウォッチャー調査を参考に「いわて復興ウォッチャー調査」と銘打ち、瓦礫が残る12年2月に始めた。当初は年4回、現在は年2回実施する。

21年1月の第25回までの回復実感指数の推移を見ると、回復実感は「被災者の生活」の方が「地域経済」より高い。ピークはそれぞれ20年1月（66・4）と19年7月（42・2）。ハード事業が進んだ一方で、復興感が最近低下していることが分かる。

県復興推進課の担当者は「人口減少や高齢化、不漁、復興需要の終了などの不安感に加え、新型コロナウイルス禍の影響が大きい」と分析する。

調査などを踏まえ、県は21年度、沿岸部に新たな被災者支援拠点を設置。住宅ローンの返済や災害公営住宅の家賃上昇といった住宅再建後の課題に対応するため、個別計画を作成して被災者に伴走する形の支援を目指す。

「一人一人の幸福追求権の保障」「人間本位」。県は復興計画でこうした理念を掲げ、県政全般に拡大させてきた。新たな県総合計画（２０１９～28年度）は「仕事」「家族」「コミュニティー」などを起点に政策体系を見直し、各分野に幸福度指標を設定した。

幸福度指標は経済成長とは一線を画し、心の豊かさに重点を置く。ブータンが国家理念とする「国民総幸福量」（ＧＮＨ）が知られるように、東日本大震災後に国内でも関心が高まった。

「震災を契機に、幸福とは何かという価値観や人生観が大きく変わった人も多い」。内閣府の幸福度研究会は11年5月、検討の意義をメッセージで強調。同12月、震災を踏まえて家族や地域、自然とのつながりを重視した幸福度指標試案を公表した。東北活性化研究センター（仙台市）も18年に指標を策定した。

国は震災復興で「創造的復興」を掲げた。巨額予算を投じて安全性を追求する高台移転や地盤のかさ上げ、防潮堤整備の事業を展開した。一方で長引く事業に被災者の意向が変化し、岩手県でも住民の分散が進んだ。

岩手県の震災復興に関わる岩手大学の斎藤徳美名誉教授（地域防災学）は「膨大な公共事業が被災者の再建意欲を打ち砕いてしまったのではないか。コミュニティーの崩壊など、住宅を確保しても生きがいを失った状態で復興と言えるのか」と自問する。

斎藤名誉教授は、新潟県中越地震の被災地旧山古志村（現・長岡市）で出会ったある区長の言葉の意味をかみしめる。

「復興とは、そこに住む人が幸せに死ねると思った時だ」

エネルギー自治へ地域電力の拡大

エネルギー源を地域主導で「自然」中心に転換する道のりは、なお険しい。

原発事故によって17年3月まで、全村民の避難が続いた福島県飯舘《いいたて》村の中心部に、出力49・5キロワットの太陽光発電施設がある。14年に約40人の村民らが出資して設立した地域電力会社「飯舘電力」の第1号発電所だ。

地元の農家でもある菅野宗夫社長(70)は、7年近い避難生活を経験しながら、発電用地の確保などに努めてきた。「事業環境には厳しさもあるが、できることをやる。原発事故で分断された村の再生を目指す」と力を込める。

これまで小規模な太陽光発電所を村内に49基建設し、主に生協系の小売事業者に供給してきた。黒字を確保しつつも、19年以降、新規の建設は中断を余儀なくされた。

原発事故を教訓に、国が再生可能エネルギー拡大のため12年に導入した固定価格買い取り制度(FIT)の見直しが相次ぎ、採算性が見込めないためだ。新規の太陽光発電の売電価格は、会社設立時に比べ半値以下に落ち込んだ。

千葉訓道《のりみち》副社長(67)は「新規開発は、資金やマンパワーが豊富な大企業でなければできない状態。地域電力を後押しする制度もほとんどなく、規制ばかりが目立つ」と指摘する。

設備投資の先行きが不透明さを増す中でも、オンラインで事業内容や村の復興状況を紹介するバーチャルツアーを開催している。小規模でもこつこつと再生エネルギーを増やすことが、原発のない社会の実現につながると訴える。

菅野社長は「地道な取り組みを続け、後世にエネルギーの在るべき姿を伝えたい」と先を見据える。

過酷事故を引き起こした原発という大規模集中型の発電システムの対極として「小規模分散型」の再生エネルギー発電に取り組む地域電力会社がこの10年、全国各地に誕生した。

だが、大手電力が14年以降、送電網の「空き容量が少ない」として再生エネルギーの接続を制限した。地域電力が想定していた全量買い取りの前提が崩れ、事業環境は厳しさを増す。

福島の原発事故の被災地は、地域電力の苦境を横目に、中央資本による大規模太陽光発電所(メガソーラー)などの建設が相次ぐ。かつての東電による原発建設と同様、「植民地型」の開発が二重写しになる。

飯舘電力など約60社でつくる全国ご当地エネルギー協会の飯田哲也事務総長(62)は「地域電力は踊り場にあり、次の事業展開に苦しんでいる。規制緩和や、地域の内外から出資を促す制度が必要だ」と訴える。

閉塞した状況を打開しようと、飯舘電力の提携企業の一つで「エネルギー革命による地域の自立」を掲げる会津電力(喜多方市)は20年12月、電力を小売りする子会社を新設した。

会津電力は太陽光や小水力など計約90の再生エネルギー発電所を運営する。消費者と直接つながりながら再生エネルギーの普及を図るため、年内にも小売事業を本格化させようと準備を進める。

佐藤弥右衛門会長(69)は「消費者の選択には、世の中を変える力がある。気候変動や原発のリスクを認識し、電力を選んでほしい」と強調する。

地産地消を再生モデルに

太陽光や風力など再生可能エネルギーの拡大と並び、日本のエネルギー政策の転換点となったのが「電力小売り全面自由化」だ。16年4月の開始から5年の間に、家庭や企業に電気を売る電力小売事業者(新電力)は東北6県に43社誕生した。今、厳しい経営環境にさらされている。

「もうつぶれる。そう覚悟するしかなかった」

年末年始、秋田県鹿角《かづの》市の第三セクターの新電力「かづのパワー」を襲った電力市場の異常事態を、市産業部の成田靖浩政策監(47)は苦々しく振り返る。

19年設立の同社は、市内の三菱マテリアル永田水力発電所と契約を結び、小学校など53施設に電力を供給してきた。地元の消費する電力を地元の再生エネルギーなどで賄う「電力の地産地消」の取り組みだ。

ところがこの冬、電力を一部調達する電力市場で需給が逼迫し、1キロワット時5～7円だった価格が100円超に急騰。同社は3200万円の資金不足に陥り、21年2月に売電事業を休止した。最終的には市の支援で会社存続が決まったものの、自治体が設立に携わった地域新電力20社で事業休止は初めてのケースだった。

「東日本大震災があったから、つぶれるわけにはいかなかった」と成田さんは言う。

あの日、日本海側の鹿角市でも翌日の午後10時まで大規模停電が続いた。鉱山開発を手掛けた三菱が水力発電所や地熱発電所を設けるなど「エネルギー自給率300％超え」が市の自慢だったが、まったく使えなかったことにショックが広がった。

震災を機に、地元の資源の恩恵を享受しようと設立したのが地域新電力だ。成田さんは「豊富な再生エネルギーを地域企業にも供給し、稼ぎをつくることが地方が生き残る道だという確信は変わらない」と再起を誓う。

電力の供給状況をモニターで確認する東松島みらいとし機構の渥美さん（中央）．2021年2月25日，東松島市．

東日本大震災と東京電力福島第1原発事故後、新電力は被災地だけでなく全国に700も誕生した。今や家庭向け電力シェアの2割を占めるが、安さをアピールする中央資本が中心で「大手優位」は変わらない。地方が電力を地産地消することで、地元に雇用と所得を生む「エネルギー自治」は道半ばにある。

ＪＲ仙石線石巻あゆみ野駅近くに東松島市の復興の象徴と呼ばれる「スマート防災エコタウン」が広がる。太陽光パネルや蓄電池、発電機と災害公営住宅85戸などが自営の送電線で結ばれ、災害などで外部からの供給が断たれても3日間は停電しない。

市に運営を任されている地域新電力「東松島みらいとし機構」は、利益を雇用やまちづくりに還元。昨年は事務所に子どものキャリア教育の場を設けたほか、被災農地でビール原料の大麦を栽培して仙石線矢本駅前に立ち飲みバーまで開いた。

市場価格の急騰で5年分の蓄えが消えた。春からは市の補助もなくなるが、震災後に帰郷して設立から携わる渥美裕介代表理事(36)の思いは揺るがない。

「電気を安く売ることが目的ではない。再生エネルギーを地産地消して地域の課題を解決する。再生のモデルを形にするのが震災を経験した私たちの使命」。原発事故がもたらした価値観の転換は、10年の節目も通過点にすぎない。

防災は「自分で命を守る」を前面に

あの日、自然の猛威が「防潮堤神話」を打ち砕いた。

津波が高さ6・4メートルの防潮堤を越えた岩手県大槌町の安渡《あんど》地区は、人口の1割を超す217人が亡くなった。安渡町内会長の佐々木慶一さん(59)は「防潮堤があるから大丈夫と考え、避難が遅れた人が多かった」と悔やむ。

造り直された防潮堤は高さ14・5メートル。数十年から百数十年に1度の津波を防ぐとされる。高台移転した団地の標高は18メートル以上ある。

安全度は格段に増したが、震災級の津波は防潮堤を越えるとの想定だ。「住民に震災前と同じ安心感が広がっていないか」。佐々木さんは、新たな「神話」への不安を口にする。

震災の津波はハザードマップの浸水想定域を超え、被害を拡大させた。国の中央防災会議専門調査会は11年9月、防災対策を検討する地震・津波について「あらゆる可能性を考慮した最大クラス」とするよう提言。「想定外」をなくすことが目標となった。

その象徴が、国が12年3月に公表した南海トラフ巨大地震の「最大想定」だ。津波の高さは高知県黒潮町で最大34・4メートルに達する。震源が陸に近く、津波が短時間で到達する。避難を諦める高齢者らが続出するとして問題となった。

20年4月には、日本海溝・千島海溝沿いを震源とする巨大地震による津波の最大想定が示された。震災後に完成した防潮堤が壊れる前提で推計し、高さの最大は岩手県宮古市で29・7メートル。一部被災地では復興した街も浸水するとの内容に衝撃が広がった。

宮古市は21年2月、暫定版の津波ハザードマップを全戸に配布した。背景にあったのは数字の独り歩きだ。危機管理課の担当者は「29・7メートルの津波が到達する場所に人は住んでいない。浸水想定域を正しく知り、津波の時は高台に避難する基本は変わらない」と強調する。

震災後、激甚化した気象災害が全国各地で頻発している。関連死を含め296人が亡くなった18年7月の西日本豪雨を受け、水害や土砂災害での避難のあり方を検討した中央防災会議の作業部会は「住民主体の防災」を打ち出した。

震災で浮き彫りになった公助の限界、住民の過度な行政依存の現状を踏まえた防災の大転換だ。報告書は「住民は『自らの命は自らが守る』意識を持って自らの判断で避難行動を取り、行政はそれを全力で支援する」と「自助」を求めた。国民には「皆さんの命を行政に委ねないでください」と異例のメッセージも発した。

「想定にとらわれるな」「最善を尽くせ」「率先避難者たれ」。作業部会委員の片田敏孝東京大学大学院特任教授（災害社会工学）は震災前、「避難3原則」を掲げて釜石市の防災教育に携わった。教えを守った小中学生約2900人のほぼ全員が無事だった。

片田特任教授は「『想定にとらわれるな』は、荒ぶる自然に対する本質的な理解だ。行政も被害を抑えるために努力を重ねてきたが、住民一人一人が主体的に行動し、命を守るために共に災害に立ち向かう社会を構築する必要がある」と訴える。

リスク不可避――共存探る

21年2月13日深夜のマグニチュード（M）7・3の地震は、東日本大震災の津波の記憶を呼び覚ました。

「とうとう来たか」。震度6弱を記録した宮城県山元町の花釜地区。無職菊地慎一郎さん（73）は揺れの中で着替え始めた。自宅は震災で約2メートル浸水し、一帯は災害危険区域となった。

費用面から内陸移転せず、自宅を修繕した。枕元に衣服を置いて寝るのが習慣で「住み続ける以上、津波に備えなければ」と言う。

岩手県大槌町安渡地区で3月7日にあった津波避難訓練。約100人が参加し、リヤカーで高齢者を高台に運ぶ練習にも取り組んだ。

地区は津波時の避難支援をめぐり、地震後15分で切り上げていいと定めた。震災で民生委員や消防団員が「共倒れ」になった苦い経験からだ。助けられる側にも15分で玄関先に出る努力を求め、自助と共助のぎりぎりの両立を目指す。

津波で被災したエリア(中央)に現地再建した住宅が並ぶ山元町．2020 年 11 月．

安渡町内会長の佐々木慶一さんは、津波の際にばらばらに逃げる三陸地方の教訓「津波てんでんこ」の意味を改めて考える。事前に家族で避難について話し合い、お互いが逃げると信頼しなければ実行できない。「自助だけでなく共助の意味もある。助ける側の人の命も守るため、安渡なりに津波てんでんこを肉付けしたのが15分ルールだ」。津波常襲地帯に住む覚悟を示す。

巨大地震と大津波、原発事故。震災は社会に潜むリスクをあらわにした。同時にリスクを評価し、時に制御する科学の限界も浮き彫りになった。

M9の地震規模を想定できず、原発はメルトダウンした。12年版の科学技術白書によると、科学者の話を「信頼できる」と肯定的に捉える人は約65％。震災前より約10ポイント低下した。

一方、被ばくリスクにさらされた原発事故の被災地で、日常を取り戻す手段となったのも科学だった。

いわき市久之浜町末続《すえつぎ》地区は、福島第1原発から30キロ圏内にある。一時、全員が自主避難した。元行政区長の高木宏さん(78)は「畑の野菜は食べていいのか、そもそも住めるのか。放射能の知識がなく、住民は心配だった」と振り返る。

住民有志が空間放射線量などの測定を始め、市民グループ「福島のエートス」が協力。15年2月には地区集会所に食品を持ち寄り、放射性物質の量を測る活動がスタートした。

タケノコは他の食品より数値が若干高めだが、ゆでると下がる。分量とリスクを勘案し、好物だから食べる——。専門家の支援も受けながら、住民たちは具体例からデータの意味と生活への影響を理解していった。

科学を「道具」に、愛着のある末続地区で暮らす不安を減らす一連の取り組みは20年3月に終わった。高木さんは「東京の孫が遊びに来ても大丈夫と喜ぶ人もいた」と意義を語る。

津波と原発事故の被災地がそれぞれ直面したリスクとの対話。問われたのは、人々が学びを深めながら、その地で生きていくという選択だった。

社会からリスクが消え去ることはない。福島県立医科大学の村上道夫准教授(リスク学)は「リスクは、何を大事にするかという価値観と密接に結び付く。幸せや豊かさとのバランスの中で対処することが大切だ」と説明する。

中央と地方——一方的関係から連帯へ

東日本大震災は、人や食料が地方から中央に一方通行で流れていた関係性も揺さぶった。地方の価値が見直され、多様なつながりがゆっくりと芽生えている。

21年2月26日早朝の東松島市宮戸島沖。同市の漁業松井直人さん(46)が船の小型クレーンで養殖縄を引き上げた。長さ2メートルを超えるワカメが、海面からカーテンのように現れ、先輩漁師と一緒に手際よく船に積み込んだ。

市の地域おこし協力隊の任期を終えた19年、宮戸島に自宅を構えた。漁業のほか、休耕田30ヘクタールを預かり、仲間と一緒に作付けをする農家の顔も持つ。20年5月には海岸清掃など環境保全を推進する法人を設立し、地域貢献にも取り組む。

埼玉県新座市出身の松井さんは移住前、東京の運送会社に勤めていた。転機となったのは震災。ボランティアで入った東松島市で、地域住民と交流を重ねるうちに「東京じゃなくてもいい。地域の一員になりたくなった」と当時の心境を振り返る。

収入は東京にいた時の方がはるかに多かった。それでも「東松島には豊かさがあふれている。自然に囲まれ、地域とともに暮らすことが自分らしい生き方だ」と話す。

地方の魅力に気付き移住を決めた人がいる一方、地方から首都圏への人口流出に歯止めはかかっていない。総務省の人口移動報告によると、20年は新型コロナウイルス禍の影響で東京一極集中の流れが一時的に鈍ったものの、東北6県のすべてで転出者が転入者を上回り、計2万1376人が流出した。21年もこの傾向は変わらず、転出超過数は計2万2人にのぼる。転出先の大半が首都圏だ。

移住・定住促進政策に詳しい東北活性化研究センター(仙台市)の主任研究員伊藤孝子さん(40)は「地方に興味がある人が即、移住につながるわけではない」と指摘する。仕事やボランティアなど多様で継続的な関わりが、地域への関係性を深めて人の流れを変える可能性を高めるという。

震災後、東北各地には多種多様な人たちがボランティアで駆け付けた。伊藤さんは「震災で東北の閉鎖的な部分がかき回され、多様性を受け入れる素地はできている」と期待する。

食べ物を通して、都会と地方の新たな関係を築こうとする動きもある。全国の農家、漁師ら生産者と消費者を結ぶ通販サイト「ポケットマルシェ（ポケマル）」だ。花巻市の会社が運営する。

登録した約３８００人の生産者が、自分で価格を決めて出品する。消費者は会員制交流サイト（SNS）を通し、生産者に調理方法などを直接質問できる。購入後も交流は続き、生産者に食材の感想を伝え、結び付きを深められる。

花巻市出身の高橋博之社長（46）は、復興支援に来たボランティアが逆に被災地での交流に癒やされる場面を目にして、都会と地方の連帯の必要性を痛感した。「ポケマルの狙いは、消費者も生産者も支え合っていることを実感することだ」と力説する。

コロナ禍の緊急事態宣言が発令され買い占め騒ぎが起きた際、生産者から消費者に「食べ物を送るよ」という連絡が相次いだという。「都市と地方は人のつながりで生きられる」と高橋さん。その関係に対立も従属もない。

被災地が育む「創造力」

震災で人口流出が加速した被災地でふるさとの魅力を見詰め直す学びが広がり、子どもたちの「生きる力」を育んでいる。

「おはようございます」。21年3月3日午前7時すぎ、塩釜市の塩釜港で小中学生約40人が市営汽船に乗り込んだ。船は松島湾を進み、小中一貫校「浦戸小中」がある浦戸諸島の野々島に向かった。

児童生徒43人のうち島外の子は42人、島の子は1人だけだ。島民の船舶販売修理業遠藤勝さん(57)は「学校がなければにぎやかな声も聞けない。通ってもらってありがたい」と語る。

ノリやカキの養殖が盛んだった諸島の住民は1957年の2100人をピークに減少。震災の津波で多くの家屋や船が流され、島民は2011年2月の589人からほぼ半減し、21年1月は314人になった(22年4月は308人)。

05年度に小規模特認校制度を活用して学区外の児童生徒を受け入れ始めた。当時3人だった島外の子は10年度に24人、震災後の18年度は最多の52人まで増えた。

通学も不便な島外の子どもたちを引き付ける魅力は、自然の豊かさと少人数制の教育の手厚さだ。15年度に小中一貫校に移行し、独自科目「浦戸科」を創設。カキむきやノリすきなどの体験学習もできるとあって、市内外の子育て世代の関心がさらに高まった。

中2の長女と小3の長男を通わせる塩釜市の会社員菅井信吉さん(47)は「大自然の中で伸び伸び育っている」と成長を実感する。

岩手県大槌町も震災で人口減少に拍車がかかり、教育環境の見直しを迫られた。16年度に小中一貫の義務教育学校「大槌学園」が開校し、伝統の新巻きザケ作りなどを体験する「ふるさと科」で郷土愛を育む。

18年度から新たに着手したのが町内唯一の高校、大槌高校(生徒146人)の魅力を高める取り組み。活動を推進する町の教育専門官菅野祐太さん(33)は「何も対策をしなければ学校がなくなる恐れがある厳しい状況だった」と振り返る。

10年度に120人いた入学者は18年度、53人に減った。危機的な状況で参考にしたのが島根県海士《あま》町の隠岐島前《どうぜん》高校の「高校魅力化プロジェクト」だ。過疎地という課題山積の環境を逆手に地域探究型の授業を取り入れるなど学校の魅力を高め、生徒数を10年で2倍以上に伸ばした。

大槌高校も地域を舞台にした課題解決型のカリキュラム「三陸みらい探究」を19年度にスタート。生徒は地域に出て子ども食堂の運営に携わったり、震災の教訓から防災無線の効果的な呼び掛け方を独自に研究するなど、主体的に取り組む姿勢が芽生えてきた。

活動を助言する東京大学大学院の牧野篤教授(教育学)は「価値観が多様化する現代では偏差値の高さより、地元の課題に深く向き合い、新たな発想を創造できる高校生が求められている」と指摘する。三陸みらい探究は、三陸地域の復興をリードする人材育成の場でもある。菅野さんは「この10年はハード中心の復興だった。今後はどんな町にしたいか、どんな生き方をしたいかを自分で考える力が地域に必要だ」と未来を見据える。

絆、光も影も

写真、はがき、文字でびっしりの便箋……。2月、釜石市鵜住居《うのすまい》地区の災害公営住宅。住民で民生委員の小野寺喜代子さん(74)が、箱から宝物を取り出した。

震災後、避難所や仮設住宅で多くのボランティアと出会い、交流を続けてきた。「被災後の苦しさの中で、人とつながっていることに励まされた」と感謝する。

19年9月、地区の祭りでボランティアの神戸大学の学生と再会した。卒業後、東京で働いているという。小野寺さんは「今も気持ちを寄せてくれていた。一生、感謝し続けたい」と話す。

岩手、宮城、福島3県で活動したボランティアは、社会福祉協議会のボランティアセンター経由だけで延べ150万人を超える。21年1月末現在、日本赤十字社を通じて配分された義援金は約3425億円。他にも多額の善意が県や市町村に届けられた。

震災と原発事故が起きた11年、日本中にその言葉があふれた。

絆。

瞬く間に被災地支援のスローガンとなり、世相を1字で表す「今年の漢字」に選ばれた。

自発的に、時には人為的につくり出された巨大な一体感。光があれば影もある。

「賠償金をもらっているからと嫌がらせを受けている」「放射能が不安で母子で避難しているが、夫や義父母に戻るよう迫られる」

21年2月、郡山市のNPO法人「ウィメンズスペースふくしま」の事務所。スタッフが福島県の女性の電話相談に耳を傾ける。心身や家族関係、ドメスティックバイオレンス(DV)の悩みに原発事故後の長期化した避難生活が影を落とす。

避難者の歩みは苦難の連続だった。「放射能がうつる」。県外の転校先で深刻ないじめがあった。福島ナンバーの車が傷つけられたこともあった。

県内でも東電の賠償金をめぐり、軋轢が生まれた。同じ県民でも避難区域の被災者以外は受け取れない。法人代表理事の後藤美津子さん(60)は「避難者であることを周囲に隠している相談者が多く、人間関係の苦しみから引っ越しを繰り返す人もいる」と話す。

「絆」について東北大学の若島孔文教授(臨床心理学)は、結束力を意味する「凝集性」を鍵に説明する。

「日本全体の結び付きを強め、被災地支援に方向付ける効果があった。ただ凝集性の高い集団は差異に弱い。個人の被災状況の違いや被災地との距離が、次第に言葉の力を失わせていった」

震災から10年。爆発的に普及した会員制交流サイト(SNS)では、誰もが他人と簡単につながれるようになった。同時に可視化されたのが「分断」だ。意見の異なる相手への攻撃が横行し、新型コロナウイルス禍でもデマと差別が繰り返されている。

あの日。わざわざ「絆」を口に出さずとも日本中が被災地を思い、力になりたいと考えた。見知らぬ誰かの無事を願った。その経験は忘れ去られたのか――。

広がる、新たな支援の形

震災後、インターネットを通じて出資を募るクラウドファンディング(CF)の存在感が増した。寄付文化が弱かった日本で、震災を契機に新たな支援の輪が広がっている。

福島県須賀川市でモモなどを栽培し、農家民宿も手掛ける「阿部農縁」。CFを活用し、来訪者と地域の高齢者らの交流施設「SHINSEKI(シンセキ)ハウス」を敷地内に整備した。

20年1~2月に初めてCFに挑戦し、全国の292人から目標額を上回る計479万円を集めた。

代表の寺山佐智子さん(53)は「自然あふれる環境での農作業や郷土食作りを通じ、みんなが笑顔になれる場所にする」と構想を語る。

実家の農業を継ごうと07年、看護師として約20年働いてきた病院を辞めた。設備を導入し、加工品の製造販売を始めようとした矢先、原発事故が起きた。原発からは約60キロ離れているが、出荷停止になったホウレンソウは廃棄を迫られた。

葛藤の中で放射能に関する勉強を重ね、農業の継続を決断した。法人化して従業員を雇い、加工品の通販に力を入れた。水を一滴も使わないモモのコンポートは看板商品となった。

ハウスは21年3月にオープン。寺山さんは「出資者の2割は知らない人。新しい縁を力にし、新商品の開発を軸に収益を強化したい」と誓う。

日本でのCFは11年3月以降に本格化した。日本クラウドファンディング協会によると、返礼がある「購入型」CFの市場規模は、17年の77億円から19年の169億円に拡大した。震災などの自然災害や新型コロナウイルス禍での支援プロジェクトが多数展開され、「共助」の新しい形として定着した。

復興庁も被災地の企業や団体の資金調達手段として着目し、CFを利用する際に専門家の派遣を受けられる制度を18年度に創設した。19年度は60件のプロジェクトが採択され、計1億円を獲得した。

被災地への広く、緩やかな支援。政府の復興構想会議が掲げた復興構想7原則の一つ「国民全体の連帯と分かち合いによって復興を推進する」が重なる。臨時増税を実現させ、5年で19兆円の復興財源を補った。

被災地では次の被災地への「恩送り」も新たな文化として育ちつつある。16年4月の熊本地震後、釜石市の釜石東中生徒会は募金活動に取り組んだ。校門前で呼び掛けるなどして約12万7000円を熊本県に送った。

生徒会長だった宮城大学1年佐々木千芽《ゆきめ》さん(18)は津波で自宅が全壊した。「被災の大変さ、支援のありがたみを両方を知っている。先生は何も言わなかったが、誰ともなく『何かしなければ』と動いた」

震災では、阪神・淡路大震災(1995年)や新潟県中越地震(2004年)を経験したボランティアや行政職員が、各地で強力な助っ人になった。

復興構想会議の議長代理を務めた御厨貴東京大学名誉教授は「熊本地震の被災地でも『復興経験者』が有力な人材として活動している。この10年、被災を共通の体験としてつないでいく連鎖構造が強まった」と指摘する。

支え合い。時代とともに姿を変えながら、人を思いやる気持ちは確実に未来へと受け継がれていく。

(2021年3月6~10日=全5回)

10 復興庁

東日本大震災からの再生の「司令塔」を担い、２０１２年２月に発足した復興庁。東京電力福島第１原発事故をめぐる抜本的な解決の先行きが見えず、設置期限は31年３月まで10年延長された。省庁縦割りを打破し、復興を推進する当初の目的は達成できたのか。10年間で東電への求償分を含め38兆円が投じられた復興予算と合わせ、被災地にもたらした光と影を検証する。

消えた防災庁

国の第２期復興・創生期間が始まった21年４月１日、復興庁宮城復興局の看板が石巻市の石巻支所に掲げられた。期間の延長に伴い、仙台市から拠点を移した。岩手復興局も盛岡市から釜石市に移転した。

次の復興ステージに入ると同時に福島を含む３復興局で70人が削減された。福島県選出の吉野正芳元復興相(72)は「復興庁が単独存続するとは思っていなかった」と語る。

同年３月末の復興庁の設置期限を前に、与党が政府に後継組織を検討するよう提言したのは吉野氏の在任中(２０１７年４月～18年10月)のことだ。福島の復興は道半ばだが、岩手、宮城両県のハード復

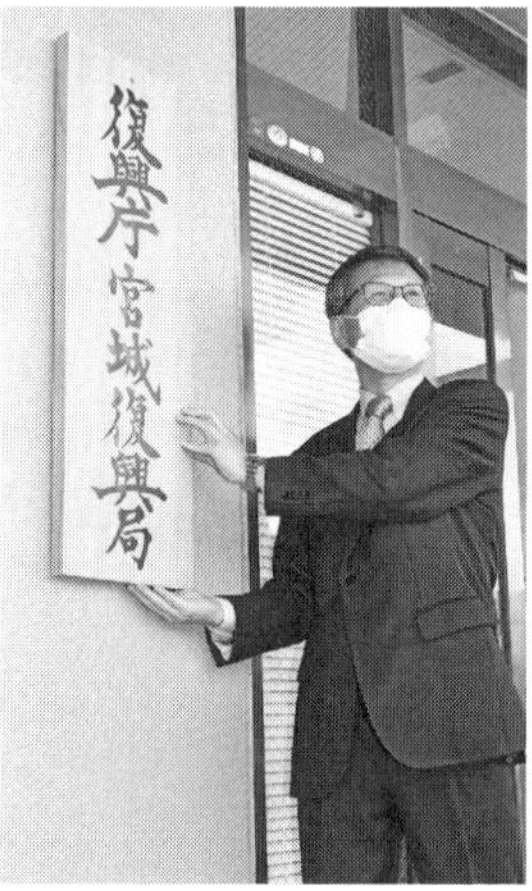

石巻市に移転した復興庁宮城復興局の看板を掛ける英《はなぶさ》直彦局長. 2021年4月1日.

興はほぼ完了が見込まれていた。

「全国で災害が起きている。震災から年月が経ち、復興庁を存続させるには防災対応を含めないと国民の理解を得られない」。吉野氏らの念頭にあったのが、組織改編の議論で立ち消えとなった「防災庁」だった。

「国家的危機に対処する参謀本部が必要」（五百旗頭真復興構想会議議長）、「災害の備えから復興までを担う防災省を創設してほしい」（全国知事会）。

復興の専門家や自治体からは、災害対応を一元的に担う組織の創設を求める声が相次いだ。与党も18年7月に「震災のノウハウを継承し、防災対策に責任を持てる危機管理体制を検討すべきだ」と提言し、復興・防災庁案が浮上した。

災害対応が内閣官房や内閣府など複数部門にまたがる現状を改め、新組織を常設化する――。地震発生から復興庁設置まで約1年を要した震災の教訓にほかならない。

安倍晋三首相（66）が率いた官邸は大幅な組織改編につながる復興・防災庁構想には消極的だった。熊本地震（16年）や西日本豪雨（18年）で、官邸中心の危機管理が機能したと考えていたからだ。

被災自治体には異なる懸念があった。福島県の内堀雅雄知事（57）は「復興のトップは引き続き閣僚が望ましい」と防災庁構想を牽制。防災部門との統合により、復興がおろそかになることを恐れていた。

19年2月27日。安倍首相は「省庁の縦割りを廃し、政治のリーダーシップで復興を成し遂げる組織を」と復興相に指示した。官邸と被災地の胸の内が重なり、事実上、復興庁の「延命」が決まった瞬間だった。

復興庁の有識者部会は同年7月から約3カ月間で復興施策を総括した。部会委員だった東北大学大学院の姥浦道生教授(47)は「事業の進み具合を確認するのが役割で、深掘りは求められなかった」と振り返る。組織存続の方向が既に固まり、実質的な検証はなかった。

被災地を支える枠組みが維持された一方、防災組織の根本的な議論は棚上げされ、南海トラフ巨大地震や首都直下地震に向けた組織的な備えは宙に浮く。

復興庁は21年4月1日、内閣府防災部局と連携する「復興知見班」を組織した。平沢勝栄復興相(75)は「復興の知見を防災面でも活用し、有機的に連携する」と説明。復興庁や内閣府防災担当が2年程度で代わり、「防災や復興のプロが少ない」という批判への「回答」と周囲は受け止める。

自民党幹部が危機感をにじませる。「省庁の組織を見直すには相当の腕力が必要。残念ながら、そこまで至らなかったということだ」

復興交付金――使途の自由度

「交付が認められた事業と省かれた事業の差は、いったい何だったのか」

国の復興交付金の申請業務を担当した宮城県市町村課の川越開《ひらく》さん(52)は頭を悩ませていた。

12年3月、国から待望の第1回の交付可能額が通知された。県と22市町の要求額計2032億円のうち、認められたのは１１６２億円。率にして57・２%にとどまった。

復興交付金は11年７月策定の復興基本方針で初めて示された。文面に「自由度の向上や執行の弾力化、手続きの簡素化を可能な限り進める」とあり、「使い勝手のいい交付金」と前評判が高かった。

国と被災自治体の思惑は擦れ違う。20年10月に宮城県南三陸町が開所した震災復興祈念公園は当初、24ヘクタールに津波学習記念館などを備えた公園を整備する構想だった。交付金の配分が始まった12年から復興庁と折衝を重ねたが「面積が広すぎる」と折り合わず、４分の１の６・３ヘクタールに縮小した。

国の制度設計と被災地の望みや実情との不一致が度々露呈し、被災自治体は「結局はひも付き補助金だ」と不満を募らせた。

司令塔は「被災地の利益」と「国民の目線」の両立に苦悩していた。

交付率の低さに対し「査定庁」と宮城県の村井嘉浩知事(60)が批判した数週間後、復興庁参事官だった寺岡光博さん(54)が県市町村課を訪ねた。第２回申請を前に、国側の意図を伝えるのが目的だった。「復興には優先順位がある。まずは被災者の住まいと生活だ。リソース(資源)は限られており、なぜいま道路や観光施設なのか」

その言葉通り、申請には１９５０年代から事業化されていない「悲願」の路線もあった。対照的に、災害公営住宅に絞り込んだ岩手県の交付率は98・１%と、ほぼ「満額回答」だった。

復興財源は所得税や住民税の上乗せが原資となった。「復興増税で国民に広く負担を求める以上、理解を得られる執行に努めなければならない」。財務省から出向し、交付金の制度設計から担当した寺岡さんは振り返る。

国難とさえ言われた震災で、復興交付金の「自由度」をどこまで担保するか。制度設計をめぐり、霞が関内部でも意見が割れていた。各省庁が補助金を出す従来型の「ひも付き」か、それとも被災者数などの基準に応じて自治体に交付金を渡し、使途も委ねる「一括方式」にするか——。行方次第で国から地方への分権に一石を投じる議論だった。

「交付金を丸ごと渡すのは駄目だ」。当時、復興対策担当相を務めた岩手県選出の平野達男元復興相(66)は自治体裁量を嫌った。中央官庁のチェック機能が働かなくなることを懸念したからだ。

結果として5省40の基幹事業を設け、各省庁に権限を残すことで執行に責任を持たせた。事実上の「ひも付き」だが、付随する道路や広場などの効果促進事業は、自治体の要望をある程度すくい上げる幅のある制度に落とし込んだ。

「いわば、迷った上の『折衷案』だった」。国の権限移譲や被災地と同じ目線に立つ難しさを、寺岡さんはかみしめる。

復興交付金　復興特区法に基づく特例措置として、自治体は高台移転やかさ上げなど5省にまたがる40の基幹事業を復興庁に一括申請し、交付を受ける。付随する道路や広場などの「効果促進事業」は基幹事業費の35％が上限。２０２０年度末まで計29回配分され、累計額は計３兆３２８４億円にのぼった。

津波復興拠点

気仙沼市朝日町の気仙沼港。6ヘクタールの敷地に、津波に耐え得る特殊コンクリートで覆われた燃油タンクが並ぶ。そばに船舶を防潮堤内に引き入れる最新鋭の造船所が立つ。両施設は19年に完成した。

「水産の街に必ず再建しなければならなかった。ようやく完成できた」

市と燃油施設を共同整備した石油販売「気仙沼商会」の菅野幸多《こうた》さん(57)が振り返る。

気仙沼港の燃油タンクは東日本大震災の津波に遭い、23基中22基が破損。造船所の作業エリアも地盤沈下で海面に沈んだ。基幹産業の水産業の拠点整備は市にとって急務だった。

市が目を付けたのが国の津波復興拠点整備事業。復興交付金の対象メニューで被災現場の声をきっかけに新設された制度でもある。

土地をかさ上げできる点は区画整理と同じだが、土地を買収でき、集団移転事業の対象外だった役場や工場、倉庫など業務施設を緊急に整備できるスピード感が売り。「単に震災前に戻すのでは未来はない。新制度はオリジナリティーがある」と菅原茂市長(63)が飛び付き、整備目標を「震災から5年後」と定めた。

復興庁に打診すると意外な言葉が返ってきた。「沿岸部に…ですか?」

津波復興拠点整備事業は安全な高台や内陸への移転が前提で、海沿いは想定されていなかった。「造船所やタンクは海沿いに造らなければ意味がない」と市は訴えた。1年近く調査費が付かず、造成費の交付は15年6月。結局は認められたとはいえ、本格再建は目標より4年ずれ込んだ。

復興庁の対応は柔軟性に欠けた。市はタンカーが給油のため接岸する桟橋の建設も新制度の関連事業として申請したものの、はねられた。

「復興拠点が海上にあるのはおかしい」という理屈だ。市は「桟橋がないと給油できない」と、他設備も含め約3億7000万円を市の復興基金から捻出した。

津波復興拠点整備事業は被災3県の17市町24地区が活用した。スピード感に欠け、すべての造成完了に約8年を要した。

制度を所管した国土交通省の元幹部は「新制度のためノウハウがなく手探りだった。将来のモデルになるような津波復興拠点はなかった」と指摘した上で、「被災後に急ごしらえで対応するのではなく、平時からシミュレーションしておくことが求められる」と語る。

国交省によると、津波復興拠点整備事業は復興特区法に基づく「特例措置」として認められた制度にすぎず、南海トラフ巨大地震など今後の災害で活用できるかはっきりしていない。

津波で公共施設が軒並み流失した宮城県南三陸町は事業をフル活用し、高台の2地区に役場や保育所など7施設の建設にこぎ着けた。

及川明総務課長(58)は「心残りは制度が常設されなかったこと。次に災害が起きた時に、南三陸と同じように路頭に迷う自治体を出したくない」と訴える。

膨らむ事業費に歯止め

国が全額負担してきた復興事業の方針をめぐり、竹下亘元復興相(74)は14年9月の就任直後、副大臣や政務官を集めた朝会議で覚悟をにじませた。

「俺たちはこれから悪役になる」

復興庁内部で国の集中復興期間(2011〜15年度)後の5年間の議論がスタート。「このままなら事業費は青天井だ。どこかで歯止めをかけなければ…」と懸念が広がっていた。

被災地では高台移転や土地区画整理など大規模事業が進む。時間が経つにつれて人口は流出し、当初描いた事業計画と現実にギャップが生じていた。ところが自治体は増大する歳出を気にも留めず、計画の縮小に消極的と映った。

コスト意識を芽生えさせるにはどうすればいいか。政府は15年6月、全額国費を見直し、16年度以降の一部事業に地元負担を導入することを決定した。

「財政状況は悪くない。大丈夫、耐えられる」。当時、復興大臣補佐官だった谷公一氏(69)は独自にまとめたリポートを竹下復興相に提出していた。

震災前後の税収の変化、自治体の貯金に当たる財政調整基金の推移など、岩手、宮城、福島3県と沿岸市町村の財政状況を調査。小規模自治体が多いことに配慮し、負担率は1・0〜3・3%に抑えた。

谷氏は兵庫県職員として1995年の阪神・淡路大震災を経験した。財政支援は原則復旧までという国の方針で、被災地は復興事業費の半分を負担。県は今なお借金返済にあえぐ。厳しさは分かっている。それでも全額国費は「やり過ぎ」に思えた。

「兵庫も乗り切ったのだから東北も」という単純な考えからではない。東北では市町村道の維持管理費も国でみてほしいと期待する自治体まで現れた。

「自分たちの道路すら管理できないなんて自治体の体を成していない。地元負担ゼロを継続すれば、結局は自治体のためにならないのではないか」。谷氏は、復興とその後の地域振興を担う被災自治体の覚悟そのものを問うた。

被災地側にも反省はある。石巻市は被災地最多の災害公営住宅４４５６戸を確保し、宮城県内で唯一、民間の賃貸物件も借り上げた。住民には20年の入居期限が付く一方、自治体にとっては初期投資が抑えられ、退去すれば維持費が不要になる。

採用は２２２戸、全体の約５％にとどまった。市の復興対策室長や復興政策部長を務めた星雅俊さん(66)は「早期整備が必要で当時は十分考えられなかったが、地元負担が増えたら知恵や工夫を出せたかもしれない」と自戒する。

兵庫県は阪神・淡路大震災から10年となるのに合わせ、学識経験者ら98人で構成する委員会が１年半にわたり復興を総括的に検証。４５９項目の提言をまとめた。

こうした検証の動きは東日本大震災の被災自治体では鈍い。政府の復興構想会議の委員だった河田恵昭関西大学特任教授は「多額の借金を負った兵庫は地元主体の検証ができる。しかし、国が金を出した東日本大震災はできない」と指摘する。

心のケア、「阪神」原点に

「閉じこもってばかりだと暗くなるね」。飛沫防止パネル越し。小声での会話。それでも参加者の顔には笑みが浮かぶ。

仙台市宮城野区の災害公営住宅「田子西第二市営住宅」の集会所で2021年3月26日、茶話会が開かれた。新型コロナウイルスの感染拡大に伴い、市が18日に独自の緊急事態宣言を出したばかり。公共施設の利用自粛を求める通知が自治会長の鈴木るみ子さん(70)の元に届いたが、対策を施して開催した。

「こんな時だから居場所づくりが大切」と鈴木さん。ウイルスより、これまで築いた人間関係を断ち切られることの方が怖かった。

茶話会を仕切ったのはNPO法人「仙台傾聴の会」(名取市)。ボランティアスタッフ350人を抱え、震災の直後から被災者の交流会開催や電話相談に応じてきた。

幅広い活動の原資は復興庁の「心の復興事業」補助金だ。代表理事の森山英子さん(72)は「息の長い支援が欠かせない」と中長期的な財源確保を求める。

東日本大震災は、従来の「国土の復旧」に加え、「被災者の復興」にも国費投入の門戸を開いた。被災者の見守りやコミュニティー形成、心のケアに予算が付いた。

原点は、1995年の阪神・淡路大震災だ。当時、仮設住宅では将来を悲観した自殺や孤独死が相次いだ。

「きちんと見守りをしないと犠牲者が出ますよ」。3・11直後、政府の被災者生活支援特別対策本部にいた元復興庁事務次官の岡本全勝さん(66)は阪神の関係者から助言を受けた。

本格的な復興予算となった2011年度第3次補正予算で、仮設住宅の見守りや保健師による「心のケアセンター」設置に約100億円が計上された。04年の新潟県中越地震で県が復興基金で賄った復興支援員制度も国主導で実現した。

「復興支援の『担い手』も、これまで主たるプレーヤーではなかった組織に広げた」と岡本さん。NPOや民間企業に協力を仰ぎ、被災者の交流会や被災児童の学習支援を任せた。

こうした支援の枠組みは、後の被災地へと受け継がれている。

21年4月14日、前震の発生から丸5年を迎えた熊本地震。熊本県は16年4月の発生から1カ月後には「熊本こころのケアセンター」(熊本市)の設置を検討し、半年後には開設に至った。5年間で県内延べ3700人の相談などに応じた。県障がい福祉課は「東日本大震災を参考に体制を構築した。期限を決めずに支援していく」と説明する。

東日本大震災は第2期復興・創生期間(21〜25年度)に入り、被災者支援の予算は縮小した。「みやぎ心のケアセンター」(仙台市)の21年度運営事業費は前年度比28・4%減の2億4200万円。被災者の巡回訪問を担う人員を削減した。

追い打ちを掛けたのが、新型コロナの流行による相談会や巡回の相次ぐ中止だ。福地成《なる》センター長(45)は「被災者と接触できず、状況把握すら難しい」と頭を悩ます。

手厚い財政措置が講じられた被災者支援は10年が過ぎ、新たな局面に立たされている。

(2021年4月11日、15〜18日=全5回)

復興予算のいま

ハード中心に38兆円

東日本大震災からの復旧・復興にはハード事業を中心に巨額の予算が投じられ、10年間の総額は約38兆円にのぼった。併せて岩手、宮城、福島の被災3県と各市町村の予算規模も大幅に膨張した。2021年度からの第2期復興・創生期間は東京電力福島第1原発事故の対応に特化し、地震、津波被災地域への手当ては縮小する。これまでの予算の執行状況を検証する。

■国の復興予算の推移——まちづくりから原発事故対応へ

国が11～19年度、震災の被災地に投じた復興予算の歳出額と、20、21年度当初予算額の推移は棒グラフの通り。ハード事業がほぼ終了し、原発事故対応に比重が移っている。

復興事業費の主な原資は、所得税や住民税の臨時増税と政府保有株の売却など。一般会計とは別に管理する復興特別会計と、原発事故の除染や中間貯蔵施設の経費といった東電に求償する経費を含めて算出した。

支出済み額は、11～15年度の集中復興期間が計27兆6229億円。復興・創生期間のうち16～19年度の計8兆6934億円と合わせると、9年間で計36兆3163億円に達した。

復興・創生期間の最終年度に当たる20年度当初予算(1兆7739億円)の執行率を100%と仮定した場合、10年間の支出総額は約38兆円にのぼる。第2期復興・創生期間に入った21年度当初予算は781

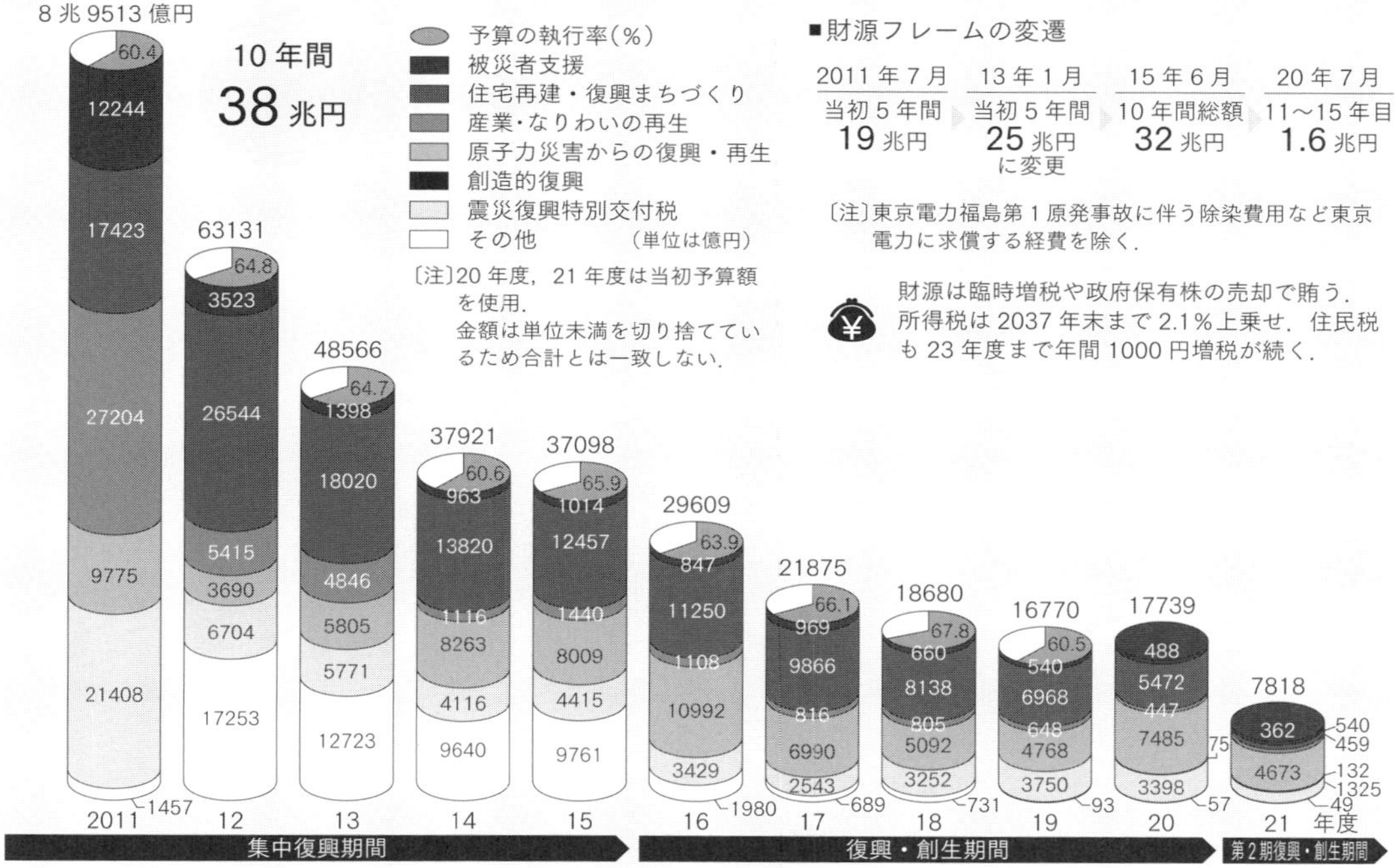
8兆9513億円
10年間
38兆円
予算の執行率(%)
被災者支援
住宅再建・復興まちづくり
産業・なりわいの再生
原子力災害からの復興・再生
創造的復興
震災復興特別交付税
その他
(単位は億円)
〔注〕20年度，21年度は当初予算額を使用．
金額は単位未満を切り捨てているため合計とは一致しない．
2011: 60.4 12244 17423 27204 9775 21408 1457
12: 63131 64.8 3523 26544 5415 3690 6704 17253
13: 48566 64.7 1398 18020 4846 5805 5771 12723
14: 37921 60.6 963 13820 1116 8263 4116 9640
15: 37098 65.9 1014 12457 1440 8009 4415 9761
16: 29609 63.9 847 11250 1108 10992 3429 1980
17: 21875 66.1 969 9866 816 6990 2543 689
18: 18680 67.8 660 8138 805 5092 3252 731
19: 16770 60.5 540 6968 648 4768 3750 93
20: 17739 488 5472 447 7485 75 3398 57
21: 7818 362 540 459 132 4673 1325 49
年度
集中復興期間
復興・創生期間
第2期復興・創生期間
■財源フレームの変遷
2011年7月 当初5年間 19兆円
13年1月 当初5年間 25兆円に変更
15年6月 10年間総額 32兆円
20年7月 11〜15年目 1.6兆円
〔注〕東京電力福島第1原発事故に伴う除染費用など東京電力に求償する経費を除く．
¥
財源は臨時増税や政府保有株の売却で賄う．所得税は2037年末まで2.1%上乗せ，住民税も23年度まで年間1000円増税が続く．

復興予算のいま

8億円を計上した。

使い道は仮設住宅や見守り相談などの「被災者支援」、防潮堤や道路などの「住宅再建・復興まちづくり」、事業者支援の「産業・なりわいの再生」、福島を中心とした「原子力災害からの復興・再生」の主要4事業に分かれる。

20年度からは福島県浜通りに新産業を創出する目的で「創造的復興」の項目を立てた。復興事業の地元負担分を補塡するための「震災復興特別交付税」は11年度から現在まで継続して交付されている。

被災者支援と産業・なりわいの再生は11年度の支出額が最も多く、住宅再建・復興まちづくりは12年度にピークを迎えた。一方、原子力災害からの復興・再生は、除染や中間貯蔵施設整備費が膨らんだ16年度に初めて1兆円を超えた。その後も避難区域の帰還環境整備などへの支出が続く。

11～19年度の執行率は6割台で推移し、未執行分のうち契約済み案件は次年度へと繰り越してきた。復興事業の地元調整や建設資材不足によって工期が遅れたことが主な要因。復興交付金事業で複数年度にまたがる事業費が一括で交付されたり、福島が除染対策基金の積み立てに回したりしたことも率を引き下げた。

復興予算の財源フレームは変遷を繰り返してきた。11年7月、民主党が11年度からの5年間で19兆円を投じると決定。12年12月の政権交代を経て自民党が13年1月、25兆円に拡大した。15年6月には10年間の総額を32兆円と見込んだ。

■主な支出項目――主要4事業に7割、再生を後押し

国の復興予算は約7割が主要4事業に充てられた。11～19年度の歳出額に20年度当初予算を加えた10

年間の使途は、「住宅再建・復興まちづくり」が12兆9958億円と3割以上を占め、「原子力災害からの復興・再生」が7兆869億円。「産業・なりわいの再生」は4兆3845億円、「被災者支援」は2兆2646億円だった。

住宅再建・復興まちづくりのうち、復興関連道路には1兆8500億円が投じられた。20年度末までに三陸沿岸道は91・4％(328キロ)、復興支援道路は94・8％(181キロ)が完成。残り区間も21年中に開通した。

1兆800億円が充当された高台移転と市街地かさ上げの土地区画整理事業は主に復興交付金で賄われ、20年12月にすべての造成が完了。災害公営住宅(9000億円)は3万戸が整備された。

原子力災害からの復興・再生は、原発事故に伴う除染(3兆3300億円)が全体額の半分近くを占めた。13年度ごろから費用が急増し、ピーク時の16年度には7800億円に達した。

除染廃棄物を保管する中間貯蔵施設は1兆3000億円。施設整備費のほか、立地する福島県大熊、双葉両町と県に対しての地域振興対策費など1500億円も含む。

13年度には、旧避難区域の帰還環境整備などに充てる福島再生加速化交付金(5300億円)を創設した。帰還困難区域の特定復興再生拠点区域(復興拠点)の除染や家屋解体費として、17年度から1600億円を計上している。

産業・なりわいの再生は、津波被災地などへの企業立地補助金(2700億円)が柱の一つ。16年度からは福島の旧避難区域に力を入れている。農林水産業の分野では、生産量向上の技術支援や販路回復、稲わら除染などに6000億円を拠出した。

福島県浜通りに新産業を創出する「イノベーション・コースト構想」にも予算を割いた。福島ロボットテストフィールドの整備などに400億円を充てた。

被災者支援は、プレハブ仮設住宅の建設・解体費用のほか、民間賃貸住宅などの「みなし仮設住宅」の家賃補助として、7300億円が使われた。

15年度には被災者の見守りや交流会などに使える「被災者健康・生活支援総合交付金」(現・被災者支援総合交付金)を創設し、700億円を拠出。児童生徒の心のケアとしてスクールカウンセラー派遣事業にも300億円を投じた。

■被災3県の震災対応歳出額――今後5年間で事業規模は大幅減

国の復興財源フレーム(2011~20年度)で31兆3000億円程度が確保され、膨大な財政支援を受けた岩手、宮城、福島3県の11~19年度の普通会計決算額は東日本大震災前と比べ、最大1・8~2・7倍に膨らんだ。このうち震災対応の歳出額の推移は折れ線グラフの通り。

岩手は、11年度の5258億円をピークに減少傾向をたどった。当初予算ベースの20年度までの7年間は、年2600億~3600億円が使われた。21年度当初は667億円に大幅減少した。

宮城は、12年度の1兆474億円が最高。以降、歳出額を減らし、21年度当初は410億円まで圧縮された。岩手、宮城ともに復興が着実に進み、両県のハード事業がほぼ完了したことを実証している。

一方、原発事故に見舞われた福島は、11年度に最高の1兆3929億円を支出した。12年度はいったん7865億円に減った後、除染関係費用がかさんで右肩上がりの傾向を示し、16年度まで1兆円台の歳出が続いた。

震災・原子力災害対応分の19年度までの決算額累計は、8兆3913億円。21年度当初は2585億

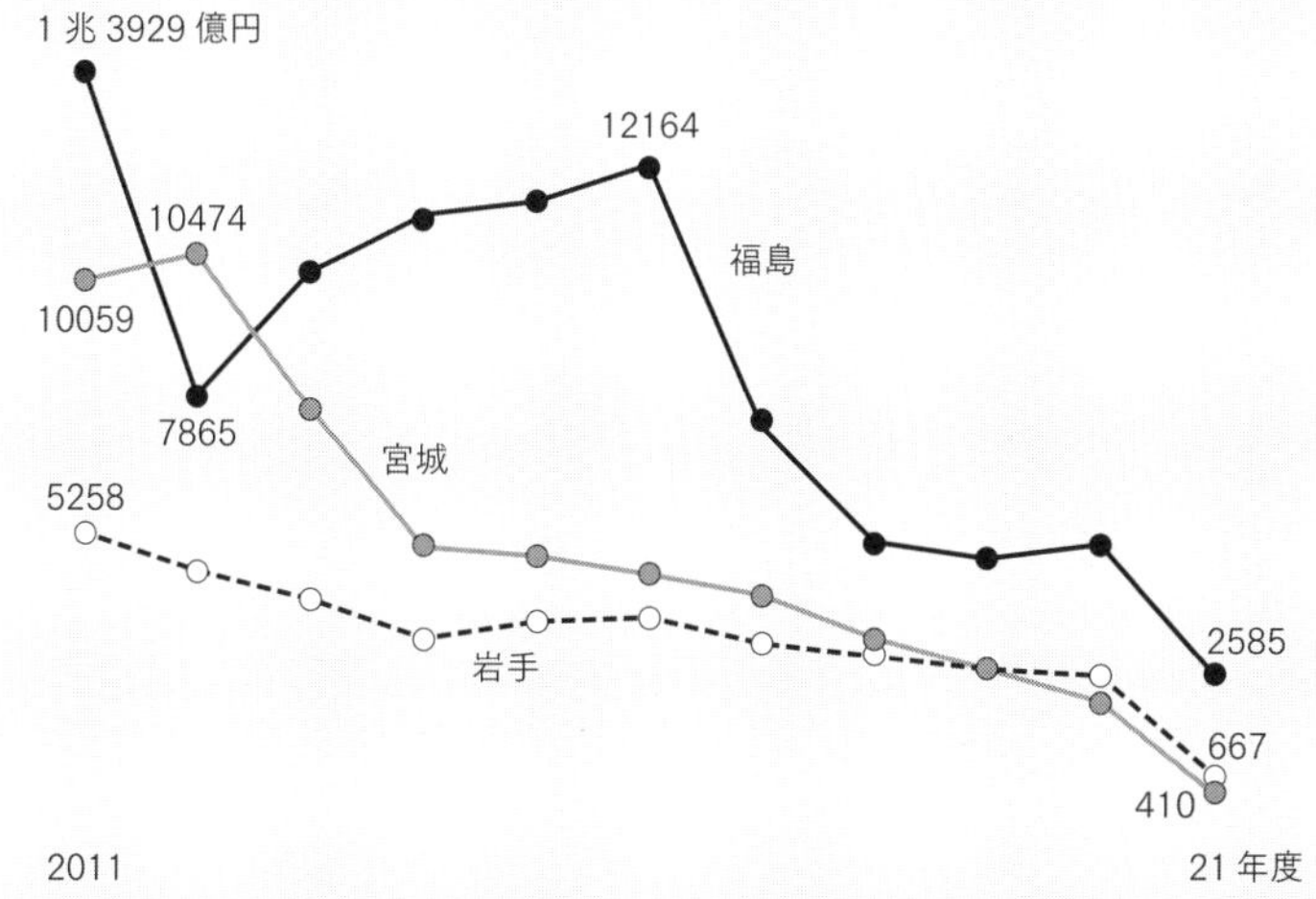

※ 2020年度，21年度は当初予算額.

被災３県の震災対応歳出額

円で、岩手、宮城と比べ高止まりしている。

国は、21～25年度の第2期復興・創生期間の事業規模を１兆６０００億円程度と見込んでいる。

事業費の内訳は、「原子力災害からの復興・再生」の５０００億円が最多。「住宅再建・復興まちづくり」「産業・なりわいの再生」が各２０００億円、「被災者支援」が１０００億円。震災復興特別交付税は６０００億円程度と見込んでいる。

県別に見ると、福島が最も多く１兆１０００億円、岩手、宮城が各１０００億円と想定される。

■被災3県市町の歳出額――震災前との比最大4・8～10・8倍

多額の復興予算が投入されたことで、被災市町村の歳出規模も大幅に増加した。震災前の10年度と比べ、ピーク時で陸前高田市は10・8倍、石巻市は4・8倍に膨らんだ。8・4倍の福島県大熊町は、原発事故の影響が色濃く反映された。

3市町の普通会計決算額の推移は棒グラフの通

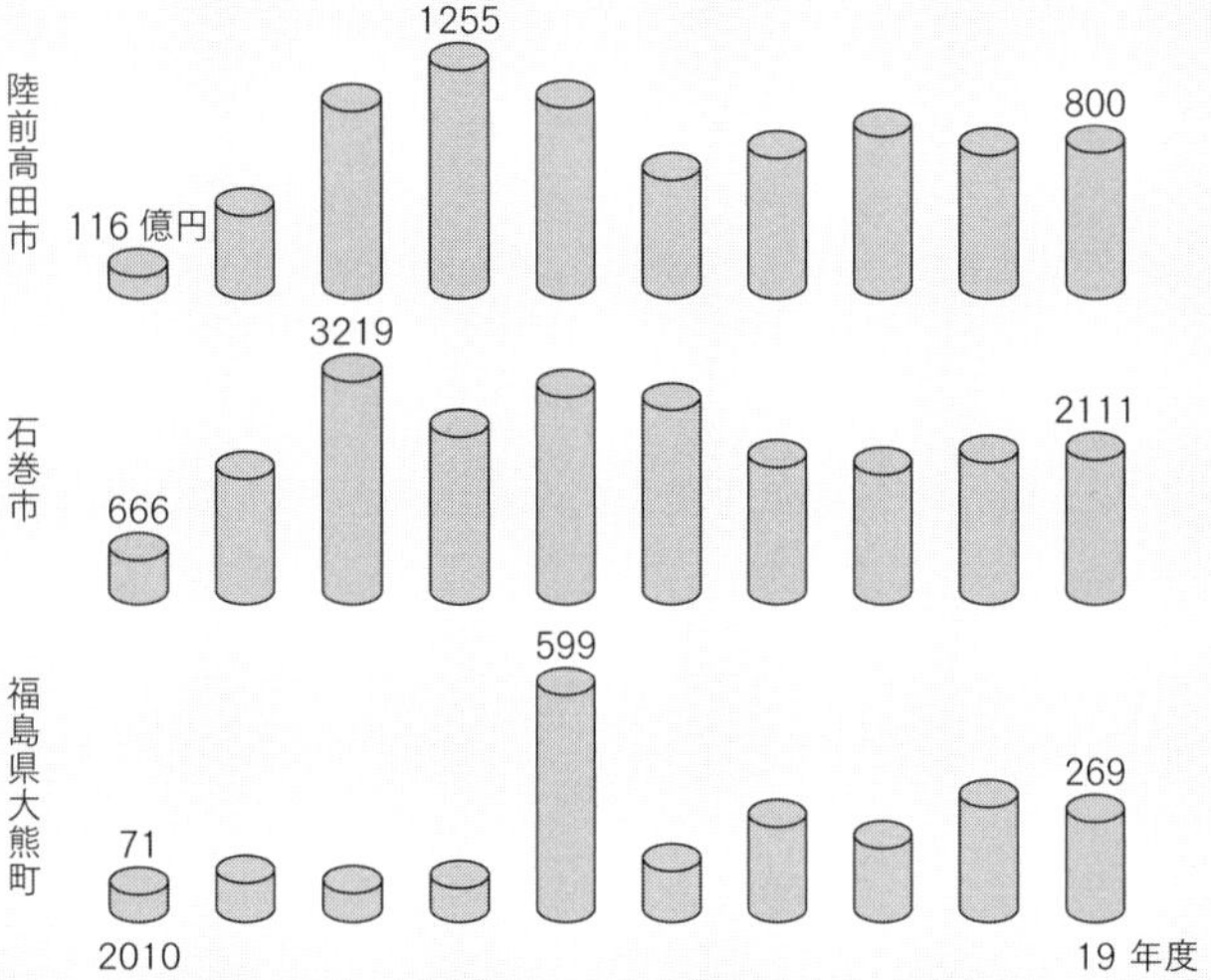

被災３県市町の歳出額

り。10年度に１１６億円だった陸前高田市は12年度から3年間、１０００億円台の経費を支出した。13年度には過去最大の１２５５億円を記録。災害廃棄物の撤去や道路復旧が主な要因に挙げられる。

住宅再建が本格化すると、高田、今泉両地区での大規模な土地区画整理事業が総額を押し上げた。17年度の歳出額は８９２億円、19年度は８００億円にのぼった。20年度に造成が完了し、「今後の歳出はガクッと減るイメージ」（市担当者）とみる。

石巻市は10年度の６６６億円から、12年度は過去最大の３２１９億円に増えた。瓦礫処理と用地取得に多額の費用を割いた。歳出総額は鳥取県と同じ水準に当たる。

石巻魚市場の再建や半島部の拠点エリア整備、下水道施設の復旧といった大型事業が相次ぎ、19年度までおおむね２０００億円を上回る状態が続いた。

津波被災地と異なる動きを示したのが、福島第１原発が立地する大熊町。13年度までは震災前の

71億円(10年度)とほぼ変わらない歳出にとどまった。原発事故で一時、全町避難し、復興事業に本格着手できる段階に至らなかった。

同町は双葉町と共に、原発事故に伴って発生した除染廃棄物を一時保管する中間貯蔵施設を抱える。14年度は過去最大の599億円に跳ね上がった。うち461億円が施設建設の影響緩和などを目的にした国交付金の基金積み立てだった。

19年4月に一部地区の避難指示を初めて解除するなど、復興の進行を背景に18年度は308億円、19年度は269億円を支出した。JR常磐線大野駅の周辺地区の整備などにより、歳出の規模は今後も維持されそうだ。

(2021年4月15日)

機転利かし役場高台へ

宮城県南三陸町長　佐藤　仁氏

復興交付金を、使い手の被災自治体はどう捉えていたのか。10年間で１１５１億円が交付された宮城県南三陸町の佐藤仁町長に、評価や改善点を尋ねた。

――２０１２年2月の復興庁発足と同時に、復興交付金事業が動き始めた。

「震災から11カ月後と明らかに遅かった。原因は政争だ。当時の国会は菅直人首相降ろしに夢中で、被災地はどこを頼ればいいか分からない状態が続いた。町復興計画は11年9月にできたが財源は示されず、３カ月も『素案』に留め置かれた。時間の無駄だった」

――交付金の使い勝手は。

「5省40事業とパッケージ化された印象だった。第1回配分で村井嘉浩宮城県知事が『査定庁』と批判し、その後は柔軟な運用に転換した。結果として町の年間予算は震災前の10倍以上に膨らんだ。翌年度に繰り越したが、財源の裏付けがあるとの安心につながった」

――新設の津波復興拠点整備事業を使い、役場など公共施設を高台に移した。

「既存事業では移せないと国土交通省からの派遣職員が気付き、制度をつくってくれた。初めての事業でどう手続きすればいいのか分からず、造成までに時間を費やした。国は精査し、制度を磨いてほしい」

――交付金事業の評価は。

「基幹事業を全額国費で賄ったことは評価できる。当時、復興に必要な金額を試算したら約３０００億円。通常の災害は1割近く地元負担が生じる。平時に町が自由に使える金額は年間1億～2億円程度。毎年1億円支出したとしても３００年かかる。本当に助かった」

――逆に改善点は。

「津波で被災した公園を内陸に移設しようと計画

したら、復興庁に『公園があったことを証明しろ』と言われた。役場は津波に遭い、資料はすべて流失した。私が『震災当日の朝、出勤時にこの目で公園を見た』と説明した。災害時に平時のような事務手続きを求める姿勢は改めるべきだ」

◉さとう・じん……仙台商業高校卒。宮城県旧志津川町議を経て、歌津町との合併に伴う2005年の南三陸町長選で初当選。現在5期目(2022年8月現在)。南三陸町出身。69歳。

(2021年4月16日)

地元負担求め熟考促す

元復興相 **竹下亘**氏

2016〜20年度の一部復興事業で政府は15年6月、被災自治体に費用負担を求めることを決めた。全額国費からの方針転換を決断した竹下亘元復興相に真相を聞いた。

――検討開始の時期は。

「14年9月に復興相に就任して10日か20日ぐらい経ったころ、副大臣や政務官を集めた場で『俺たちはこれから悪役になる。地元負担を入れる』と伝えた」

「ただ、宅地や道路の整備など柱となる復興事業は全額国費負担を前提にした。沿岸部の市町村が負担に耐えられないと思った。自分も島根の田舎者。経済活動が小さい地域が被災した時の厳しさは分かっていた」

――決断した背景は。

「復興事業の財源は基本的には税金。しかも企業や個人に増税をお願いして確保した。一銭たりとも無駄にできないと就任当初から思っていた。ほんのわずかでも自分で金を出すとなると、事業が必要かどうか本気で考えるようになる」

「すべて国が賄うと、どうしてもいいかげんになりがちだ。地域の公園整備など『これはどうかな』と思うような計画が次々と出てきた。震災前より人口増を想定する自治体もあった。『事業費がどこまで膨らむか分からんぞ』と歯止めが必要だと感じた」

――被災地の反発は大きく、「自立の気概を持って」との言葉も批判を浴びた。

「岩手、宮城、福島の知事に『耐えられるか』と尋ねたら、『10億程度なら』ということだった。庁内で検討し、最終的には理解してもらった」

「被災地を見放すのかとも言われたが、保護者のようには支え続けられない。復興の最終目標は自立。グループ補助金も住宅再建支援金も自立してもらうためにある。その考えだけは譲れなかった」

――被災地に対して思うことは。

「かさ上げした土地が余っている。誰が反省するかと言ったら復興大臣以外にない。もっとやれることはあった。被災地は新しい古里をつくらなければ復興はあり得ない。まさにこれからが勝負だ」

◉**たけした・わたる**……慶応大学卒。NHK記者などを経て2000年衆院選で初当選し、7期目。自民党国会対策委員長や総務会長を歴任。14年9月から15年10月まで復興相。島根県雲南市出身。（取材当時74歳、2021年9月17日死去）

（2021年4月17日）

11　被災者支援

東日本大震災は、被災者支援のあり方に再考を迫った。個別の課題に応じた生活再建を目指す「伴走型」の支援活動が進む一方で、災害法制の隙間や広域避難の実情を把握する難しさも浮き彫りになった。

伴走型・仙台モデル／生活再建　個別に対応

東日本大震災での手探りの実践をまとめたファイルが、復興の水先案内を担った。

最大震度7を2度観測した2016年4月の熊本地震から5年。約1万2000世帯が仮設住宅に入居した熊本市では、地震から4年後までに全入居世帯の住まい再建にめどが立った。

「モデルとした仙台市から助言を受け、素早く動けた」。被災者支援に携わった保健師の竹内弘子さん(54)が感謝する。

熊本市は発生から3カ月後、民間賃貸が大半を占める仮設住宅の全戸訪問に着手した。情報を基に「住まいの再建」や「日常生活の支援」に応じて世帯ごとの再建支援計画を作り、高齢者や障害、生活困窮の福祉サービスにつないだ。不動産業界など民間とも連携を深めた。

延べ3万6000件を超える戸別訪問の中心となったのが、地震で建物が被災した熊本市民病院の看護師たちだ。高い専門性を生かしつつ、被災者の不安や生活目標をすくい取った。

戸別訪問を通し、地震前からの引きこもりや精神疾患が分かったケースもあった。竹内さんは「普段気付かないだけで、多様な課題を抱える人がこれだけいたと分かった」と振り返る。

熊本市のような伴走型の生活再建支援は「災害ケースマネジメント」と呼ばれ、東日本大震災では仙台市や大船渡市が実践した。熊本地震や台風10号豪雨（2016年8月）、西日本豪雨（18年7月）の被災地にも広がり、壊れた自宅で暮らす「在宅被災者」にも目が向けられるようになった。

住宅被害によらず、支援が必要と判断した世帯も対象にしたり、弁護士や建築士、ボランティア団体など、専門家の協力を積極的に仰いだりした自治体もあった。

西日本豪雨で被災した岡山県倉敷市で活動した岡山NPOセンター（岡山市）の詩叶《しかなえ》純子さん（44）は「行政の限界を支援の限界にしないという共通認識を持てた」と意義を語る。

財源は、震災後に国が創設した被災者見守り・相談支援事業だ。市町村が、直営または委託で支援拠点を設ける。

厚生労働省によると、災害のたびに予算化していたものを19年度から一般事業化。特定非常災害の場合は3年間全額国費で年約13億〜15億円を計上している。

「『見守り活動』に限定せず『生活再建に向けた支援』にも拡大し、人員を確保し専門家との連携を強化してほしい」

仙台弁護士会などでつくる宮城県災害復興支援士業連絡会は20年7月、台風19号（19年10月）で大きな被害を受けた丸森町にこう提案したが、進展はないという。

町は町社会福祉協議会に委託し、相談員がプレハブ仮設などを訪問している。仙台弁護士会が一部の在宅被災者に尋ねたところ、周辺の土砂を撤去するうちに国の応急修理制度の申請期限が切れるなど、情報が行き届いていないケースが見つかった。

災害ケースマネジメントの規定や責務はなく、日弁連や東北弁護士会連合会は国に制度化を求めている。仙台弁護士会災害復興支援特別委員長の小野寺宏一弁護士(44)は、「見守るだけでは復興できない。震災後に蓄積した知見を全国で共有すべきだ」と訴える。

災害ケースマネジメント　申請や相談を待たずに、戸別訪問で課題やニーズを把握して被災者に合わせた個別の生活再建計画を作り、官民が連携して支援を続ける手法。介護保険制度のケアプラン(介護計画)に着想を得た。2005年に米国を襲ったハリケーン「カトリーナ」の被害を受けて連邦緊急事態管理局(FEMA)が始めたとされる。

ベテラン市民が全戸訪問

「災害ケースマネジメント」の先駆けとされる仙台市の被災者支援は、民間の人材とノウハウを積極的に活用した。

専任部署を設置した市は、仮設住宅の入居世帯が抱える課題に応じて、(1)生活再建可能、(2)日常生活支援、(3)住まいの再建、(4)日常生活・住まいの再建――の四つに区分。官民の関係者によるワーキンググループ(WG)で(3)と(4)の個別支援計画を検討し、フォローした。

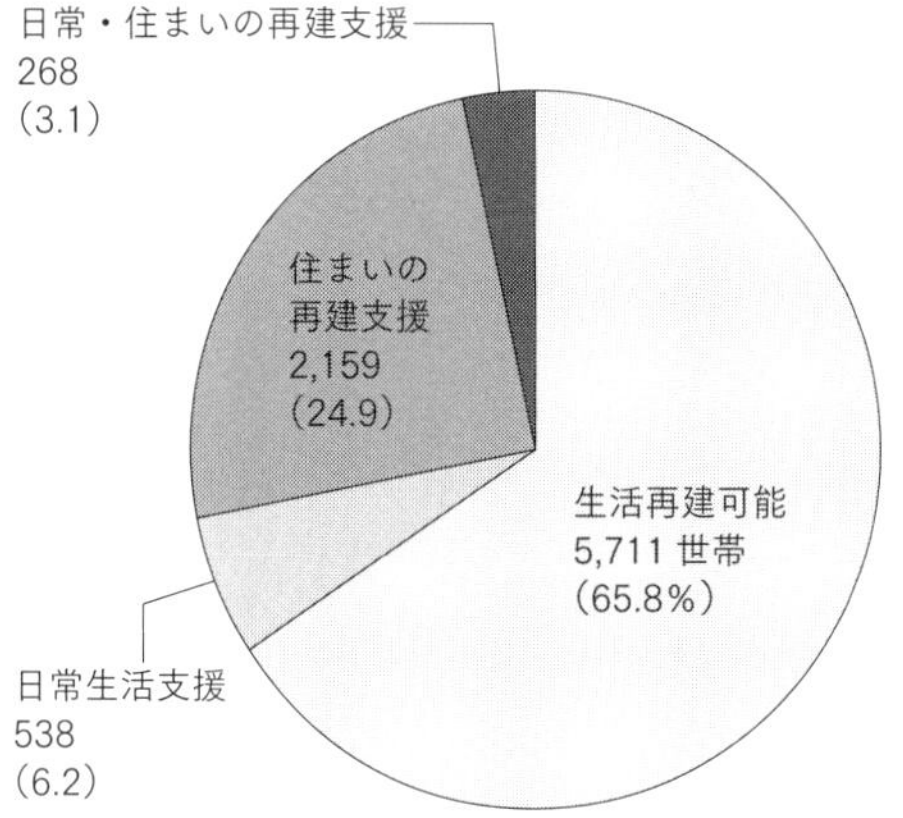

課題分類ごとの世帯数と割合(2014 年 2 月時点)

個別支援に役立ったのが、最大44人の生活再建支援員が戸別訪問で得た情報だ。市シルバー人材センターに委託し、人生経験豊富なベテラン市民が担った。

世帯構成や被災程度、健康、就労、収入、生活状況、住宅再建意向……。茶飲み話から引き出し、その日のうちにデータを入力した。部屋の様子や家庭事情も細かく報告した。

メーカーの営業所長だった竹谷義夫さん(78)は「まずは仏壇を拝ませてもらった。杓子定規にならず、傾聴を大事にした。『書き方が分からない』『字が書けない』と言われ、聞き取って調査票を代筆したこともある」と振り返る。

2人一組で訪ね「ちょっとメモを取らせてもらいますね」などと警戒心を和らげ、話に入った。呼び鈴を鳴らすのは2回まで。不在時もガスや電気メーターで生活実態を確認した。

12年10月に始まった約1万世帯の全戸訪問は1年に及んだ。その後も継続的に出向き、災害公営住宅への入居を勧めたり、支援制度の申請を呼びかけたりした。

災害公営住宅の入居資格がない被災者も少なくなかった。市から事業を受託した生活困窮者自立支援団体が民間賃貸住宅の物件探しに同行したり、大家を説得したりして地道に伴走した。市外から転居した津波被災者や原発事故の避難者も支援した。

仮設住宅戸数は県内の被災地で2番目に多かったが、市内で被災した世帯は17年3月末までにすべて住まいを再建した。課題ごとに当初4区分した世帯数はグラフの通り。最後まで再建が遅れたのは、「自分で何とかできる」などと答えた30～60代の1人暮らしの男性たちだったという。

元生活再建推進室長の西崎文雄さん(54)は「声を上げられない人は、出向いて支援しないと問題が解決しないと分かった」と話す。

生活再建支援はどのタイミングで終わらせるか。

市は「仮設入居者の住まいの再建が一番の目的」としながら、一定期間、災害公営住宅入居者を対象に継続した。支援員が再度全戸訪問し、定期的にWGを開いて個別支援につなげた。町内会設立など新たなコミュニティーができてきたとして、既存の福祉サービスでの対応に移行。関係部署が情報を共有できるようにした上で、19年3月に専門部署を廃止した。

災害公営住宅の家賃上昇、借金の返済、家族を亡くした喪失感など、震災を起因とした課題は今も残る。

仙台市の生活再建支援に関わった仙台弁護士会の宇都彰浩弁護士(47)は、市の取り組みを評価した上で、「しっかりと福祉でフォローされているか確認が必要」と指摘する。

住まいと災害法制

住宅再建への支援は県境で明暗が分かれた。

「同じ被災者なのに矛盾している」。宮城県山元町の無職岩佐洋子さん(69)が21年4月下旬、こうこぼした。壊れた2階の窓はベニヤ板で応急処置をしたままだ。

山元町は同年2月13日の福島県沖地震で震度6弱を観測し、1358戸が被害を受けた。築40年の岩佐さん宅も木造一部2階の屋根瓦が落ち、窓枠や網戸が外れた。廊下はビー玉が転がるほど傾いた。「目まいがしそう」。片付けを手伝いに来た長男に心配された。

町による被害判定は「準半壊」。町に災害救助法が適用されれば、最大30万円の国の応急修理制度を使えるはずだった。救助法は生命・身体への危害が生じる恐れがある場合などが条件だが、宮城県は「地震翌朝の午前8時で避難所の避難者がゼロになった」ことなどを理由に適用を見送った。福島県は避難所に1人でも避難した新地町など17市町に適用した。県のスタンスの違いが、県境を挟む山元町と新地町の支援格差を生んだ。

山元町は4月下旬、準半壊に見舞金を含め最大10万円を給付するなど独自支援策を決めた。それでも岩佐さんは「壊れた場所が多く、直し始めたら切りがない。屋根以外はこのままにするしかない」と肩を落とす。

被災住宅に対する国の支援制度は表の通り。応急修理制度と、1995年の阪神・淡路大震災を機に成立した被災者生活再建支援法に基づく支援金の2本柱で、適用基準を満たした自治体を対象に被害区分に応じて支援が決まる。

東日本大震災時は修理制度が半壊以上、支援法は大規模半壊以上が対象だった。一定の被害があった11都県では半壊（約21万戸）と一部損壊（約77万戸）が8割を占め、十分な修理ができない在宅被災者の問題がクローズアップされた。

被災した住宅に対する国の支援制度

被害区分	損害割合	災害救助法に基づく応急修理制度 1953年制定	被災者生活再建支援法に基づく支援金 1998年制定
全　壊	50% 以上	居住可能の場合は最大 59 万 5000 円	最大 300 万円
大規模半壊	50% 未満 40% 以上	最大 59 万 5000 円	最大 250 万円
中規模半壊	40% 未満 30% 以上		最大 100 万円
半　壊	30% 未満 20% 以上		—
準半壊	20% 未満 10% 以上	最大 30 万円	—
一部損壊	10% 未満	—	—

※斜線箇所は国が 2019, 20 年に支給範囲を拡充.

国は２０１９、20年、修理制度と支援法の支給範囲を拡大した。ただ、支援法にある「全壊10世帯以上の市町村」などの適用条件は変わらず、25都府県が独自の支援策を制度化し、適用外の事態に備えているのが実情だ。

震災から10年を経た今も災害法制の溝は埋め切れていない。21年2月13日と、最大震度5強を観測した3月20日の地震で宮城県は支援法と同等の独自支援を決めたが、対象は中規模半壊以上に限られ、大半を占める半壊以下は支援の隙間から再びこぼれ落ちた。

関西学院大学災害復興制度研究所は19年8月、災害救助法や被災者生活再建支援法などを一本化した「被災者総合支援法」の創設を提言した。

法案は事前の備えから生活再建に至る被災者一人一人の復旧、復興の過程に合わせて全6編で構成される。住宅支援は応急修理の対象を一部損壊にも適用し、最大１００万円の支給額を設定。再建・購入には最大６００万円を支給するなど、現行制度より手厚く制度設計した。

法案づくりの座長を務めた関西大学の山崎栄一教授（災

害法制)は、「一定規模の災害であれば被害が1軒でも支援の対象にした。被災者の実態に合わせ、切れ目のない支援を受けられるようにするべきだ」と訴える。

台帳を援助の土台に

992平方キロ。本州一の面積を誇る町で、山あいに暮らす被災者の見守りを「データベース」が支えた。

岩手県岩泉町は16年8月の台風10号豪雨で河川の氾濫が相次ぎ、住宅944戸が全半壊した。町が生活再建支援で活用したのが、県の「被災者台帳システム」だった。

システムは東日本大震災を機に県が整備し、12年度から稼働している。氏名や住所、住宅被害、被災者生活再建支援金の支給状況などのデータを集約した被災者台帳を作成。関係部署で共有し、支援の漏れを防ぐ。

町は社会福祉協議会やNPO法人と連携して台帳を基に被災820世帯を分担し、仮設を含めた住宅訪問と相談活動を重ねた。

「支援金が未申請なら声を掛け、健康不安がある高齢者にも必要な対応が取れた」。町住宅対策室の熊谷誠室長(47)が振り返る。

震災では被災自治体の行政機能が麻痺したり、大幅に低下したりして膨大な被災者情報の管理が困難を極めた。県は京都大学や新潟大学の研究者の協力を受け、県庁のサーバーと自治体をネットワークで結ぶシステムを構築した。

15年度に罹災証明の交付機能などを拡充して運用を本格化。33市町村のうち32市町村が利用できる。県復興くらし再建課は「全県的に統一されたシステムのため、大規模災害時には他市町村からの応援職員もスムーズな操作が可能だ」と利点を説明する。

被災者台帳は13年の災害対策基本法改正で制度化され、国が市町村に作成を促した。「被災者カルテ」とも呼ばれる。

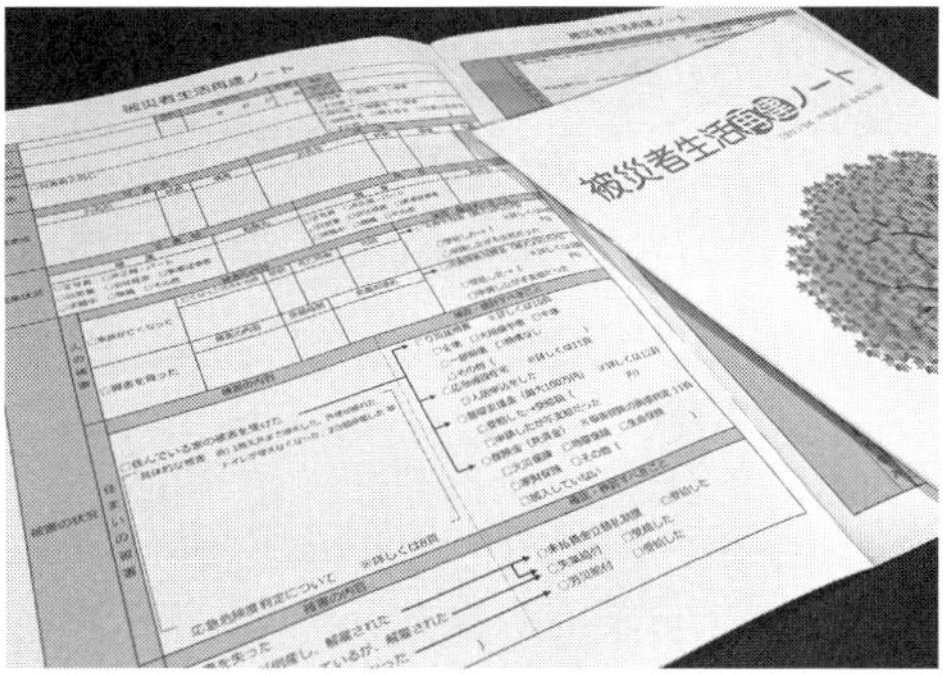

西日本豪雨で岡山弁護士会が配布した「被災者生活再建ノート」.

迅速な被災者支援に生かすには平時のシステム導入が鍵を握る。ただ全国1741市区町村のうち、20年3月末時点で導入済みは597市区町村(34・3%)にとどまる。費用に加え、理解不足が背景にある。

内閣府は約7億5000万円を投じ、全国の自治体が共同利用できるシステムの基盤開発に乗り出した。普及が期待される一方、台帳を行政以外に情報提供するには「本人の同意」が原則必要で、民間の支援者にとって大きな壁になっている。

日弁連災害復興支援委員長の津久井進弁護士(52、兵庫県弁護士会)は「台帳の方向性は正しいが、支援漏れや二重支給をチェックする『行政目線』の側面が強い。何に困っているか、どんなニーズがあるかを被災者と支援者が共有できる仕組みが必要だ」と問題提起する。

活用を提案するのが、自身も監修に携わった日弁連の冊子「被災者生活再建ノート」だ。18年7月の西日本豪雨などの被災地で弁護士会が広めている。

被災者自身が家族の人的被害や住宅の損壊、仕事の状況を書き込み、該当する支援制度を確認できる。弁護士ら支援者がノートを見れば、抱える悩みは一目瞭然。相談と助言の内容も書き残せる。「多分野の専門職が関わり、支援の輪を広げることができる。被災者も現状を冷静に見詰め、人生の再設計に向き合える」と津久井さんは意義を強調する。

取りこぼしのない支援を目指す台帳、伴走型支援を体現するノート。双方の特長を生かすことで被災者支援の土台は厚みを増す。

広域避難の見えぬ実態

「県外避難者の現状や全体像が分からないことが最も大きな問題だ」

東日本大震災と東京電力福島第1原発事故から10年が迫る20年秋。福島県の委託で避難者の「生活再建支援拠点」を運営する埼玉県のNPO法人など8団体が、平沢勝栄復興相に実態調査を要望した。「公表された数以上に避難者は相当いるんじゃないか」。要望した団体の一つ、岡山市の「ほっと岡山」代表理事の服部育代さん(49)も、毎月公表される数字を悩ましく感じている。

21年4月時点で復興庁が集計した岡山県内の避難者数は「17市町村で計929人」。それ以外にも岡山県から支援ニュースが届いたり、避難者登録をしていなかったりする数字に現れない「避難者」を、服部さんはサポートしてきた。

関東など原発事故の避難区域外から避難した「自主避難者」が半数を超え、生活困窮や孤立といった問題が横たわる。服部さんは「初めて相談に訪れる人が今もいる。正確な実態をつかまないと、どんな支援や制度が必要なのか見極められない」と訴える。

復興庁によると、岩手、宮城、福島の被災3県からの県外避難者は計3万2594人。3県以外の自主避難者も全国に身を寄せる。

避難者数の根拠になっているのが、総務省が11年4月に稼働させた「全国避難者情報システム」。避難者自身が避難先市町村に登録し、システムを通じて市町村の登録数を都道府県が集計している。避難元からは広報紙などが届く。

ただ登録は避難者の自己申告に基づく「手上げ方式」で、帰郷しても取り下げないと情報が残るなど課題が多い。自治体によって避難者の捉え方や把握手法もばらばらだ。

数字の不確かさは宮城県でも目立つ。

宮城県からの県外避難者数は、復興庁の4月時点の公表では3599人なのに対し、県の集計はわずか87人にとどまる。県は避難者情報システムや独自の名簿を基に意向調査し、「帰郷の意思がある人」だけを避難者にカウントしているためだ。

県内への避難者も復興庁は1275人で、福島県が公表する「宮城県内への避難者」は2730人。賃貸住宅などの居住者数が著しく食い違う。仙台を拠点に支援活動を続ける「東北圏地域づくりコンソーシアム」の高田篤事務局長(48)は「数字の中身がないことがよく分かる」と語る。

広域避難に詳しい川崎医療福祉大学(岡山県倉敷市)の田並尚恵准教授(54)は、「現状のままでは実態は分からない。情報を自治体任せにせず、国などが一元的に把握する仕組みをつくる必要がある」と指摘する。

1995年の阪神・淡路大震災では約5万4700人の県外避難者がいた――と兵庫県は推計するが、実態は分かっていない。広範囲で被害が想定される南海トラフ巨大地震などに備え、避難者をどう把握し、支援するかも問われている。

ほっと岡山の服部さんの言葉に力がこもる。

「災害に次々に襲われているのに、避難者を支える法制度はバージョンアップせず、広域避難の問題は棚ざらしにされている。名簿の共有など一人一人をきちんと拾い上げてほしい」

災害対応の意識向上を

台所の床下には今もヘドロが残り、風呂場の柱は腐食が進む一方だ。東日本大震災から10年が過ぎても、復興は程遠い。

2021年4月下旬、在宅被災者の支援を続ける石巻市の一般社団法人「チーム王冠」の伊藤健哉代表(54)が、同市貞山地区の佐藤悦一郎さん(76)宅を訪ねた。

「行政に苦しめられ、生活はひどくなるばかり」。佐藤さんの嘆きに、伊藤さんは深くうなずいた。

佐藤さんの自宅は津波で「大規模半壊」と判定された。国の被災者生活再建支援金や貯金など計300万円ではすべては修繕し切れなかった。震災でたんすの下敷きになった両膝が痛むなど不調が重なり、病院通いが続く。2カ月で約15万円の年金はほとんど手元に残らない。

チーム王冠の支援で生活保護を受けられるようになったが、介護保険料が数百円減った結果、基準を満たさなくなったとして20年11月に保護が打ち切られた。伊藤さんは「助けられて当然の被災弱者が、行政の理屈で切り捨てられている」と批判する。

震災直後、食料支援に奔走した伊藤さんは、「自宅があるから」と避難所を追い出され、壊れた家に暮らす在宅被災者の存在を知った。チーム王冠を結成し、修繕費を用意できないなど法制度の隙間にいる人々を調べ、支援制度の利用状況や生活の課題をまとめた「カルテ」を約6500世帯分作成した。

今も約120の困窮世帯を頻繁にフォローする。弁護士らと「災害ケースマネジメント」と呼ばれる伴走型支援を続ける中、災害法制の不備だけでなく「つなぎ先」となる福祉制度の不十分さを痛感した。

書類の読み書きが難しかったり、精神疾患を抱えていたり。複雑な事情が考慮されず、被災者が必要とする支援が届かない現実を目の当たりにした。

「災害対応は危機管理部門の仕事であり、福祉の担当ではないという意識を感じる」。伊藤さんが全国の支援団体などと共に災害ケースマネジメントの普及や制度化を目指す「構想会議」でも、福祉との連携が課題に挙がっている。

災害と福祉を結び付ける動きもある。鳥取県は21年4月1日、「災害福祉支援センター」を県社会福祉協議会内に設置した。16年10月に最大震度6弱を観測した鳥取県中部地震の被災地で、県は災害ケースマネジメントを実践した。18年3月に県防災危機管理基本条例を改正して制度化。センターは市町村に理解を広げて体制整備を図る役目を担う。

県福祉保健部と共同でセンターを所管する県危機管理局の西尾浩一局長(58)は、伊藤さんらがつくる構想会議のメンバーでもある。

「災害ケースマネジメントの充実には福祉の視点からのアプローチが必要。支援の手法が浸透すれば、平時の地域福祉の機能向上にもつながる」と西尾さんは期待する。

戸別訪問を通じ、被災者一人一人に向き合い解決策を探る伴走型支援。「一見すると遠回りだが、復興の最適解であり、最短ルートになる」と伊藤さんは力を込める。次の災害に備え、実践者たちの模索が続く。

（2021年5月11〜14日、16日＝全5回）

12 つなぐ

未曽有の大災害となった東日本大震災は、避難行動から復旧復興まで数多くの反省と教訓をもたらした。南海トラフ巨大地震など「次」の災禍に備え、若い世代や遠く離れた全国各地の人々にどう記憶のバトンをつなぐのか。被災地が向き合う伝承の課題を考える。

津波の脅威「伝わらず」

かつて街だった場所に、39ヘクタールの広大な公園が整備された。ガラス張りの建物はひときわ小さく見える。

石巻市の石巻南浜津波復興祈念公園にできた「みやぎ東日本大震災津波伝承館」。2021年6月6日、新型コロナウイルスの影響で延び延びになっていた開館日を迎えた。

岩手、宮城、福島3県が運営に携わる震災伝承拠点の中では最後発の船出。その展示面積は、陸前高田市にある岩手県施設の3分の2、双葉町にある福島県施設の半分以下にとどまる。

宮城県南三陸町で語り部活動をする後藤一磨さん(73)が内覧会に訪れ、津波避難を呼び掛けるシアター映像などを眺めた。「展示が少なく、避難以前に津波の恐ろしさを訴えるリアリティーが乏しい」。

被災3県の伝承拠点施設の概要

	施設名	展示面積(平方メートル)	展示費	入館料
岩手	東日本大震災津波伝承館(陸前高田市)	1155	7.7億円	無料
宮城	みやぎ東日本大震災津波伝承館(石巻市)	765	4億円	無料
福島	東日本大震災・原子力災害伝承館(双葉町)	1700	12億円	大人600円,小中高生300円

※岩手，福島は県施設．宮城は国が設置し，県と国が共に運営．

拠点施設に抱いていた期待は、すぐさま落胆に変わった。

館内では県内の被災状況や津波の歴史をパネルで紹介するほか、語り部や被災者計約90人の言葉を6台のモニターで伝えている。

空間が限られるだけに、展示物は絞り込まざるを得ない。近くに震災遺構として整備中の旧門脇小があるとはいえ、被災の生々しさを伝える物や復興過程の紹介はほとんどない。後藤さんは「津波を知らない人に伝わるのか」と不安を募らせる。

伝承館は国が約10億円で建設し、県は展示物の整備や管理運営を担う。国は、祈念公園で式典会場としても使えるようなガラス張りの屋内施設として設計し、そもそも展示施設としての利用を想定していなかった。県も当初、伝承拠点にする計画はなかった。

県と石巻市との調整が付かないまま、20年度の完成に向け、国の整備計画が進んだ。計画段階から展示方針を協議した岩手県とは対照的だ。「宮城県に明確なビジョンがなかった」と地元関係者は口をそろえる。

建物の概要が決まった後、県はリアス・アーク美術館(気仙沼市)の山内宏泰館長(50)らに展示アドバイザーを委嘱した。壁面が少ないなど展示スペースが限られる中、「内装の一部を変えたい」といった提案はことごとく国に退けられた。

「被災者のためでも、地域の未来のためでもない施設ができてしまったのではないか」。山内さんは自戒を込めて打ち明ける。

宮城県の担当者は「施設は最大限活用するが、すべてを伝え切ることはできない」と釈明。来館者の足を他の被災地に向けるゲートウェー機能に活路を見いだす考えだ。

国や県でつくる震災伝承ネットワーク協議会によると、案内員や語り部がいる伝承施設は宮城県内に23あり、被災3県で最も多い。伝承団体同士のつながりが深まる一方、来訪者が減り、存続の危機に瀕している例もある。

気仙沼市東日本大震災遺構・伝承館の佐藤健一館長(67)は「来館者に紹介し合える関係ができたら、個性を生かしつつ共存する道ができるはずだ」と、県につなぎ役を期待する。

震災から10年が過ぎた21年4月、県は震災伝承の基本方針を初めて策定した。3本柱の一つに掲げたのが「多様な主体の連携」だ。行政と民間が後世に伝え継ぐ活動は、息の長い取り組みになる。

「うまくいかなくても考え続けてほしい。私たちが未来に伝えたいという気持ちは、そんなにやわじゃない」。山内さんが訴える。

総括進まず

38兆円もの国費が投じられた東日本大震災の被災地で、教訓を社会と共有する「大前提」となる復興の検証が滞っている。

当初策定した復興計画(2011〜18年度)を終えた岩手県。20年3月、教訓と課題を380ページにまとめた冊子「東日本大震災津波からの復興——岩手からの提言」を発行した。「災害対応を時系列に並べ、行政職員が現場で使える内容を意識した」。県復興推進課で担当課長を務める米沢功一さん(47)が冊子を手に説明する。

県は19年度、初動対応や復旧復興の成果、課題を庁内で整理する作業に着手した。第三者委員会に計6回諮り、県の取り組みや提言を87項目にまとめた。他自治体の参考になるように反省点や工夫した点を盛り込み、有識者らのメッセージも添えた。

冊子を作るきっかけになったのが、阪神・淡路大震災(1995年)の復興を検証した兵庫県だ。有識者98人でつくる復興10年委員会が1年半かけて検証し、459項目の提言をまとめた。

岩手県復興局にあった兵庫の冊子はびっしりと付箋が貼られ、復興に役立てられた。米沢さんは「今度は他自治体に教訓を発信することが被災自治体の使命」と話す。

河北新報社は21年5月下旬、岩手、宮城、福島3県と3県の被災42市町村に復興計画の検証状況を尋ねた。「検証した」と答えたのは宮城、福島両県を含む12自治体(26・7%)にとどまった。

検証といっても、成果や課題を踏まえた教訓をまとめたのは岩手県と大船渡市だけ。他は、内向きな総括や、写真や年表とともに復興の経過を紹介しただけの記録誌が目立つ。兵庫県や新潟県中越地震(2004年)の10年検証を実施した新潟県のように、検証に特化した有識者委員会を設けた自治体はゼロだった。

新潟県の検証作業に携わった岩手大学の福留邦洋教授(50)(復興まちづくり)は「阪神や中越と比べ、東日本大震災はなぜ多くの人が犠牲になったのかなど『あの日』を含めた初期対応の検証が多い」と論点の違いに着目する。

復興交付金事業がほぼ終わり、個々の実績評価は進むが「住民から事業への大きな非難はなく、全体の検証作業は必要と考えていない」(宮城県七ケ浜町)との声も出ている。

膨大な復興データが各部署に散在したまま政策にも生かされず、棚ざらしにされる可能性がある。

発生から26年経った阪神・淡路大震災の被災地では、今も復興検証が続けられている。

神戸市は21年1月、JR新長田駅前20ヘクタールの再開発事業の検証結果をまとめた。再開発ビルの売却が進まず赤字見込み額は300億円を超え、「経済情勢が変化した」などと総括。一方、市民団体は「災害復興に便乗した副都心建設だ」と市の検証を再検証する。

阪神・淡路大震災の復興にも詳しい福留教授は「まちづくりに関わった人の苦労や思いが強いと検証が行われる。根っこにあるのは、自分たちと同じ苦労を繰り返さないでほしいという思いだ」と述べ、こう強調する。

「全国の支援を受けて進めてきた復興の歩みを検証し、発信することが感謝の証しになる」

経験を生かし被災地支援

一通の礼状が、兵庫県知事の元に届いた。

「あの日から、生活不安で呆然としていた私たちを支えてくれた」

15年10月、防災集団移転団地の完成祝いを済ませた気仙沼市唐桑町只越地区の住民たちがしたためた。

震災で117戸のうち38戸が被災した地区は、ほとんどの住民が当初の意向通りに住宅再建を果たした。一戸建ての災害公営住宅を含め、移転団地の全23区画にも空きはない。

団地が完成するまでの約4年間、毎月の会合に参加し続けたのが、神戸市のNPO法人神戸まちづくり研究所の理事長野崎隆一さん(77)たちだった。兵庫県の被災地支援事業で派遣された。世帯別に資金見通しや被災宅地の権利関係まで丁寧に聞き取って助言し、家族や地域の話し合いを大事にした。市との橋渡し役を担い、移転先に災害公営住宅の整備を掛け合うなどコミュニティー維持に力を注いだ。

集団移転先で自宅を再建した亀谷一子さん(67)は、「考えを押し付けず、主体性を引き出してくれた。住民の表情が次第に明るくなり、『神様みたい』と感謝する人もいた」と話す。

野崎さんには苦い思い出がある。1995年の阪神・淡路大震災で1級建築士としてマンション再建に携わったが、建て替えか補修かで住人同士が最高裁まで争った。合意形成が不十分だった。成功も失敗も含めて専門家たちの当時の経験を住民主体のまちづくりに生かそうと、兵庫県の派遣事業は始まった。気仙沼市や石巻市など宮城県内を中心に、2015年度まで約40地区に延べ875人を送り込んだ。

財源は阪神・淡路大震災で設けた復興基金を充てた。高齢者の見守りやコミュニティー再生のための民間人派遣費を含め、拠出額は約1億7000万円にのぼる。

10年3月、学識経験者らでつくる兵庫県の復興フォローアップ委員会は「被災地の責務」として、経験と教訓を生かした被災地支援を県に提言していた。その1年後に東日本大震災が起きた。

熊本地震や西日本豪雨の被災地でも、復興基金で一部の事業に取り組んだ。フォローアップ委員を務めた野崎さんは「被災地での活動は、自分たちの復興をもう一度検証する機会になった」と振り返る。

兵庫県は19年度、ふるさと納税の寄付金を財源に新制度を設けた。大規模災害時に活動するボランティアに交通費や宿泊費を助成する全国初の事業だ。「ボランティア元年」とされる阪神・淡路大震災から四半世紀が経ち、いっそうの参加を促す。

県民有志らが、全国35万人分の署名を集めて国に制度化を求めていた。国は動かず、県が単独で踏み切った。19年10月の台風19号豪雨に初めて適用され、計53団体663人が長野県や宮城県で泥かきや片付けに励んだ。

派遣関連事業を担う「ひょうごボランタリープラザ」(神戸市)の高橋守雄所長(72)は「兵庫が動かなければ全国は動かない。先導するのは、多くの人に助けられた私たちの使命」と言い切る。

支援を受けた長野県は20年度、同様の助成制度を創設した。東北の被災地に何ができるのか。兵庫の先達たちが期待を寄せる。

記録／膨大な文書をまず残して

所狭しと積み上げられ、ほこりをかぶった段ボール箱が10年間の激動の歴史を物語る。

東京電力福島第1原発事故で、19年4月まで全町避難が続いた福島県大熊町。帰還困難区域にある町の施設に、事故後に作成された公文書がすべて残してある。

避難先の会津若松市から役場が町に帰還した後、町は20年度に文書の整理に着手した。内容に応じて保存期間を1年、3年、5年などと定めているが、原発事故前後の業務の変化が分かるよう10、11年度は全文書を「永年保存」と決めた。

12年度以降は震災と原発事故の関連文書に限って保存する。町は「保管場所が限られるため、廃棄可能な文書を選んで量を減らしたい」と説明する。

震災関連の公文書は、初動対応や復旧復興の政策決定過程を示す重要な記録だ。教訓を伝え、歴史を検証できる。内閣府は12年度に適切な保存を国の機関に通知したものの、自治体は対象に含まれなかった。

保存基準が示されず、保管場所に悩む自治体が多い。特別な措置を取らなければ保存期間が過ぎた文書から廃棄を迫られる。段ボール箱１００個分を抱える同県浪江町は「大切な文書と認識しているが、収蔵用の建物は造れない。やがては処分するしかない」という。

公文書か否かの線引きを含め、震災関連の文書廃棄が問題視されたケースは少なくない。児童、教職員計84人が犠牲になった石巻市大川小事故では、市教委が震災直後に児童や教諭らに聞き取った証言メモを破棄した。

名取市閖上地区の犠牲をめぐっても、被災状況を調べた市の第三者検証委員会の事務局が最終報告書の基礎資料を処分し、遺族が「報告書を事後検証する手段が失われた」と反発した。

被災自治体は公文書にどう向き合えばいいのか。神戸市は阪神・淡路大震災から4年後の１９９９年、震災関連文書の「継続保存」を決めた。２０１０年度から8年かけて段ボール箱６４００個分を整理した。

義援金申請書や仮設住宅契約書は大量な上に個人情報が多く含まれ、廃棄を検討。住所が避難先の教室など「震災の経験や記憶がうかがい知れる」例を除き、段ボール箱２７００個を処分した。保存文書の目録をインターネットで公開し、誰でも情報公開請求できる。

震災資料に詳しい神戸大学大学院研究員の佐々木和子さん(68)は「歴史研究者としては資料の『全量保存』が理想だが、膨大すぎて困る行政の事情も理解できた」と振り返る。

神戸の場合、通常は公文書扱いされない資料も保存された。避難所で配られたパンやカップ麺のラベル、小学生が書いた避難所新聞が残る。神戸大学関係者の助言を受け、１次資料の「訴える力」を重視した。

東日本大震災の被災地では保存期間10年の公文書の廃棄が近づく。残すか、捨てるか。行政にとって歴史的価値の判断が悩ましいことも事実だ。

佐々木さんは「公文書の保存は何があったのかを忘れない、なかったことにしないという意味がある。まずは残し、時間をかけて住民と選別基準を考えてほしい」と語る。

デジタル記録　活用に壁

デジタル時代に起きた東日本大震災は、史上空前の規模で地震、津波の写真や動画が記録された。デジタル資料を集めてインターネット上に公開し、後世に伝える「デジタルアーカイブ元年」と呼ばれる。

デジタルアーカイブは写真や動画の投稿サイトと違い、著作権など権利関係がクリアされ、2次利用しやすい。宮城県は15年6月に運用を始め、電子化した文書を含む約22万7000点を公開している。

管理を担当する県図書館は現在、検索時に見つけやすくするため、写真を撮った日付や場所などの資料情報「メタデータ」の精度向上に力を入れる。

「仙台市東部の浸水状況」と題された写真なら、写り込んだ商店名から住所を調べ、地図で風景を確かめて「若林区」などと書き加える。写真1枚につきメタデータは10項目以上あり、職員が資料を1点ずつ確認して入力するのは手間が掛かる。未公開の資料約18万2000点の権利処理も残るが、著作権者との連絡は年々取りづらくなっている。

宮城県図書館が取り組むデジタルアーカイブの整理作業．2021年6月10日，仙台市泉区．

震災文庫整備班の加藤奈津江班長(51)は「被災現場の写真を見るとつらいが、当時の大変さが伝わる。せっかく集めた貴重な資料を将来の世代や被災地外の人が使える状態にしなければ」と職責に向き合う。

震災では被災自治体や研究機関、IT企業がデジタルアーカイブを続々と開設した。国立国会図書館のポータルサイト「ひなぎく」は連携する53アーカイブの資料を検索でき、登録数は計約445万点に達する。

課題は膨大な資料の利活用だ。この10年は収集に重点が置かれ、使われ方が後回しになった面がある。認知度も不足し、地域の防災・減災に役立てるという意義が浸透していない。

デジタルアーカイブを研究する東北大学災害科学国際研究所の柴山明寛准教授(44)(災害情報学)は「情報量が多すぎて、検索に必要な地名やキーワードの知識がなければ使いにくい。素材の生かし方を提案できる司書や学芸員のような存在がいないのも利活用の壁になっている」と指摘する。

注目されるのが、17年3月にアーカイブを稼働させた岩手県の取り組みだ。自治体最多の約23万8000点を公開する。防災や減災の知識、地域への愛着、生き抜く力を育もうと県内全校で展開する独自の「復興教育」と連携しているのが特長だ。

アーカイブを使う学習指導案や授業の動画を作成し、教員用の副読本の手引きには関連資料にたどり着けるQRコードを添付。画面上には、児童生徒向けに地震や津波のメカニズムなど21項目の学習コーナーを設けた。

20年度、復興教育に特に力を入れる推進校33校のうち22校がアーカイブを利用した。震災の記憶や経験がない児童生徒が増える中、役割は重みを増している。

県教委学校教育室の小松山浩樹主任指導主事(50)は「写真や動画以外にも新聞記事や子どもの作文を通じ、震災を自分ごととして捉えられる。自分の住む地域に置き換えて備えを考えるなど、主体的に学ぶ姿勢につながる」と手応えを語る。

日々の問いかけ

ぞっとするような字面。その2文字は強烈な印象で心に訴え掛けてくる。

東北大学災害科学国際研究所長の今村文彦教授(59)が津波被害を独特の表現で記した史料の存在を知ったのは、東日本大震災から10年近く経った頃だった。

「血波《ちなみ》」

1774年に仙台藩が編纂した「風土記御用書出」(宮城県史収録)にその文字はあった。現在の多賀城市で、橋が津波で流されたのを「血波ノ為《た》メ落橋」と記述していた。藩領で1783人の犠牲が出た慶長三陸津波(1611年)と推測される。石川県輪島市にも同様の史料があった。

「先人は何とかして津波の脅威を伝えたかったのではないか」。経験や教訓を忘れまいとする覚悟のよう。胸に突き刺さった。

古くから日本は地震や津波、噴火など自然災害に幾度も見舞われた。命を守る口伝や戒めは、長い歳月の中で埋もれてきた。

戦後50年に阪神・淡路大震災が起き、10年を置かずに新潟県中越地震(2004年)、東日本大震災(11年)、熊本地震(16年)が襲った。南海トラフ巨大地震や首都直下地震への警戒も高まる。

「大震災の記録を永遠に残し、その教訓を次世代に伝承する」。2011年、政府の復興構想会議は復興7原則の冒頭に伝承を掲げた。翌12年に災害対策基本法が改正され「伝承は住民の責務」とまでうたわれた。

その掛け声とは裏腹に、記憶の風化は静かに進み、震災後生まれが社会の中心となっていく。

今村教授ら研究者はこの春、提案した。3月11日を「防災教育と災害伝承の日」とすることだ。毎月11日の月命日に思いをはせながら、6月は「みやぎ県民防災の日」、9月は「防災の日」、11月は「世界津波の日」がある。災害と隣り合わせだからこそ、日ごろから教訓と向き合う機会を増やしたい。「伝承は生活にしっかり結び付けることが欠かせない」

「みんなが住んでいる地区はどんな災害が起こり得るのかな。帰ったら地図を見ながら考えてみて」。津波で被災した岩手県大槌町。21年6月3日、語り部を担う一般社団法人「おらが大槌夢広場」の代表理事、神谷未生《かみたにみお》さん(45)が、盛岡市から修学旅行で訪れた小学6年生に問い掛けた。災害を「自分ごと」と受け取ってほしい。備えはハザードマップや避難場所を知ることだけではない。

それは毎日をどう生きるのかという問いにほかならない。「家族や愛する人への日々のあいさつ、感謝を伝える言葉。大切な人を守ろうという行動は、そんな思いやりの積み重ねから生まれる」

被災地支援を機に海外から移り住み、語り始めて8年近く。被災した旧役場庁舎の保存か解体かをめぐって町が二分し、どこか住民の間に震災を語りにくい雰囲気があった。復興が進み、かさ上げされた街に家々が並ぶ。「まだ語り部やっているの」と言われたこともあった。

大槌で結婚し、長男の蒼《そう》ちゃん(5)を授かった。被災を乗り越えることは必要だけど、忘れることじゃない。伝えることは未来へのメッセージとなる。輝く海の前で神谷さんは子どもたちに言葉を贈った。

小学生に大槌町の被災状況を説明する神谷さん．2021 年 3 月 3 日，岩手県大槌町．

「楽しい思い出をつくれるのは待っていてくれる人がいるから。家に帰ったら、『ただいま、今までありがとう、これからもよろしくね』と伝えてね」

命を守るという一番大切な文化は、日々の暮らしの中でこそ育まれる。

（2021年6月11～13日、15日、16日＝全5回）

気仙沼市東日本大震災遺構・
伝承館に展示されている
写真を背にする魁翔さん.
2021 年 1 月 10 日,
気仙沼市波路上瀬向.

水を運ぶ少年、20歳に

東日本大震災が起きて間もなく、
気仙沼市で大きなペットボトルを両手に持ち、
水を運ぶ少年の写真が全国の新聞に掲載された。
松本魁翔《かいと》さん。2020年9月に20歳を迎えた。
口を固く結び、瓦礫の中を歩く幼い姿は
人々の心を打った。励ましを胸に、
長い被災生活と闘ってきた歩みを振り返る。

被災地を象徴する写真に

震災が起きた時、魁翔さんは10歳。気仙沼市鹿折小の4年生だった。母や姉、曽祖父母や祖父母ら家族15人と住む自宅は津波で流された。別の親族方に一時、みんなで身を寄せた。

震災直後、市内はライフラインが断たれた。食料などを求め、せわしなく動き回る大人たち。井戸から生活用水を運ぶ役目に「俺も行く」と申し出た。

子ども心に、居候の後ろめたさを抱いていた。「何か目の前のことをしなければ」。体は小さくても、空手や野球で鍛えた体力だけは自信があった。通信社のカメラマンが捉えたのは、そんな思いで黙々と水を運ぶ魁翔さんの姿だった。その日を生きるのに夢中だった当時、撮影されたことさえ気付かなかった。写真は被災地を象徴する1枚として反響を呼び、新聞やテレビが繰り返し取り上げた。魁翔さんの元には、全国から300通を超える手紙が届いた。

「涙が出た」「今も頑張ってるだろうけど、頑張れ」「独りじゃないよ」「私も頑張ります」

北海道や鹿児島県種子島からの便りもあった。俳優・故高倉健さんからの1通には、魁翔さんの写真を台本に貼り、宝物にしていると記してあった。「ぎゅっと気合が入る」と語っていたという。

魁翔さんは一通一通、すべてに返事を書いた。震災の年の9月に手紙をくれた北海道浜頓別町《はまとんべつちょう》の鎌田ナツさん(81)とは、今も年賀状や電話でやりとりが続く。鎌田さんは自家栽培した野菜や米も送ってくれた。お礼に気仙沼のフカヒレスープなどを送り、電話で謝意を告げると「背は伸びた?」「声変わりしたね」と言葉を掛けられ、本当の祖母のような温かさを感じた。

顔も知らない人たちの支えに初めは戸惑い、恥ずかしさもあった。だが、中学卒業まで続くことになる市内の仮設住宅での暮らしに気が滅入りそうになる時、ふと手紙を読み返す自分がいた。無数の励ましが、また頑張ろうという気力を与えてくれた。

新型コロナウイルスの影響で、２０２１年1月10日に開催予定だった古里の成人式は10月に延期された。それでも、20年を懸命に生きてきたことに変わりはない。

魁翔さんは、市内で4年前に再建した実家で、大切な手紙を手に振り返る。「写真から生まれたつながりにも救われて20歳になった。あの一枚に、今は感謝している」

中学まで仮設住宅に暮らし、今は理学療法士目指す

母、姉、妹と暮らしたのは、6畳と4畳半の二間の仮設住宅。部屋を隔てるのは、折り畳み式の簡単な間仕切りだけ。ストレスがたまるのも無理はなかった。小学5年から中学卒業まで、家族４人で仮設住宅での生活を余儀なくされた。

中学に進むと反抗期も重なり、母いつかさん(41)と口げんかが絶えなかった。ちょっとした態度など、原因は思い出せないほど小さなこと。「なんでこんなにいらいらするんだろう」。魁翔さん自身、自分の感情が理解できなかった。遊び盛りに、避難先や仮設住宅で我慢ばかりを強いられた。水を運んでいた時も、周囲の役に立たねばと必死だった。

いつかさんは「甘えっ子だったのに、震災で急に大人になることを促された。車や建物が津波にのまれるのも間近で見ている。いら立ちはそれらの反動だったのかも」と推し量る。

中学では、部活動のバスケットボールに熱中した。無心でコートを駆け回る時だけ、震災も不自由な仮設暮らしも頭から消えた。

持ち前の運動神経の良さからめきめき上達し、3年時は主将を務めた。チームがまとまらず悩んだ時は、家で唯一、1人になれるトイレにこもり「水を運ぶ少年」を励ます手紙を読み返した。

「こんなに応援してもらったのに、下を向いちゃいけない」。試合でも、声援を力に変えるタイプ。手紙はいつも自分を奮い立たせた。同時に、震災以外のことに思い煩える余裕に気付き、少し解放感も感じた。

卒業後は、スポーツ推薦で仙台市の私立高校に進学した。寮生活で洗濯や掃除を自分でこなし、今まで気付かなかった母親のありがたみが身に染みた。「お母さんも震災で大変だったのに、悪かったな」。最近ではぶつかり合った日々を、2人で笑って振り返れるようになった。

20歳になった今、理学療法士を目指し仙台市の専門学校に通う。春には3年生になり、実習が本格化し国家試験も近づいてくる。いずれは気仙沼市の病院に勤めるのが目標だ。

「震災では、脚が悪く逃げ遅れた高齢者もいた。そんな人を一人でも減らしたい」と魁翔さんは語る。「それが地元や母親、支えてくれた人たちへの恩返しかなと思う」

かつて懸命に水を運んだ少年は、今も力強く人生を歩む。

（2021年1月10日、11日）

あの日から

一人一人に、それぞれの震災があり、
災後の歩みがある。
悲しみ、喪失感、苦しみ、喜び、希望……。
あの日から、人々はどのような思いを抱き、
どんな日々を重ねてきたのだろう。
その軌跡をたどりたい。

両親と姉，祖母を津波で亡くした熊谷海音さん．
荒浜の海に来ると心が穏やかになるという．
2020 年 11 月，仙台市若林区荒浜．

1　共に生きる――宮城・山元　ふじ幼稚園

東日本大震災の津波で園児８人と職員１人が犠牲になった宮城県山元町の私立ふじ幼稚園で、震災があった２０１１年から続く防災・伝承活動を描く。

命守る防災――伝える役目

20年6月6日、園児がいない土曜のふじ幼稚園の教室に女性2人の姿があった。震災の津波で、園に通う一人娘のひな乃ちゃん(当時5)を亡くした高橋ひろみさん(55)と、震災時から園長を務める鈴木信子さん(62)。遺族と園の責任者という間柄だ。

2人が着るTシャツには8人の子が描かれている。「お空の上の子どもたちも園児も一緒に命の大切さを伝えていこうね、という思い」。高橋さんがデザインの意味を語る。

2人は5日後に迫った「笑顔広がれプロジェクト」という防災・伝承活動について打ち合わせた。命に思いをはせ、防災の種をまく。先生任せではなく、保護者任せでもなく、まして行政任せにもせず、一人一人が災害を考える。プロジェクトには卒園生や父母らも参加する。

毎年恒例となったプロジェクトの入団式が11日、１１０人の園児が参加し、園で行われた。園長の

鈴木さんと打ち合わせをする高橋さん(右). ふじ幼稚園にはいつも, ひな乃ちゃんの写真と訪れる. 2020 年 6 月 6 日.

鈴木さんが静かに語りかけた。

「みんなが生まれる前、大地震が起きたの。がたがたがたって地震だけじゃなくて、海の波が押し寄せて来ました。とても怖くて悲しいことが起きたのが3月11日でした……」

震災を振り返り、地震の際の心構えも話した。「たった一つしかない命を守って」。仕事のため駆け付けられなかった高橋さんの言葉も伝えられた。

プロジェクトの活動は園内にとどまらない。19年9月21日、高橋さんと鈴木さん、園職員ら5人は広島県福山市鞆町《ともちょう》にいた。訪問先は「鞆こども園」。活動に共感し、15年からメンバーを毎年招いてくれている。

「津波への意識が本当に低かった」。こども園の職員らを前に鈴木さんが声を絞り出した。「自分たちができなかったことを伝え、命を守る防災につなげていく。それが役目だと思っている」

地震後、ふじ幼稚園は園児51人を2台のバスに乗せ園庭で待機させた。園は津波を想定した避難マニュアルを用意していなかった。1・6キロ離れた海から高さ約2メートルの津波が押し寄せ、バスをのみ込んだ。

鈴木さんらは語り合いの前、古い港町で狭い道ばかりのこども園の周囲を歩いた。園の避難訓練計画や備蓄品リストも点検した。

「食料はもっと必要。ふじ幼稚園では引き渡しに5日ほどかかった」「訓練の時間帯が、いつもほぼ同じになっている。あらゆる状況を考えて」

命を守れなかった幼稚園職員。子を失った親。双方の言葉に、こども園の職員らの表情が引き締まる。片岡孝子主任(71)が言う。「園長先生の目の前に子を亡くしたひろみさんがいる。お二人とも本当にしんどいと思う。失われた命への強い思いを感じた」

高橋さんは、心の奥にしまい込む思いを静かに明かす。「逃げなかった先生たちの判断は今も許せない。でも、自分も津波を想定していなかった……」

高橋さんと鈴木さんはなぜ共に歩くようになったのか。娘への深い愛情と悲しみを抱いて開いた扉がある。2人の心が共振し、扉を動かし始める言葉が、震災から3カ月後にあった。

ふじ幼稚園の津波被害　地震発生後、園は園児をバスに待機させ、津波に襲われた。2013年4月、犠牲になった園児8人のうち6人の遺族が「津波の危険性を予見できたのに情報収集せず、園児を避難させなかった」などとして園側に損害賠償を求める訴訟を提起。15年10月、(1)死亡した園児に哀悼の意を表する、(2)津波防災マニュアルの整備、(3)解決金の支払いなどを条件に和解が成立した。

亡き子の声と歩む覚悟

震災から3カ月後の11年6月、園は隣町の葬祭会館で慰霊式を開いた。遺族や職員らが出席した。一人娘のひな乃ちゃんを亡くした高橋光晴さん(52)は園の依頼で遺族としてあいさつに立った。原稿は亡き子の声に耳を澄ませ、妻のひろみさんと考えた。

「先生、すっごく怖かったね。お水冷たかったよね。いっぱい、いっぱいがんばったこと知ってる。先生の手をつなぐことはできなかったけど……」

園は津波を想定しておらず、子どもたちは園庭のバスにいて津波にのまれた。職員は園児を助けようとしたが全員を救えなかった。

夫妻の言葉は園の教諭にも向けられた。「願わくばご自身の道を生き抜いてほしい」。震災を忘れず、子を守る仕事を続けてもらいたい——。わが子を失いながらも未来の命を思う。そんな言葉を紡いだ背景には、震災以前に経験した深い悲しみがある。

ひろみさんは流産しやすい体質で、ひな乃ちゃんが生まれる前に2度、男の子との別れを経験している。ともに妊娠5カ月だった。2人が生まれてこなかった事実を受け止められたのは、娘が亡くなってからだった。

ひな乃ちゃんは周囲を楽しくする名人だった。テレビで面白い格好の人を見ると、まねをして笑わせた。震災後、園の友達から手紙を渡された。「ひなのちゃんへ　じしんのとき　だいじょうぶっていってくれて　どうもありがとう」とあった。

「お兄ちゃんたちを亡くした時、自分を責め続けた。だけど、何にもならなかった」。ひろみさんは、ひな乃ちゃんの時も自分を責めた。「でも、亡くなった子たちと一緒に生き続けるしかない」。そう思うようになった。

命のはかなさを身をもって知るひろみさんは、ひな乃ちゃんとの時間を大切にした。みんなを笑顔にしたわが子との輝いた5年が未来を向かせてくれた。

「先生たちも同じ。自分を責めて仕事を投げ出しても何にもならない。もっと苦しむと思った」

被災当時からふじ幼稚園の園長を務める鈴木信子さんは、新任で園に入った。子どもの純粋さに引かれ、幼児教育に携わってきた。天職と思っていた仕事は震災で一変した。

あの日、鈴木さんは仙台市に出張していた。町に戻り、園が孤立していると知った。翌朝、園児が津波にのまれたと聞く。1人が救出されたものの亡くなり、行方不明になった園児7人はその後、次々と変わり果てた姿で見つかった。

「亡くなったお子さんの命は戻せない。明日の朝、自分の目が覚めなければいいのに、と思ったこともある」。鈴木さんが震災直後を思い返す。「遺族の方への対応が遅れてしまった。園の今後はまったく考えられなかった」

思い詰めた鈴木さんの胸に、高橋さん夫妻の言葉が響いた。願わくばご自身の道を生き抜いて——。悲しみや苦しみを背負って歩くには、覚悟と勇気が要る。

背中を押したのは、夫妻や生き残った園児らの存在だった。

命見詰める約束

園長の鈴木さんは20年1月18日、三重県津市にいた。保育所や幼稚園の職員約100人を対象にした研修会で震災を語った。

「私たちの経験はお手本ではありません」。園のバスにいて津波に襲われた園児8人、職員1人が犠牲になったと伝えた。

園が11年8月、内陸部の集会所で再開した時の子どもたちの様子も報告した。仮園舎に集ったのは70人。心の傷は深かった。

5歳の女児がある日、鈴木さんの花のブローチを見て言った。「壊したい」。鈴木さんは翌日、自宅の花を摘み、「これだったら」と手渡した。女の子は花をむしり取った。その女児は、一番仲の良かった友達を園に押し寄せた津波で亡くしていた。園で津波に襲われた5歳の男の子はふと、「先生、津波のこと話していい?」と話し掛けてきた。母親にも言わなかった体験を打ち明けた。

子どもたちは少しずつ、胸につかえていた苦しみを吐き出した。

園が「笑顔広がれプロジェクト」と名付けた防災・伝承活動を始めたのは、再開後間もなくだった。園児がヒマワリを育て、命を思う。自然災害などを想定した安全訓練は月に1度以上実施する。

呼び掛けたのは、津波で亡くなった高橋ひな乃ちゃんの母ひろみさんと父光晴さん。幼くして逝ったわが子の笑顔とヒマワリを重ね合わせた。

仮園舎での活動と並行し、園の再建話が持ち上がっていた。園を二度と見たくない遺族もいるのではないか。鈴木さんは迷った。そんな時、再建の支援を考えていた日本ユニセフ協会の大使、アグネ

防災の願いが込められた「ひまわりおやくそく」を合唱する園児たち．2020 年 6 月 11 日，ふじ幼稚園．

ス・チャンさんから掛けられた言葉がある。

「先生、苦しんでも泣いてもいいよ。でも、子どものためにしっかりやらなくちゃ」。高橋さん夫妻が語った「自分の道を生きて」という言葉と共鳴し、気持ちの焦点が定まった。

「亡くなった命がある。今ある命もある。あの日、園にいた子どもたちへ、自分なりの責任を取ろう」。そう覚悟を決めた。園が再建されたのは12年。ただ、鈴木さんが人前で震災体験を語れるようになるには、6年の歳月を要した。

プロジェクトに関わり続ける卒園生もいる。18年8月に山元町であった幼稚園教諭の研修会。同町山下中2年の三浦愛友花《あゆか》さん(13)は母親と参加し、プロジェクトで生まれた歌を他の卒園生らと歌った。

歌の題名は「ひまわりおやくそく」。高橋さん夫妻が作詞し、鈴木さんが作曲した。三浦さんは歌い終えて、勇気を出してひろみさんに話し掛けた。「プロジェクトのことを教えてもらえませんか」

震災当時はまだ4歳。園にいた時は、プロジェクトの意味がきちんと分かっていなかった。「改めて話を聞き、命の尊さを思う活動の意味を知りました」

子どもが大好きでこの仕事に就いた鈴木さん。大切な娘を亡くした高橋さん夫妻。プロジェクトに託す思いは一致する。

「ひまわりおやくそく」には、高橋さん夫妻が震災後、亡き娘と交わした約束が歌われている。未来の命を守る——。

（2020年7月11日、12日、14日＝全3回）

2 救えた命――大川小遺族

津波で児童74人と教職員10人が犠牲となった宮城県石巻市大川小。「救えた命だった」。裁判に踏み切った遺族の訴えは司法に認められたものの、わが子は帰らない。一人息子を失った原告遺族の軌跡をたどる。

一人息子

高さ3メートルの真新しい永代供養塔が秋雨に打たれていた。「これで安心して一緒に眠れる」。石巻市の佐藤美広《みつひろ》さん(59)が2020年9月13日、市内の寺院に建立した供養塔の開眼法要に参列し、静かに手を合わせた。

学校にいた3年生の長男健太君(当時9)を亡くし、大川小訴訟で原告団の副団長を務めた。裁判には19遺族が参加した。

健太君は不惑でようやく授かった一人息子だった。なぜ亡くなったのか。真相が知りたい。これからどう生きればいいのか……。

抱え切れないほどの不安や疑問と共に、9年7カ月の歳月を生きてきた。「俺たち夫婦が死んだら、健太は無縁仏になってしまう」。跡継ぎを失った佐藤家にとって、とりわけ墓守の問題は深刻だ。

原告団長を務めた今野浩行さん(58、石巻市)夫妻に相談を持ち掛け、20年春、共同で供養塔を建てた。今野さんも、大川小にいた6年生の長男大輔君(12)をはじめ長女の麻里さん(18)、次女の理加さん(16、いずれも当時)の子ども3人を亡くした。跡継ぎを失い、佐藤さんと同じ悩みを抱えていた。


19年10月10日、最高裁は石巻市と宮城県の上告を退け、大川小側の事前防災の不備を認めた仙台高裁判決が確定した。佐藤さんら遺族が提訴して5年7カ月。長い闘いが終わった。

最高裁の通知が郵送で届いたのは翌11日の月命日。新潟県を旅行中、原告仲間から電話で知らされた。「健太、勝ったからね」。妻とも子さんのつぶやきが今も耳に残る。

裁判の終結から1年。いまだに勝訴を素直に喜べない。判決の意味を知れば知るほど、「学校側がきちんと対応していれば……」との思いが強まる。

健太君のために建立した永代供養塔前に立つ佐藤さん．2020年9月25日，石巻市．

「おっとう、やっぺ」
健太君は小学2年生の時、地元の少年野球チームに入った。試合がない日曜日、決まって自宅前でキャッチボールをせがまれた。「相手の胸を目がけて投げろよ。目を離しちゃ駄目だ」。佐藤さんもかつて草野球チームに所属していた。ボールを投げ合う時間がいとおしかった。

健太君は01年8月11日に生まれた。月命日も11日。最高裁の通知も11日に届いた。「みんな重なっている。裁判所は月命日に合わせてくれたのかも……」

きょう20年10月11日で震災発生から9年7カ月。健太君は9歳7カ月で短すぎる人生の幕を閉じた。佐藤さん夫妻に喜びをもたらした歳月と、苦悩に満ちた歳月が横一線に並ぶ。

「健康で太く生きてほしい」。願いを込めた一人息子中心の日常が、永遠に続くと思っていた。

「真相究明」を司法に託す

「腫瘍マーカー、血液検査とも正常値ですね」。9月下旬、仙台市内の病院で医師の説明を聞いた佐藤美広さんが胸をなで下ろした。直腸がんの手術から6年。半年ごとに再発の兆候を調べている。今回もクリアした。体調への不安は薄らぎつつある。

それまで大病をしたことも、健康診断で引っ掛かったこともなかった。「ストレスしか原因は見当たらない」と思う。

「英語と野球の両方頑張れるか？　嫌になってすぐやめたら駄目だぞ」

11年3月11日の朝。出勤前に自宅で健太君に声を掛けた。健太君の夢は船長。必要な英語の勉強にやる気を見せ、通信教育の教材が前の日に届いたばかりだった。

「頑張る」。元気な答えが返ってきた。親子の最後の会話になった。

午後2時46分。激しい揺れに見舞われた。市内の造船工場で溶接工として働く佐藤さんは津波が来ると思い、車で避難した。途中、妻とも子さんからメールが届いた。

津波襲来から２時間後の大川小．２階建ての校舎が水没し，体育館は流失した．
2011年3月11日午後5時35分ごろ(石巻市提供)．

「健太が心配。学校と連絡が取れない」

時計を見て安心した。まだ学校にいる。迎えに行こうと車を走らせたが、学校近くの新北上大橋の橋桁の一部が流失し、足止めされた。

震災３日目に自転車と徒歩で学校に着いた。辺り一面、瓦礫に覆われている。目の前の光景に言葉を失った。捜し続けた健太君の亡骸は約１カ月後、学校近くの田んぼで見つかった。

大川小は津波で児童70人と教職員10人が死亡し、児童４人が今も行方不明だ。犠牲者は全校児童の7割にのぼる。仙台高裁判決によると、児童らは津波襲来直前まで校庭にいて、北上川右岸の堤防道路に向けて避難を開始した直後に濁流に襲われた。

11年4月9日、石巻市教委が初の遺族説明会を開いた。「ようやくできた一人息子があんたたちのせいで！」。席上、佐藤さんは何度も怒りを爆発させた。

学校にいた教職員で唯一生き残った男性教務主任(59)による直接の説明は一度きり。後に遺族の求めで説明会は継続されるが、市教委は6月4日の第2回で一方的に打ち切りを告げた。

なぜ、すぐに避難しなかったんだ。なぜ、裏山じゃなく川に向かったのか。疑問は晴れず、不信感だけが膨らんだ。市が設けた第三者事故検証委員会の調査も核心に触れず、14年2月の最終報告書には「調査に限界があった」と記された。

「真相を知り、責任の所在を明らかにしたい」。佐藤さんら大川小児童23人の19遺族は14年3月10日、石巻市と宮城県に約23億円の損害賠償を求める裁判を起こした。時効成立の前日だった。がんが見つかったのは提訴から2カ月後。ステージ4だった。

病身を押し、立証へ奔走

14年5月、末期に近い直腸がんの宣告を受けた。「死ぬのか」。一瞬頭をよぎったが、佐藤さんは、不思議と落ち込まなかった。「あいつを亡くす以上にショックなことはない」。現実を淡々と受け止めた。

2カ月前に提訴した裁判の行方だけが気掛かりだった。「事故の真相を知りたい」と原告に名を連ね、副団長に就いた。

仲間たちが学校防災に関する資料を集め、生き残った児童や地域住民らに聞き取りを重ね、証拠集めに奔走していた。

体が言うことを聞かない。何もできない。後ろ髪を引かれる思いで仙台市内の病院に入院した。

直腸を約20センチ切った。放射線治療と抗がん剤の副作用で食べ物を受け付けない。50キロ台だった体重は36キロになった。半年後に退院。一日も早く闘いの場に戻るという気持ちが、折れそうになる心を支えた。

仙台地裁の裁判官が大川小を視察する直前の15年11月、原告団は校庭にフェンスや通路に見立てたロープを張り、校庭から裏山への避難にかかる時間を計った。

児童らは地震発生から約45分間校庭にとどまり、津波襲来の直前に移動を始め、濁流にのまれたとされる。計測は、裏山に逃げれば助かったことを証明する狙いがあった。

「走ってくれる人はいませんか」。原告代理人の吉岡和弘弁護士の呼び掛けに手を挙げた。身長158センチ。原告の男性で一番小柄だ。「俺しかいない」。最初から決めていた。

裏山を少し登った所に津波到達地点を示すくいがある。そこから校庭を見下ろすたび、悔しさがこみ上げる。「ここに逃げていれば、子どもたちは全員助かったんだ」

冷たい雨の中、何度も計測を繰り返した。小走りで59秒、徒歩で2分1秒。計測結果は地裁判決に反映された。

「子どもを使って金取りするのか」。JR石巻駅前で見ず知らずの男性に言われた。学校側を訴えることを快く思わない人たちの冷たい視線を感じた。

「勝てるかどうかではなく、勝たなければいけない裁判だ」。吉岡弁護士の言葉に何度も救われた。全国の支援者にも励まされた。

裁判は二審も勝訴した。仙台高裁の控訴審判決が言い渡された18年4月26日、「子供たちの声が高裁にも届いた」と書かれた垂れ幕を力強く掲げた。

上着の左ポケットに野球ボールを忍ばせていた。健太君と最後のキャッチボールで使った軟球だ。「力を貸してくれ」。法廷にいつも持ち込んでいた。

涙を拭った後、左手をポケットに入れた。

「おっとう、頑張ってくれたな」

息子の声が聞こえた気がした。

背負い歩む

涙が枯れることはない。佐藤さんは一人息子を失い、身をもって知った。

離れ離れの母と子が再会する時代劇の場面に涙する。小さな子どもがお使いをするテレビ番組は、最後まで見られたためしがない。

「あんなに流したはずなのに……。涙ってまだ出るんだな」

20年から気仙沼市にある会社の寮で単身生活を送る。息子の写真を枕元に置き、夢で会えることを願ってベッドに入る。


裁判が終わった今も、佐藤さんはある遺族の言葉の意味を問い続けていた。

佐藤さんら遺族有志が15年5月、秋田県男鹿市の加茂青砂海岸を訪れた。1983年5月26日の日本海中部地震で、旧合川南小(北秋田市)の4、5年生が遠足中に津波に遭い、児童13人が命を落とした場所だ。

三十三回忌に参列し、津波で子どもを亡くした親同士が交流した。「私たちは教訓にならなかった」。旧合川南小の遺族が漏らした一言が今も心を離れない。

旧合川南小の児童5人の遺族が83年10月、引率した教員に過失があるとして、合川町(当時)を相手に訴訟を起こし、4年後に和解した。

「教訓にならなかった」の真意は、最後まで争うべきだったという後悔なのか。学校防災が改善されなかったとの意味なのか。佐藤さんは20年に原告団の共同代表に就き、自分なりの答えを見つけた。「裁判で勝って終わりではない。判決を伝えることで教訓にしていくんだ」

20年7月11日の月命日。河北新報の記事が目に留まった。震災の津波で園児8人と職員1人が亡くなった宮城県山元町の私立ふじ幼稚園の防災・伝承活動を紹介していた。

命を守れなかった幼稚園側と子を失った親が、一緒に命の大切さを訴える。「われわれも行政側と共に子どもたちの命に向き合えたら……」。大川小の未来の姿を見た思いがした。

ただ――。市教委は生存児童らに聞き取ったメモを廃棄した……。学校にいた教職員で唯一生き残った男性教務主任の証人尋問はかなわなかった……。裁判には勝ったが、未解明な部分がある。気持ちの整理はまだつかない。

最近、新型コロナウイルスの影響で遺族による伝承活動の先行きに不安を覚える。それでも、亡くなった子どもたちに背中を押されている気がしてならない。

「裁判で勝ったんだから、同じことが起きないようにちゃんと大川小のことを伝えてね」

亡き息子のため必死に生きた9年7カ月。これからは教訓の伝承という課題を背負って歩いて行く。

（2020年10月11日、13〜15日＝全4回）

3　荒浜っ子

津波で多数の住民が犠牲になった仙台市若林区荒浜地区。浜の集落は災害危険区域に指定され、多くの住民が生まれ育った古里を離れた。あの日、多くの住民が避難して「命のとりで」となった荒浜小は震災遺構に生まれ変わった。家族や家を失いながらも、災禍を生き抜いた一人の女性の10年の歩みをたどる。

育った海、もう怖くない

「あの時、学校に戻っていれば、ママとお姉ちゃんは助かったかもしれない」

若林区の高校2年熊谷海音《かのん》さん(17)は、ずっと自分を責めてきた。

震災当時は荒浜小の1年生。7歳の子どもにいったい何ができただろう。「1人でも助けてもらえたことは奇跡なんだよ」。周囲から慰められ、今はそう考えるようにしている。

2011年3月11日。家族をいっぺんに失い、独りになった。

巨大津波は、生まれ育った荒浜の集落を丸ごとのみ込んだ。自宅は土台だけ残った。父純さん(43)、母安美さん(37)、姉花瑚《かこ》さん(9)が犠牲となり、近くに住む祖母沼倉七子さん(60＝年齢はいずれも当時)

も帰らぬ人となった。

あの日は1人で下校した。校門を出て最初の角を曲がった時、地面が大きく揺れた。犬がやたら大声で鳴いていた。通り掛かった知り合いの車に乗せてもらい、内陸に向かった。

3年生の姉は先に帰宅したと聞いていた。まだ校内にいて、迎えに来た母に引き渡された。「海音がいない」。母は自宅近くの祖父母宅に立ち寄り、祖母と一緒に捜しに出掛けたという。その頃、仕事で近くにいた父も、別の車で捜していたとみられる。

親戚と一緒に、避難所になった若林区の蒲町《かばのまち》中学校で家族の迎えを待った。約1週間後、姉が最初に見つかった。遺体安置所でみんな泣いていた。重苦しい空気から逃れようとした時、姉の顔が見えた。人生で初めて経験する身内の死――。泣き崩れた。

「もう家族は迎えに来ないんだ」。姉の死に最悪の結末を悟った。5月の大型連休までに両親と祖母が相次いで見つかった。

母の日のイベントで歌を披露する熊谷さん. 2012年5月, 陸前高田市.

それから人前で泣かなくなった。岩手県陸前高田市の祖父母に引き取られた。一人息子の純さんとその家族を亡くした祖母の嘆きは深い。「自分だけは元気でいなければ」と心に決めた。

でも周囲とはなかなか解け合えない。「親がいないからあの子は出来が悪い」。同級生が聞こえよがしに話す声が耳に入った。家族の話題も嫌だった。「お姉さんの年齢は？」。ずっと前に自分の方が年上になってしまった。聞かれてもどう答えていいか分からない。

「世の中の悪いことはすべて自分のせい。家族のところに行きたい」。何千回も思った。

震災後、兵庫県の音楽家夫妻が始めた支援活動がきっかけで歌を習い、コンサートやミュージカルに出演した。歌があるから頑張れた。母も歌が上手だったと後で知った。

長い休みには仙台の叔父や友達の家に泊まり、友達と遊んだ。中学2年の冬から叔父の家で暮らし、とてもよくしてもらっている。

ふさぎ込んだ時は、自転車で荒浜の海に出掛ける。防潮堤に座る。波の音をＢＧＭに本を読んだり、思い付くまま文章を書いたり。不思議と心が穏やかになる。

ずっと家族を奪った海が怖かった。でも荒浜の海で育った浜っ子だ。両親が出会ったのも海だ。「潮風に吹かれて育った。昔から自分が好きな場所だから、海はもう怖くない」

両親がくれた名前にも「海」が付く。

家族の記憶を独り抱いて

20年11月15日、半年間の語学留学のため英国へ渡った。本格的な留学は初めてだが、震災の遺児らを支援するプロジェクトでこれまでカナダや米ハワイにも行ったことがある。

「一人一人の個性を尊重してくれる海外の空気が合っている。環境を変えて将来のことをじっくり考えてみたい」。将来は文章を書く仕事に就きたい。多様な価値観に触れるのはプラスになると思っている。

カナダには中学2年だった17年の夏、2週間滞在した。その時の環境から離れたい一心で、被災した子どもを対象にした海外ホームステイプログラムに応募した。

「震災で家族を亡くし、独りになり、孤独でとても寂しかった。そんな中、歌に励まされた」練習して英語で体験談を話し、ハニーワークスの「ママ」、故坂本九さんの「上を向いて歩こう」を歌った。誰もが真剣に耳を傾け、「話してくれてありがとう」と感謝してくれた。国内では、決まって気まずい雰囲気になったのとは対照的だった。

ホームステイ先でもホストマザーに話した。淡々と話したつもりだが、号泣したホストマザーに抱き締められた。気付くと自分も泣いていた。

「あなたは独りじゃない」。初めてこの言葉がすとんと胸に落ちた。ずっと自分を責め続けてきたそんな自分を受け入れられる気がした。

英国出発前の20年11月10日、震災遺構となった母校に行った。4階建て校舎は傷だらけ。1階に1年生の教室が当時のまま残っている。ロッカーには自分の名前が記されているはずだ。

姉との思い出が次々によみがえる。登校中に大げんかして先生に怒られたっけ。姉が校庭の遊具でけがをした時には、心配して保健室を覗くとなぜか不機嫌な顔でにらまれた。

「口げんかしてばかり。お姉ちゃんは手加減してくれたのに、私はいつも本気でぶつかっていた。今、会えるなら、ごめんねって謝りたい」

家族全員で撮った写真は1枚も残っていない。家族の声も震災1カ月後に思い出せなくなった。独りになってからの歳月が、家族と暮らした大切な時間をとっくに追い越した。

生きていくのはつらい。「寂しい」を「仕方ない」「大丈夫」という言葉で何度も打ち消してきた。料理と裁縫が得意なお母さん。自転車の乗り方を教えてくれたお父さん。けんかしても後を付いて回ったお姉ちゃん。思い出は少ないけれど、大切にしたい。

「この人生最高」。そう感じられる瞬間が訪れるまで、何があってももがいていく。

（2021年1月1日）

仙台市若林区荒浜地区　市中心部から東に約10キロ。東日本大震災まで約800世帯2200人が暮らしていた。震災で高さ9メートル超の津波に襲われ、約190人が亡くなった。沿岸部は2011年12月、災害危険区域に指定された。海から約700メートルの荒浜小には高さ4・6メートルの津波が押し寄せて2階まで浸水したが、避難した320人が助かった。同校の児童91人のうち1人が犠牲になった。16年3月に閉校し、17年4月から震災遺構として一般公開されている。

おわりに

復興とは何か。河北新報社は東日本大震災と東京電力福島第1原発事故から10年に合わせて改めて問いかけ、震災伝承、まちづくり、高台移転、産業再生、被災者支援など多角的なテーマでそのプロセスを検証してきた。取材で出会った多くの研究者や行政関係者らが口をそろえて必要性を強調したのが、「事前復興」という概念だった。文字通り、あらかじめ復興に備えることを意味する。震災による大きな被害を目の当たりにした全国各地で、その教訓はどう生かされているのか。2021年12月～22年1月、近い将来、高い確率で発生する恐れがある南海トラフ巨大地震の被害想定地域に向かい、事前復興の最前線を取材した。

南海トラフ巨大地震で、国内最大級の高さ34メートルの津波が想定される高知県黒潮町。南西端の出口《いでぐち》地区の住民が検討したのが、東日本大震災の被災地で大々的に展開された「防災集団移転促進事業」による高台移転だった。町、県も交えた勉強会が13年に始まり、移転候補地も選定したが、重い個人負担に加え災害危険区域の設定による建築制限で地価下落が心配された。手厚い国庫支援で市町村負担が実質ゼロとなった東日本大震災と異なり、町の財政も破綻しかねず、最終的に断念した。国は事業の活用を促すが、「防災」を冠する事業名とは裏腹に、被災前に集団移転が実施できたケースは今もない。「住民への補償も足りない。津波で全部流された後ならともかく、現実的ではない」。松本敏郎町長の嘆きは深かった。

地震で最大2・4メートル地盤沈下する恐れがある高知県南西部の宿毛《すくも》市では、満潮時に海水が入り込んで広範囲に長期浸水するのを防ごうと、県が「防潮堤のかさ上げ」計画を掲げる。賛否両論ある片島地区の住民たちは、美しい砂浜を守るため行政も住民も知恵を出し合って防潮堤の位置を変更した気仙沼市本吉地区の大谷海岸を合意形成のお手本とした。会合を重ねて津波の浮力で立ち上がって自動閉鎖する「フラップゲート」を浜への陸こう(出入り口)に設ける案にたどり着き、21年2月に県と市に提言している。観光地として名高い静岡県伊豆地域でも防潮堤整備が議論されているが、「安全か景観か」をめぐってまとまらない地区もある。

人口約1100の漁村集落・徳島県美波《みなみ》町の由岐《ゆき》湾内地区は17年3月、住民主体で「事前復興まちづくり計画」の素案をまとめた。防災・減災や復旧復興をはじめ、福祉や教育も含む約80の施策を盛り込んだ。「被災しても希望がある地域なら住み続けられる」と、震災後のコミュニティー離散を経験した元宮古市職員に学んだ。有志による策定作業を通じ、地域の存続に向けた未来像を共有できたという。ただ、高台団地の整備などの計画は足踏みを強いられている。20年国勢調査によると、由岐湾内地区の人口は10年から26・5％も減った。被災した宮城県南三陸町の29・9％減に迫り、高齢化率も5割を超える。「このままでは、墓じまいや空き家の解体といった『終焉計画』が求められてしまう」。有志の一人で町職員の浜大吾郎さんは、焦りを募らせる。

被災者の生活再建支援にも動きが見られる。NPO法人ワンファミリー仙台(仙台市)などが21年10月、徳島市で始めた「災害ケースマネジメント」の研修会。徳島県内の行政や社会福祉協議会、民間団体の職員が3年間学ぶ。家の壊れ方で支援策が決まる既存の制度は「被災者本人の社会的脆弱性が反映されにくい」とされる。災害ケースマネジメントはその隙間を埋め、被災者個々の課題に応じて生活再建を後押しする手法だ。県内では研究者や弁護士、建築士、社会福祉士が一般社団法人「さいわい」(徳島県美波町)を設立し、手法や事例研究に乗り出した。全国知事会や震災被災地の民間団体も国に制度化を求める。岸田文雄首相は21年12月の参院本会議で「多様な主体が連携した仕組みづくりを進めたい」と明言している。

東日本大震災の復興では住民の意向把握や合意形成が難航し、手続きの遅れが産業再生の停滞や人口流出を招いた。事前復興は、物資の備蓄のように復興に備えておけば、いざ災害が発生した場合にスピードアップを図れるという考え方だ。あらかじめ話し合いを尽くして被災後のまちづくりなどのイメージを共有できれば、住民の納得感も高まる。

国土交通省の21年7月時点の調査によると、体制や手順の検討など何らかの復興の準備に着手した都道府県と市区町村は全国で62%。事前復興室を設けて県が旗振り役を担う徳島の自治体は100%だが、それでも基本理念や実施方針を盛り込む復興計画の事前作成は進んでいない。事前復興に法律上の定義はなく、明確な位置付けと財政支援制度の創設を国に求める声が上がっている。震災で活用された政策を検証した上で改善策を考えることも不可欠だ。いずれにせよ、国も自治体も地域も復興に備える動きはなお途上にあると言わざるを得ない。

巨大地震、大津波、原発事故という未曽有の複合災害は、日本の人口減少局面で発生した。急激な人口減や高齢化、コミュニティーの構築、造成地や被災跡地の利活用、震災前後の二重ローンの返済、原発事故の帰還困難区域や処理水の海洋放出、廃炉作業……。10年以上経った今も被災地には課題が山積している。

政府が掲げた「創造的復興」の真価はまだ見えない。

復興とは何か。河北新報社はこれからも人々の悩みや苦しみ、悲しみ、喜びに真摯に耳を傾け、生き様を追い、伝えていきたい。そうした日々の記録の積み重ねこそが、「被災地」をより良い復興に導き、次の災害に備える「未災地」にとってもヒントを提示できると信じている。

原発事故そのものへの詳細な検討は『原発漂流――福島第1事故10年』(河北アド・センター)に、遺族・行方不明者家族への詳細な聞き取りは『逢える日まで――3・11遺族・行方不明者家族 10年の思い』(新曜社)にまとまっている。それらも併せて読んでいただければ幸いである。

河北新報社編集局

震災年表・あの日からのあゆみ

＊日付は日本時間、黒マル数字は写真

2011年

3月11日	午後2時46分、三陸沖を震源とするマグニチュード(M)9・0の地震発生。最大震度7。太平洋沿岸に大津波❶。東京電力福島第1原発に原子力緊急事態宣言。
3月12日	第1原発1号機建屋が水素爆発。半径20キロ圏内に避難指示。15日にかけて3、4号機建屋も相次ぎ水素爆発。
15日	第1原発半径20〜30キロ圏内に屋内退避指示。
4月7日	宮城県で震度6強の余震。
11日	福島県で震度6弱の余震。いわき市などで死者4人。
22日	原発事故に伴い半径20キロ圏内を警戒区域に、20キロ圏外には計画的避難区域、緊急時避難準備区域を指定。
29日	東北新幹線と仙台市地下鉄が全線再開。
6月20日	復興基本法成立。
9月25日	仙台空港が全面復旧。
12月16日	野田佳彦首相が原発事故の収束を宣言。

2012年

2月10日 復興庁発足❷。
3月 岩手、宮城、福島3県のプレハブ仮設住宅入居者がピーク、4万8642戸に11万6565人。
4月1日 原発事故の避難指示を巡り、福島県田村市と川内村の一部で警戒区域(原発20キロ圏内)が初めて解除され、放射線量に応じて新たな避難指示区域に再編。
9月19日 原子力規制委員会が発足。
12月7日 東北と関東で最大震度5弱の地震。石巻市で1メートルの津波観測。
16日 衆院選で自民大勝。
26日 第2次安倍晋三内閣発足。民主党から政権交代。

2013年

9月8日 2020年の五輪・パラリンピック開催都市が東京に決定。
11月3日 プロ野球東北楽天が巨人を破り初の日本一❸。

2014年

2月14日 ソチ冬季五輪で羽生結弦(仙台市出身)が初の金メダル。
3月10日 石巻市大川小の児童23人の19遺族が約23億円の損害賠償を求め、市と宮城県を仙台地裁に提訴。
4月1日 消費税を8%に引き上げ。
福島県内11市町村の避難指示区域のうち、田村市都路町地区東部で初めて解除。
6日 三陸鉄道南北リアス線が全線再開。

9月15日　国道6号の通行規制解除。

2015年

3月1日　常磐自動車道が全線開通。

21日　JR石巻線が全線再開。

5月30日　JR仙石線が全線再開。

9月5日　福島県楢葉町の避難指示を解除。全住民が避難した自治体の解除は初。

12月6日　仙台市地下鉄東西線が開業。

2016年

2月29日　原発事故で東電の勝俣恒久元会長ら3人を業務上過失致死傷罪で強制起訴。

8月30日　台風10号が観測史上初めて東北の太平洋岸に直接上陸。岩手県では岩泉町を中心に死者28人、行方不明1人。

10月26日　石巻市大川小津波事故訴訟で仙台地裁が市と宮城県に賠償を命じる判決。

11月22日　福島などで震度5弱。仙台港で高さ1・4メートルの津波を観測。

2017年

3月3日　南三陸志津川さんさん商店街(宮城県南三陸町)が新装オープン❹。

5月30日　全国の震災避難者が10万人を下回ったと復興庁。

10月28日　福島県で発生した除染廃棄物を保管する中間貯蔵施設(大熊町、双葉町)が本格稼働。

2018年

2月17日　平昌冬季五輪で羽生結弦が2連覇❺。

4月26日　石巻市大川小津波事故訴訟で仙台高裁が市と宮城県に約14億円の賠償を命じる判決。

10月25日　東北電力が女川原発1号機の廃炉決定。

2019年

3月23日　三陸鉄道リアス線が全線開業❻。

4月7日　気仙沼市の大島と本州を結ぶ気仙沼大島大橋が開通❼。

10日　原発事故で全町避難した福島県大熊町の一部で避難指示解除。福島第1原発立地町の双葉町・大熊町での解除は初。

5月1日　天皇が即位し「令和」に改元。

7月31日　東電が福島第2原発全4基の廃炉決定。

9月19日　強制起訴された東電の勝俣恒久元会長ら3人に東京地裁が無罪判決。

10月10日　石巻市大川小津波事故訴訟で最高裁が市と宮城県の上告を退け、遺族側勝訴が確定❽。

12日　台風19号上陸。岩手、宮城、福島3県で死者60人、行方不明2人❾。

2020年

3月4日　福島第1原発立地2町のうち、唯一全町避難している双葉町で一部地域の避難指示を解除。帰還困難区域の解除は初。

3月14日　JR常磐線が全線再開。

24日　東京五輪・パラリンピック1年延期が決定。

4月7日　新型コロナウイルス感染拡大で政府が緊急事態宣言。

❺

❻

❼

❽

28日　宮城県内のプレハブ仮設住宅入居者ゼロに。

2021年

2月13日　宮城、福島両県で最大震度6強の地震。福島市などで死者3人。
3月11日　東日本大震災から10年。
20日　宮城県で震度5強の地震。同県沿岸部に津波注意報。
25日　新型コロナの影響で1年延期された東京五輪聖火リレーが福島県内を出発⓾。
4月1日　第2期復興・創生期間スタート。
13日　福島第1原発にたまり続ける放射性物質トリチウムを含む処理水の海洋放出方針を政府が正式決定。
6月6日　国と宮城県が共同運営する「みやぎ東日本大震災津波伝承館」がオープン⓫。
7月10日　福島県で開催される東京五輪ソフトボール・野球競技の無観客が決定。宮城県のサッカー競技男女は有観客を維持。
10月4日　岸田文雄内閣発足。歴代10人目の復興相は初めて兼務に。
12月18日　復興道路の三陸沿岸道(仙台市―八戸市、359キロ)が全線開通⓬。
21日　内閣府が日本海溝・千島海溝沿いの巨大地震の被害想定を公表。東北や北海道など太平洋沿岸で死者最大19万9000人、全壊最大22万棟。

2022年

1月16日　南太平洋トンガ沖の海底火山噴火による潮位変化を受け、気象庁が岩手県沿岸に津波警報、太平洋沿岸に津波注意報。

3月16日	宮城、福島両県で最大震度6強の地震。宮城県登米市などで死者3人。
6月30日	福島県大熊町の復興拠点の避難指示を解除。福島第1原発立地自治体で初めて居住可能に。
7月8日	安倍晋三元首相が参院選の街頭演説中に銃撃され、67歳で死去。
7月13日	東電の勝俣恒久元会長ら4人に13兆円の支払いを命じる東京地裁判決。旧経営陣個人の責任を認める司法判断は初めて。
8月30日	福島県双葉町の復興拠点の避難指示を解除。避難指示が出された福島の全市町村で居住可能に。

⑨

⑩

⑪

⑫

取材記者一覧

ある家族の物語　門田 勲，氏家清志

ドキュメント 防災庁舎　吉田尚史，佐々木智也

司令塔の１カ月　長谷美龍蔵

復興再考

1　吉田尚史，菊池春子，坂井直人，田柳 暁，
　佐々木智也，鈴木拓也

2　東野 滋，宮崎伸一，小沢邦嘉，高橋鉄男

3　坂井直人，高橋鉄男

4　宮崎伸一，横川琴実，柴崎吉敬，藤原佳那

5　大橋大介，相沢みづき，布施谷吉一

6　田柳 暁，坂井直人，庄子晃市，吉田尚史

7　樋渡慎弥，小沢邦嘉，片桐大介，高橋鉄男

8　氏家清志，高橋一樹，中本 亮，丸山磨美，
　水野良将，伊藤恭道，古賀佑美

9　坂井直人，高橋鉄男，小沢邦嘉，宮崎伸一，
　鈴木拓也，東野 滋

10　桐生薫子，吉江圭介，山形聡子

11　坂井直人，鈴木拓也，東野 滋，吉田尚史，柴崎吉敬

12　柴崎吉敬，鈴木拓也，坂井直人，東野 滋，吉田尚史

水を運ぶ少年，20歳に　鈴木悠太

あの日から　1　安達孝太郎，2　氏家清志，3　上村千春

おわりに（「復興に備える『南海トラフ』の今」を元に加筆修正）　坂井直人，
東野 滋

〈カバー写真〉　門田 勲，渡辺 龍，高橋 諒

〈写真提供〉　写真館「南三陸の記憶」

〈デスク・キャップ〉　村上朋弘，山野公寛，末永秀明，
沼田雅佳，今野忠憲，斎藤秀之，瀬川元章，村上浩康

〈まとめ〉　山﨑 敦

「あの日から」の「1　共に生きる」，「2　救えた命」は岩波ブックレット『3.11を心に刻んで2021』（2021年3月10日刊）と内容が重複しています．

復興を生きる――東日本大震災　被災地からの声

2022年8月26日　第1刷発行
2023年3月15日　第2刷発行

編　者　河北新報社《かほくしんぽうしゃ》編《へん》集《しゅう》局《きょく》

発行者　坂本政謙

発行所　株式会社 岩波書店
〒101-8002 東京都千代田区一ツ橋2-5-5
電話案内 03-5210-4000
https://www.iwanami.co.jp/

印刷・三秀舎　製本・牧製本

ISBN 978-4-00-061554-9　Printed in Japan